Inhalt

Barbara Bussfeld
Editorial 7

Birgit Meiners
„Frauen" gegen „Mütter"?
Zum aktuellen Stand der frauenpolitischen Debatte bei den Grünen 15

Marieluise Beck-Oberdorf/Birgit Meiners
Liberal-konservative Arbeitsmarktpolitik und ihre Auswirkungen auf Frauen 23

Karin Gottschall
Verdrängung statt Integration?
Frauen auf dem Arbeitsmarkt 29

Jutta Weil-Tischler
Teilzeitarbeitskräfte – bedarfsgerecht nach Herrenwunsch? 39

Elionore Pabst
Wir sind nicht der letzte Dreck! 43

Annemarie Gerzer
Flexibilität – mehr als nur andere Arbeitszeiten 47

Angelika Bahl-Benker
Humanisierung oder moderne Sklaverei?
Wie Telearbeit Arbeit & Leben verändert 53

Christa Nickels
Gemeinsam wären wir stark 63

Christel Eckart
Ein Miteinander des Verschiedenen
Teilzeitarbeit – schwierige Strategie für einen dritten Weg 69

Ute Gerhard
Sozialpolitik auf Kosten von Frauen
Historische Voraussetzungen und gegenwärtiger Preis 77

Ulrich Mückenberger
Erwerbsarbeit oder Hausarbeit?
Zur Überwindung einer verfehlten Alternative 95

Ralf Fücks
Männer, Kinder und Karriere
Skeptische Anmerkungen zur Vereinbarkeit von
Berufsorientierung und Leben mit Kindern 101

Marieluise Beck-Oberdorf
Befreit die Väter!
Sechs Stunden sind genug 107

Ingrid Kurz-Scherf
Bausteine einer emanzipatorischen Arbeitszeitpolitik 113

AutorInnenverzeichnis 119

Anhang 121
Müttermanifest: Leben mit Kindern – Mütter werden laut 121
Stellungnahme grüner Frauen zum Müttermanifest 125
Quotierungsgesetz (Entwurf) 129

Editorial

„Sollten wir uns nicht gestatten, statt im neu-alten Dualismus zwischen weiblich/männlich zu verharren, Geschlechtsrollen neu zu erfinden, zu phantasieren, umzugestalten?"[1)]

Ilse Lenz

I

Hinter der Frage „Ganztags, teilzeit oder flexibel?" steckt ein handfester Streit. Er wurde ausgelöst von den Vertreterinnen des „Müttermanifestes", als sie vor einiger Zeit eine Attacke gegen grüne Antidiskriminierungspolitik ritten. Mit dem vorliegenden Buch führen wir diesen Streit weiter, bemüht, ihn ins Konstruktive zu wenden und die eigenen Scheuklappen dabei abzulegen. Ein Teil des Bandes dokumentiert die Diskussion, die auf dem von Marieluise Beck-Oberdorf und Birgit Meiners im Juni 1987 initiierten Forum des AK Frauenpolitik „Wo liegt der Frauen Glück?" geführt wurde. Diese Diskussion wird ergänzt durch sechs Artikel, die verschiedene Aspekte des Themas weiter ausleuchten und abrunden sollen. Die Kontroverse ist beabsichtigt.

(Viele) Frauen wollen bekanntlich das Ganze, und so geht es auch hier um den gesellschaftlichen und geschlechtlichen Verteilungskampf, um die Teilhabe an ökonomischer Unabhängigkeit, um gesellschaftliche und politische Partizipation, um Kinderglück und berufliche Zufriedenheit; es geht um Anerkennung und Karriere (im Sinne von "decision-making"), um soziale Absicherung und Liebe, um ausreichenden Nachtschlaf und den leidigen Abwasch, um Glück und Freiheit, um volle Windeln und nicht zuletzt um Macht. Einig noch in der Beschreibung des Defizits, geraten Frauen bei der Formulierung von Utopien schnell aneinander. Und bei der Frage, mit welchen konkreten politischen Schritten die von Frauen hier und heute gewünschten Lebensentwürfe durchgesetzt werden sollen, fliegen zur Zeit die Fetzen. Jenseits aufgeregter Polemik haben wir versucht, mit dieser Aufsatz-Sammlung den Konflikt auf die wesentlichen Aussagen zu konkretisieren und den jeweiligen Positionen ausreichenden Raum zu lassen.

Die Beiträge ranken sich stichwortartig um folgende Komplexe:
1. Welcher Zugang für Frauen zum eigenen Geld?
Soll die Erwerbsarbeit Vorrang haben oder nicht?
Weitgehender Rückzug aus der männlich dominierten Erwerbswelt oder Mit- und Umgestaltung?
Anpassung an männliche (Erwerbs-) Biographie versus Politik des Unterschieds.
2. Was bedeutet „Leben mit Kindern an der Hand?"
Kritik an (feministischem) Arbeitsbegriff und Wertesystem.
Neubewertung von Reproduktionsarbeit und emphatischen Eigenschaften.
Bezahlung der Familienarbeit oder Um-

verteilung aller gesellschaftlich notwendigen Arbeit durch drastische Erwerbs- /Arbeitszeitverkürzung?

3. Bewertung real existierender Teilzeitarbeit und flexibler Arbeitszeiten: Ausbeutung oder Chance in Richtung Unabhängigkeit?

4. Emanzipation und Frauenbild: Erweiterung oder Revision? Lebensmodelle: Reine Lehre oder vielfältige Praxis?

5. Last but not least: die geschlechtsspezifische Arbeitsteilung. Gilt sie weiterhin als eine wesentliche Wurzel des Übels oder ist ihre geforderte Überwindung ein hinderliches Dogma?

Zweifellos haben die Inhalte des Diskurses einen qualitativen Sprung gemacht. Lange Zeit wurde oft nur über einzelne der zahllosen Phänomene weiblicher Benachteiligung diskutiert. In diesem Band steht jetzt eine komplexe ganzheitliche Betrachtungsweise im Vordergrund. Gestritten wird insgesamt um konkrete Lebensentwürfe von Frauen und um zukünftige Modelle. Unbestritten dabei ist, daß Wirtschaft und Staat weiterhin Kapital aus der mißlichen Lage von Frauen schlagen. Unvollständige Stichworte dazu sind: Ausbau der ungeschützten Arbeitsplätze, Flexibilisierungsstrategien, Rentenbetrug und die kostensparende Rückverlagerung der Kranken- und Altenpflege in die Familie. Jungen Frauen der 90er Jahre droht gar die allgemeine Dienstpflicht, die sich Konservative zur Bewältigung des „Rentenberges" ausdenken — jüngste Überlegungen des CDU-Abgeordneten Todenhöfer und eine Initiative der CDU-Frau Renate Hellwig haben dies deutlich gemacht.

Ein wesentlicher Grund, warum Frauen heute Teilzeitbeschäftigung annehmen, liegt in den Bedingungen des Marktes, der zunehmend weniger Vollzeitarbeitsplätze bietet.

Von heute 3,3 Mio Teilzeitbeschäftigten sind 93 % Frauen, ca. 1,5 Mio davon arbeiten in ungeschützten Arbeitsverhältnissen ohne sozialversicherungsrechtlichen Schutz. Ein weiterer Grund für Frauen, Teilzeit zu arbeiten, ist bedingt durch die traditionelle Arbeitsteilung in der Familie, welche sicher eher von den jüngeren Frauen prinzipiell in Frage gestellt wird.

Auch wenn für einen Teil der Frauen Teilzeitbeschäftigung kein Zwangs-, sondern Wunschmodell ist, können es sich die wenigsten leisten. Von den erwerbslosen Frauen etwa sind 40 % Alleinerziehende und somit auf eine Vollzeitstelle zur Existenzsicherung angewiesen. Dies zumal in den unteren und mittleren Einkommensschichten; eine Verkäuferin kann selbst mit einem Vollzeit-Lohn von rd. DM 1.500 keine großen Sprünge machen.

Nur sehr langsam werden auch die Gewerkschaften wach, die ihre Arbeitszeitpolitik schon immer an männlichen Strukturen orientiert und teilzeitarbeitende Frauen vernachlässigt haben. Bis heute fehlen Tarifverträge, in denen Teilzeitarbeitende Vollzeitarbeitenden gleichgestellt sind, die Ausweitung der Teilzeitarbeit begrenzt wird und ungeschützte Arbeitsverhältnisse unterbunden werden. Ob der Flexibilisierungs-Zug aufzuhalten ist, hängt stark davon ab, wie weit sich heute Gewerkschafterinnen im Arbeitnehmerpatriarchat Gehör verschaffen können. Es ist zu hoffen, daß sich die von einzelnen Gewerkschafterinnen vorgelegten zwingenden Analysen und zukunftsweisenden Lösungskonzepte durchsetzen (siehe auch die Beiträge in diesem Band). In diesem Sinne ermutigend war der Vorstoß einiger Frauen der Industriegewerkschaft Druck und Papier („Wir kochen schon lange"), die im März 1988 ein vielbeachtetes Tribunal gegen Flexibilisierung und ungeschützte Arbeitsverhältnisse veranstalteten.

II

Für viele, denen es seit Jahren im tagtäglichen politischen Kleinkampf nicht nur um das Vehikel Quotierung, sondern grundsätzlich um feministische Um- und Mitgestaltung geht, waren die Stimmen aus den eigenen Reihen ein Schock, die plötzlich von einem „anderen Emanzipationsbild" sprachen. Ziel und Weg waren gleichermaßen in Frage gestellt, die Forderung nach Überwindung der geschlechtsspezifischen Arbeitsteilung wurde als zu schlachtende „Heilige Kuh" denunziert; eine malte gar die „Euthanasiegesellschaft" an die Wand, falls Frauen, die ihnen nun mal zugeordneten Pflege- und Hegeaufgaben massenhaft verweigerten.[2] Es kam zu einem Schlagabtausch, bei dem heftig ausgeteilt wurde. Mittlerweile haben die Wogen sich geglättet, hat die Diskussion ein vernünftiges Maß angenommen.

Birgit Meiners beginnt diesen Band mit einer Darstellung der Hintergründe und einer rationalen Analyse des Konflikts. Das „Müttermanifest" und die Replik grüner Frauen haben wir im Anhang dokumentiert.

Das Unterfutter für die darüber hinausweisende Diskussion liefern die faktenreichen Beiträge im ersten Teil des Buches. Darin haben Marieluise Beck-Oberdorf und Birgit Meiners die Auswirkungen konservativer Arbeitsmarktpolitik vor allem am Beispiel Beschäftigungsförderung und Erziehungsgeld herausgearbeitet. Diese gesetzlichen Maßnahmen, vorgeblich als geschlechtsneutral bzw. frauenfördernd verkauft, erweisen sich heute als Hemmschuh für Frauen.

Die Sozialwissenschaftlerin Karin Gottschall trägt zur Debatte neue Erkenntnisse über die Entwicklung des Arbeitsmarktes in den letzten Jahrzehnten sowie die neuesten Daten über Arbeitsmarkt und Frauenerwerbslosigkeit bei. Mit einem zu beobachtenden Aufwärtstrend in der Gesamtbeschäftigung gehen die Ausweitung von Teilzeitarbeit und von sogenannten Jede-Frau-Tätigkeiten einher. Auch ist die Erwerbslosenquote der Frauen noch immer erheblich höher als die der Männer, und Frauen sind nach wie vor bei Arbeits-, Beschäftigungs- und Weiterbildungsmaßnahmen gegenüber Männern stark im Hintertreffen. Zudem werden Frauen neue Einstiegsbarrieren teilweise durch Männerquoten aufgebaut; so zeichnet sich in traditionellen Frauenberufen des Gesundheits- und Pflegebereiches die Tendenz ab, sie für Männer zu öffnen, für Frauen aber zu beschneiden. Karin Gottschall kommt zu dem Schluß, daß Teilzeitarbeit unter den gegebenen Verhältnissen keine Fraueninteressen entsprechende Alternative bietet.

Durch den Einsatz neuer Techniken und durch Reorganisation droht Frauen Dequalifizierung, u.a. weil die Berufsbilder immer spezialisierter werden, die Anforderungen steigen und ständige Fort- und Weiterbildung erfordern, was für Frauen aufgrund ihrer Doppel- und Dreifachbelastung viel schwieriger ist.

Die IG-Metallerin Angelika Bahl-Benker macht Flexibilisierung und neue Informations- und Kommunikationstechniken zum Thema ihres Beitrages.

Teleheimarbeit, bisher in der Bundesrepublik noch eine Randerscheinung, wird mit dem Ausbau neuer Kommunikationstechniken zunehmen.

Erfahrungen im Ausland und wissenschaftliche Studien lassen befürchten, daß die hervorstechendsten Merkmale von Teleheimarbeit Isolation, Entrechtlichung und hochflexible Arbeitszeiten sein werden, die nicht nur die Teleheimarbeiterin, sondern auch ihr soziales Umfeld den Normen und Werten der elektronisch diktierten Arbeit unterwerfen werden. Vor diesem Hintergrund erscheint die auch schon von grüner Seite geäußerte Meinung, Teleheimarbeit sei eine interessante Chance für Frauen, Beruf und Kinder miteinander zu vereinbaren, unverantwortlich.[3]

Die Betriebsrätinnen Elionore Pabst und Jutta Weil-Tischler berichten „vor Ort" aus den typischen Frauenbeschäftigungsbereichen Reinigungsgewerbe bzw. Einzelhandel. In beiden Bereichen ist heute deutlich zu sehen, wie in den vergangenen Jahren sozial abgesicherte Vollzeitarbeitsplätze systematisch in flexible, ungeschützte Arbeitsverhältnisse umgewandelt worden sind. Die Belastung der Frauen vor allem im Reinigungsgewerbe ist heute unerträglich. Neben dem Verlust existenzsichernder Einkommen verfügen die Frauen heute über keine Arbeitszeitsouveränität mehr, sie sind gezwungen, sich voll und ganz den Flexibilitätswünschen der Arbeitgeber anzupassen.

III

Das Antidiskriminierungsgesetz (ADG) der Grünen — mit seinem Herzstück Quotierungsgesetz — war der erste große frauenpolitische Wurf der jungen Partei.

Diese Initiative hat viel Aufsehen, viel Zustimmung und von konservativer Seite natürlich Ablehnung erfahren, aber sie hat vor allem in erstaunlichem Tempo frauenpolitische Bewegung in den bis dahin für solche Begehren verstockten Altparteien angezettelt.

So hat die SPD-Regierung in Nordrhein-Westfalen im Frühjahr 1988 einen Entwurf vorgelegt, der eine modifizierte Quotierung bei der Einstellung im öffentlichen Dienst vorschreibt. Auch wenn dieser Beschluß aus grüner Sicht halbherzig ausgefallen ist, so zeigt er doch, daß der Druck von Frauen wächst. Auch die CDU wird über kurz oder lang weder an einer Quotierung in den eigenen Reihen noch um eine Quotierung der Ausbildungsplätze zugunsten der bisher stark benachteiligten Mädchen herum kommen.

Der polemisch geführte „Schwesternstreit" wurde bezüglich des ADG auch von dem Mißverständnis bzw. der Unterstellung geschürt, daß die Quotierung sich allein auf die Erwerbswelt orientiere und Frauen auch in unzumutbare Lohnarbeit zwinge.

Richtig ist, daß der zugrundeliegende politische Ansatz vom Individualeinkommen eines jeden Menschen ausgeht. Dies sagt aber erstens nicht, daß die bei den Grünen noch nicht abgeschlossene Diskussion um ein arbeitsplatzunabhängiges Mindesteinkommen abgelehnt wird, und behauptet zweitens nicht, daß Emanzipation nur über Erwerbsarbeit möglich ist. Quotierung will gleichberechtigte Bedingungen, d.h. sie will die demokratischen Ansprüche einer Bevölkerungsmehrheit festschreiben. Ob Frauen diese Bedingungen ausnützen, ist ihre Sache. Quotierung ist *ein* Baustein im Interessenausgleich zwischen den Geschlechtern, wenn auch ein wichtiger.

Dagegen war die Kritik, im Quotierungsgesetzentwurf sei die Situation von Frauen mit Kindern zu kurz gekommen, insbesondere bzgl. der Fragen von Qualifikation, der Freistellung und der Wiedereingliederung, berechtigt. Der Arbeitskreis Frauenpolitik hat den Entwurf für ein Quotierungsgesetz in der Zwischenzeit gründlich überarbeitet. Das vorläufige Ergebnis ist im Anhang auszugsweise dokumentiert.

Der Beitrag des Arbeitsrechtlers Ulrich Mückenberger ist ein Indiz dafür, wie weit die grünen Quotierungsideen auch bereits von männlicher Sozialwissenschaft rezipiert und weiterverarbeitet werden. Der Autor stellt ein

Regelmodell zur Diskussion, nach dem in verschiedenen Lebensphasen beide Geschlechter Erwerbsarbeit und Nichterwerbsarbeit in selbstbestimmter Weise vereinbaren können sollen. Berücksichtigt sind vor allem eine garantierte Berufsausbildung sowie zeitlich begrenzte Ausstiegsmöglichkeiten gekoppelt mit Wiederbeschäftigungsansprüchen.

IV

Von den Beiträgen, die vor allem nach Lösungen der in Frage stehenden Problemen suchen, provozieren der von Annemarie Gerzer und der von Ralf Fücks wohl am meisten. Beide kommen zu ähnlichen Aussagen, obwohl sie offensichtlich von ganz unterschiedlichen Standpunkten aus argumentieren. Ralf Fücks, Politiker und Vater von zwei Kleinkindern, beschreibt die Kluft zwischen dem „verinnerlichten männlichen Lebensentwurf" (und die daraus erwachsende Abneigung, geliebte Privilegien aufzugeben) und dem Bedürfnis, das Leben der eigenen Kinder intensiver zu begleiten als dies die Großvätergeneration noch getan hat. Er sieht zwar eine wachsende Zahl von Männern, die sich intensiver um ihre Kinder kümmern, aber sie tun dies nicht mit der gleichen Verbindlichkeit und Priorität wie die Mütter und bleiben aufs Ganze gesehen eine verschwindende Minderheit. Auch bezweifelt er, daß selbst bei gutem Willen die Verantwortung für Kinder und ein anspruchsvoller Beruf wirklich miteinander vereinbar sind — selbst bei einem 6-Stunden-Tag würde dies schwierig. Gesetzliche Lösungen, wie Marieluise Beck-Oberdorf sie vorschlägt, hält der Autor nicht für akzeptabel. Auch andere Gesamtlösungen, den „Königsweg", sieht der Autor derzeit nicht. Er schätzt, daß es bis auf weiteres bei Kompromissen unterhalb der vollen Gleichberechtigung bleiben, es allenfalls zu Einzelmaßnahmen wie der arbeitsrechtlichen Absicherung von Teilzeitarbeit kommen wird. Zumindest in der Konsequenz gibt es hier Übereinstimmung mit Annemarie Gerzer, die vor einem zu glatt gestrickten emanzipatorischen Weltbild warnt. Sie hält es für falschen Ehrgeiz, das vorherrschende männlich orientierte Berufsmuster zu ändern, vielmehr sollten die Werte innerhalb des „Schonraums" erhalten bleiben — auch um den Preis ökonomischer Abhängigkeit. Die Autorin (Mitarbeiterin des Deutschen Jugend-Instituts) sieht in der Teilzeitarbeit und einer flexiblen Arbeitszeitgestaltung, die sich an den Bedürfnissen der Frauen orientiert, einen Kompromiß in Richtung Unabhängigkeit. Sowohl in dieser Einschätzung wie auch in der Interpretation der Arbeitsmarktzahlen steht Annemarie Gerzer im Widerspruch zu Karin Gottschall und Ingrid Kurz-Scherf. In ihrer Kritik an den bestehenden Berechnungsmodellen für Sozialleistungen, die an der männlichen Normalbiographie mit den Phasen Ausbildung — Vollerwerbsarbeit — Ruhestand orientiert sind und die Lebenswirklichkeit der Mehrheit der Frauen ausgrenzen, findet Annemarie Gerzer Unterstützung bei der Soziologin Ute Gerhard. Diese zeigt in ihrem Beitrag das schon historische Unrecht der sogenannten Beitragsgerechtigkeit auf, die männliche Berufsmuster zugrundelegt, wobei die gesellschaftstragende Reproduktionsarbeit von Frauen völlig ausgeblendet und vom Arbeitsförderungsgesetz über die Sozialhilfe bis hin zur Rente Frauen systematisch und drastisch benachteiligt werden (Stichwort: Altersarmut der Rentnerinnen). Gerhard lastet diesen mehr als hundertjährigen Skandal Kapital und Arbeiterbewegung gleichermaßen an. Sie plädiert für die längst fällige Entkopplung von Erwerbsarbeit und sozialer Sicherung. Ihre Forderung lautet: Statt Verzicht, Dienen und neuer Mütterlichkeit, den Sozialstaat neu denken.

In der Debatte zeichnet sich ab, daß eine dynamisch-emanzipatorische Frauenpolitik zukünftig eine Doppelstrategie entwerfen muß, die beiden Lebensbereichen von Frauen, dem Erwerbsbereich wie dem sogenannten Reproduktionsbereich gleichermaßen gerecht wird. Diesen Gedanken greifen Christa Nickels und Christel Eckart in ihren Beiträgen auf. Die grüne Bundestagsabgeordnete macht die „Wanderinnen zwischen den Welten" zu ihrem Thema. Sie möchte auch diejenigen einbezogen sehen, die nicht klar auf der einen oder der anderen Seite „eingemeindet" sind. Sie fordert, die grüne Antidiskriminierungspolitik um eine Neubewertung und Absicherung der gesellschaftlich notwendigen Arbeit außerhalb des Erwerbsarbeitssektors zu erweitern. Zudem problematisiert sie den Widerspruch, patriarchale Gesellschaftsmuster mit gesellschaftsimmanenten Instrumenten – sprich Gesetzen – aufzubrechen.

Die Frankfurter Soziologin Christel Eckart rückt die nicht organisierten kollektiven Abwehrstrategien von Frauen in den Blick. Aus Sicht der Autorin hat sich die Teilzeitarbeit in den 60er Jahren aus einer kollektiven Widerspenstigkeit von Frauen entwickelt. Die Gunst des „Wirtschaftswunders" nutzend, haben sie eine Arbeitsform durchgesetzt, die ihren Bedürfnissen auch als Hausfrau entsprach. Christel Eckart sieht den Zwangscharakter heutiger Teilzeitarbeit, hebt aber auch deren nach ihrer Meinung vorhandene antikapitalistische und antipatriarchalische Elemente hervor. Angesichts der Vielfalt individueller Lebensführung warnt die Autorin vor Strategien, die die Interessen von Frauen nur einseitig zu sichern suchen.

Das Buch schließt ab mit zwei Beiträgen, die jeweils Vorschläge für konkrete politische Schritte beinhalten.

Ingrid Kurz-Scherf, Mitarbeiterin des Wirtschafts- und Sozialwissenschaftlichen Instituts des DGB, entwickelt Komponenten einer emanzipatorischen Arbeitszeitpolitik, die sich am gesamten Frauenleben orientieren, also den privaten wie den betrieblichen Bereich erfassen. Kurz-Scherf sieht in der Neugestaltung nicht nur den Schlüssel zur Überwindung der geschlechtshierarchischen Arbeitsteilung, sondern auch den Schlüssel zur „Entpatriarchalisierung" und des Zugangs zum eigenen Geld. Bausteine dieses Konzeptes sind die Verkürzung der Arbeitszeit im Erwerbsbereich ebenso wie im privaten Bereich, die Anrechnung der gesellschaftlich notwendigen, aber unbezahlten Arbeit auf die bezahlte Arbeitszeit. Schließlich sieht ihr Konzept eine Gestaltung der Arbeitszeit vor, die eine weitestgehende Zeitautonomie der Beschäftigten zuläßt.

Die grüne Bundestagsabgeordnete Marieluise Beck-Oberdorf hat ein Arbeitszeitmodell entworfen, das den „Normalarbeitstag für alle Erziehende", sowohl für Frauen als auch für Männer, auf 6 Stunden reduziert. Damit Väter sich dieser Regelung nicht mit den altbekannten Argumenten entziehen können, soll sie verbindlich gesetzlich festgeschrieben werden. Der Wettbewerbs- bzw. Karrierenachteil, den zur Zeit überwiegend Frauen zu tragen haben, würde somit auf Millionen berufstätiger Männer verteilt und damit weitgehend eingeebnet. Um Eltern nicht finanziell schlechter zu stellen, schlägt das Modell auch einen ausreichenden Kinderlastenausgleich vor. Dieser wird damit begründet, daß das Kindergroßziehen ein wichtiger Teil gesamtgesellschaftlicher Arbeit ist. Einwänden, dies wäre ein Zwangsgesetz, hält die Autorin entgegen: „Das Sitzfleisch der

Patriarchen hat mich gelehrt, daß sanfte Knuten ihr Gutes haben können."

V

Als Wirkende in einer jungen und relativ kleinen Oppositionspartei lagen und liegen die Möglichkeiten grüner Frauen vor allem darin, Diskussionen in Gang zu bringen, Fragestellungen zu bündeln und zu focussieren. Zum gegenwärtigen Zeitpunkt geht es darum, die programmatisch festgeschriebene Antidiskriminierungspolitik weiterzuentwickeln. In den Blickpunkt müssen nun stärker die unterschiedlichen Lebensformen von Frauen rücken, ohne daß diese gegeneinander ausgespielt oder einseitige Verzichte gefordert werden.

Nicht alle Beiträge dieses Bandes geben die Meinung der Herausgeberinnen wieder. Sollen aber tragfähige Doppelstrategien gefunden werden, so müssen Frauen den Mut haben, auch einmal von eingefahrenen Gedankenbahnen abzuschweifen. Andererseits kann eine emanzipatorische Frauenpolitik sich nicht nur in *eine* Richtung entwickeln. Zu einem ganzheitlichen Ansatz gehört eben auch, daß Frauen sich in die Umgestaltung hin zu einer humaneren und ökologischen Produktionsweise einmischen.

Mag sein, daß das zukünftige Frauenbild sich ändert, daß es vielfarbiger, schillernder wird. Eine Annäherung der unterschiedlichen Standpunkte kann es jedoch nur unter dem Ziel der Emanzipation geben, und das heißt Freiheit von (patriarchaler) Herrschaft, Unterdrückung und Bevormundung.

Bonn, im April 1988   *Barbara Bussfeld*

Anmerkungen

1) Ilse Lenz: Subsistenzproduktion, Moderne und Freiheit, in: Die Grünen im Bundestag/ AK Frauenpolitik (Hrsginnen),Frauen & Ökologie, Köln 1987
2) Gisela Erler, Mütterlichkeit und Computerheimarbeit oder: Tradition und Moderne als frauenpolitische Denksportaufgabe, in: Kommune 7/87
3) Gisela Erler, a.a.O.

„Schwestern zur Sonne zur Gleichheit" oder „Für eine Politik des Unterschieds"
Welches Modell für welche Emanzipation?

Birgit Meiners

„Frauen" gegen „Mütter"?
Zum aktuellen Stand der frauenpolitischen Debatte bei den Grünen

I. Neue Zuspitzung eines alten Konflikts

Die Frauenpolitik war bei den Grünen von Anfang an ein wesentlicher und starker Bestandteil. Neben der Ökologiefrage standen dabei Diskussionen über die quotierten Listen, über einen Frauenvorstand in der Bundestagsfraktion, über eine reine Frauenliste bei den Landtagswahlen in Hamburg und über radikale Forderungen nach strukturellen Veränderungen in Erwerbsarbeit, Politik und Lebensformen im Mittelpunkt.

So gab es bei den Grünen beispielsweise 1986 drei frauenpolitische Höhepunkte: Dem Juni-Kongreß „Ende der Bescheidenheit" folgte im Oktober in Köln ein weiterer zum Thema „Frauen & Ökologie". Im November schließlich, gut plaziert in der heißen Phase des Wahlkampfes, trafen sich in Bonn die „Mütter" unter dem Motto: „Leben mit Kindern – Mütter werden laut".

Das Frankfurter Frauentreffen „Ende der Bescheidenheit" war sozusagen die außerparlamentarische Lesung des Antidiskriminierungsgesetzes (ADG), dem Herzstück grüner Frauenpolitik.

Mehrere hundert Frauen aus dem grün-alternativen Spektrum verabschiedeten den Entwurf, der drei Monate später überarbeitet von den Grünen in den Bundestag eingebracht wurde. Gut eineinhalb Jahre später ist es nicht vermessen zu behaupten, daß die grünen Frauen mit ihrem Antidiskriminierungsgesetz und der intensiven Informations- und Diskussionskampagne (von der Straßenaktion bis zur öffentlichen Anhörung in Bonn) um diesen Gesetzentwurf die frauenpolitische Auseinandersetzung in der BRD vorangetrieben haben. Quotierung aller Ausbildungs- und Erwerbsarbeitsplätze, die Hälfte aller Ämter und Mandate für Frauen – diese zunächst nur von den Grünen erhobenen Forderungen werden inzwischen auch in der SPD diskutiert. Auch in verschiedenen Gewerkschaften gibt es bereits die ersten Quotierungsbeschlüsse, wenn auch nicht gleich auf dem 50-Prozent-Niveau. Wenn zudem schon die ersten Examensarbeiten über grüne Antidiskriminierungspolitik geschrieben werden, liegen die Protagonistinnen dieser politischen Stoßrichtung, deren parlamentarischer Ausdruck das ADG ist, offenbar goldrichtig.

Doch eine zweite Gruppe grüner Frauen machte sich daran, den schon erwähnten Mütterkongreß zu veranstalten. Und wieder waren es Frauen aus dem grün-alternativen Spektrum, die sich hier zu Wort meldeten – diesmal allerdings explizit als *Mütter*. Das

Spannende oder Empörende – je nach Standpunkt – war, daß diese Frauen wesentliche Punkte grüner Frauenpolitik, als unzureichend kritisierten, insbesondere die ihrer Ansicht nach zu einseitige Orientierung auf Erwerbsarbeit und Quotierung. Gleichzeitig erhoben sie unter dem Slogan „motherhood is beautiful" den Anspruch, eine ganz neue Frauenbewegung darzustellen und sich als Mütter künftig selbst zu vertreten.

Seit diesem Zeitpunkt gärt es in der grünen Partei, und mit dem Erscheinen des „Müttermanifestes" im März 1987 ist die ideologische Debatte um die zukünftige Orientierung grüner Frauenpolitik voll entbrannt.

Daß diese Debatte zwischen den Kontrahentinnen teilweise sehr heftig ausgetragen wird, hat verschiedene Gründe. Zum einen liegt die Emotionalität und Schärfe der Auseinandersetzung sicherlich auch darin begründet, daß viele der Trägerinnen dieses Konfliktes in einem Alter sind, in dem Problemlösungen drängen. Einer Frau, die *jetzt* ein Kleinkind hat und kaum weiß, wie sie Existenzsicherung und Kinderbetreuung vereinbaren kann, wie sie der drohenden Isolation als Alleinerziehende entgehen soll, nutzt die Utopie der vielleicht in einem Zeitraum von fünfzig Jahren gelingenden Überwindung der geschlechtsspezifischen Arbeitsteilung ebensowenig wie der Dreißigjährigen, die *jetzt* ihre Entscheidung für oder gegen eigene Kinder treffen muß, und zwar ohne in den Genuß der in grünen Modellen großzügig geregelten Maßnahmen wie Elternfreistellung, Betreuungsgeld, Arbeitsplatzgarantie usw. kommen zu können. Zum anderen ging es in diesem Streit bis vor kurzem auch um parteiinterne Statusfragen:

Auf Bundesebene angesiedelt und von der grünen Partei finanziert, existieren zu allen wichtigen Politikbereichen Beratungsgremien, die Bundesarbeitsgemeinschaften (BAG's). Diese setzen sich aus Landesdelegierten zusammen und leisten vor allem programmatische Arbeit.

So ist auch das grüne Antidiskriminierungsgesetz das Ergebnis der intensiven Zusammenarbeit des Arbeitskreises Frauenpolitik der grünen Bundestagsfraktion und der BAG Frauen.

Die Frauen um die Vorbereitungsgruppe des Mütterkongresses fühlten sich jedoch politisch nicht durch die Delegierten in der BAG Frauen vertreten und begehrten für ihre weitere Arbeit den Status einer eigenen Bundesarbeitsgemeinschaft Mütterpolitik. Wäre die Bundespartei diesem Ansinnen gefolgt, so wäre erstmals das Paradoxon entstanden, daß es auf Bundesebene zwei Beratungsgremien zu *demselben* Politikbereich mit unterschiedlicher, teilweise entgegengesetzter konzeptioneller Ausrichtung gegeben hätte. Gegensätzliche Programmentwürfe und unterschiedliche öffentliche Stellungnahmen wären zu befürchten gewesen. Eine solche Situation wollte die grüne Partei offenbar nicht herstellen, denn sie lehnte den Antrag auf Einrichtung einer Bundesarbeitsgemeinschaft Mütterpolitik auf ihrer Bundesdelegiertenkonferenz in Duisburg (Mai 1987) mit großer Mehrheit ab. Die Konferenz war aber gleichzeitig von dem Bestreben geleitet, den Mütterpolitikerinnen vernünftige Arbeitsbedingungen zu ermöglichen und sie nicht auf strukturellem Wege zu behindern und zu zensieren. So wurde der Gruppierung schließlich der Status einer integrierten Unterarbeitsgruppe (UAG) mit finanzieller Absicherung eingeräumt. Da der neuen UAG aber noch eine eigene Sprecherin zuerkannt wurde, ergibt sich faktisch annähernde Gleichberechtigung der beiden konkurrierenden Gruppen. Das könnte in Zukunft zu widersprüchlichen frauenpolitischen Stellungnahmen führen. Nehmen wir den Fall an, das Süßmuth-Ministerium entschlösse sich zur bundesweiten, flächendeckenden Einrichtung von Mütterzentren. Die Sprecherin der UAG Mütterpolitik würde dies vermutlich begeistert begrüßen. Gleichzeitig würde ihre grüne Parteifreundin, die Sprecherin der BAG Frauen, diesen Schritt als weiteres Abschieben von Frauen in den Bereich ehrenamtlicher oder weit unterbezahlter Tätigkeiten bei anhaltend hoher Frauenerwerbslosigkeit geißeln ...

Vor diesem Hintergrund ist meines Erachtens die grüne Frauenpolitik – bis vor kurzem überaus erfolgreich – in realistischer Gefahr, sich selbst lahm zu legen. Es sei denn, ihr gelingt es bald, die inhaltliche Diskussion über die Kernpunkte des frauenpolitischen Strömungsstreits zu vertiefen. Mit der im Anhang dokumentierten „Stellungnahme grüner Frauen zum Müttermanifest" und dem Ausgangspunkt des vorliegenden Buches, dem Frauenforum „Vollerwerbstätigkeit – Teilzeitarbeit – Flexibilisierung – Wo liegt der Frauen Glück?" wurde dazu der Anfang gemacht.

II. Die inhaltlichen Gegensätze: Schwestern, zur Sonne – oder ins Frauenzimmer?

Die Konfliktlinie verläuft nicht, wie die Begrifflichkeit im Müttermanifest irreführend nahelegt, zwischen Müttern auf der einen und sogenannten Nicht-Müttern auf der anderen Seite, vielmehr stehen auf beiden Seiten Frauen mit und ohne Kinder, die unterschiedliche Lebensentwürfe haben und dementsprechend unterschiedliche politische Zielvorstellungen verfolgen. Die Unterschiede sollen anhand von vier Begriffen verdeutlicht werden:

Unterschiedlich ist zum einen der jeweilige Bezug zur *Erwerbsarbeit* und damit zur Form der Existenzsicherung, zum zweiten die Einstellung zur *geschlechtsspezifischen Arbeitsteilung*, dann der Stellenwert des *Lebens mit Kindern* und schließlich das dem jeweiligen Lebensmodell zugrundeliegende *Frauenbild*.

1. Hinsichtlich der *Erwerbsarbeit* und der Existenzsicherung ist die bisherige grüne Frauenpolitik, wie sie auch im ADG und im Bundesprogramm ihren Ausdruck gefunden hat, geleitet von einem egalitären Gesellschaftsbild, wonach im Prinzip alle Menschen (außer Kindern, Kranken, Alten) erwerbstätig sind und aus dieser Erwerbstätigkeit auch ihre eigenständige Existenz bestreiten, die in aller Regel von Partner(inne)n unabhängig ist. Da die bezahlten Arbeitsplätze aber bekanntlich ungleich verteilt sind, stellt die 50-prozentige Quotierung einen ganz wesentlichen Hebel dar, die knapper werdenden Erwerbsarbeitsplätze zwischen den Geschlechtern gerecht zu verteilen. Alle darüber hinausgehende Arbeit, also Hausarbeit, Kindererziehung, Pflege von Alten und Kranken, wird in ihrer gesellschaftlichen Notwendigkeit selbstverständlich gesehen. Sie soll im Prinzip unbezahlt bleiben, jedoch ebenfalls gerecht zwischen Männern und Frauen aufgeteilt werden. Besonderen Belastungen, wie sie z.B. bei Krankenpflege oder in den ersten drei Jahren eines Lebens mit Kindern entstehen, wird durch Freistellungsmöglichkeiten Rechnung getragen. Dies ist programmatisch bereits festgeschrieben. Der Entwurf eines grünen Arbeitszeitgesetzes etwa sieht einen dreijährigen, zwischen Vätern und Müttern streng geteilten[1] Freistellungsanspruch vor, wobei der dem Vater

zustehende Anteil verfällt, wenn er nicht wahrgenommen wird.

Alleinerziehenden soll der Zeitraum ungeteilt gewährt werden. Darüber hinaus sieht das ADG einen zeitlich befristeten Rechtsanspruch auf Teilzeitarbeit vor, verbunden mit der Rückkehrmöglichkeit zur Vollzeit. Die Normalität des Erwachsenen-Lebens ist nach diesem Modell die Vollerwerbstätigkeit – abzüglich der besonderen Belastungszeiten, die zu berücksichtigen sind.

Demgegenüber zweifeln die Mütterpolitikerinnen diesen zentralen Stellenwert von Erwerbsarbeit an. Sie gehen vielmehr davon aus, daß die gut bezahlten, attraktiven Frauenerwerbsarbeitsplätze immer weniger bzw. für Frauen immer schwerer zugänglich werden. Sie halten von daher eine Konzentrierung auf Erwerbsarbeit für ebenso illusorisch wie diskriminierend gegenüber aller anderen, unbezahlten Reproduktionsarbeit.

Dem Vorurteil Kindererziehung = Windelnwaschen würde Vorschub geleistet, statt die positive Vielfalt eines Lebens mit Kindern hervorzuheben. Die Mütterpolitikerinnen fordern eine – vor allem auch finanzielle – Aufwertung dieser vielfach geringgeschätzten Arbeit, ohne diese Forderung jedoch zu quantifizieren, was allerdings entscheidend wäre. Daneben sollen auch die Erwerbsarbeitschancen für Frauen mit Kindern verbessert werden, aber nicht durch an Männern orientierte Vollzeit-Arbeitsplätze, sondern durch „Experimente" mit „qualifizierten Teilzeitarbeitsplätzen". (Formulierungen, die angesichts der stattfindenden arbeitgeberfreundlichen Flexibilisierung von den Kritikerinnen der Mütterpolitik für äußerst leichtfertig gehalten werden.)

2. Mit der Frage der Gestaltung von Erwerbsarbeitsplätzen und Arbeitszeiten eng verknüpft ist der Begriff der *geschlechtsspezifischen Arbeitsteilung*. Hält frau – wie dies unter Feministinnen bislang Konsens war – deren Überwindung für *die* Grundvoraussetzung, um ökonomische Unabhängigkeit und das Ende der Geschlechterhierarchie zu erreichen, so leiten sich folgerichtig aus dieser Prämisse politische Forderungen wie die nach radikaler Verkürzung der täglichen Arbeitszeiten mit Lohnausgleich ab, weil dies eine Voraussetzung für die gerechte Umverteilung der Haus- und Erziehungsarbeit ist. Die Bekämpfung der geschlechtsspezifischen Arbeitsteilung wird als zentral angesehen, weil ihr Fortbestehen bedeutet, daß Frauen auf kürzere Arbeitszeiten in immer weniger geschützten Beschäftigungsverhältnissen ausweichen (müssen). Entsprechende Einkommens- und spätere Rentenverluste sind die Folge und somit eine eigenständige, partnerunabhängige Existenz unmöglich. Der Ausstieg oder das Ausgestiegenwerden aus einer unbefriedigenden Ehe wird entsprechend erschwert bzw. endet dann oft in Armut.

Auf seiten der Mütterpolitikerinnen wird die Aufhebung der geschlechtsspezifischen Arbeitsteilung zwar langfristig befürwortet, aber die Chance, dieses Ziel zu erreichen, wird wesentlich skeptischer beurteilt. Immer wieder wird auf die empirische Erfahrung verwiesen, daß die kollektive Arbeitszeitverkürzung nicht mehr bringt, als daß Väter mehr Zeit für den Fußballplatz haben, sich aber weiterhin nicht an der Hausarbeit und Kindererziehung beteiligen. Deshalb könne, so die Mütterpolitikerinnen, diese Orientierung kein konkreter Ansatzpunkt für Maßnahmen sein, die Situation der Mütter zu verbessern. Ehrlicher sei es da schon, die gegebene Arbeitsteilung als Realität anzuerkennen und für die ideelle wie materielle Aufwertung des weiblichen Parts einzutreten.

3. Vielfach tauchen *Kinder* in grünen Diskussionen als „organisatorisches Problem" auf, das bisher privat bewältigt werden muß. Kein Wunder, denn wir haben einen chronischen Mangel an solchen Kinderbetreuungsstätten, deren Öffnungszeiten einen außerhäuslichen Arbeitstag (zumindest einen halben!) gestatten. Bekanntlich hinkt die BRD im Europamaßstab mit ihrem Angebot an Betreuungseinrichtungen seit Jahrzehnten als Schlußlicht hinterher. In der deshalb auch in Zukunft kaum überholten Forderung nach mehr Kinderbetreuungseinrichtungen schwingt jedoch für viele Frauen auch die negative Vision einer quasi kinderlosen Gesellschaft mit, in der Kinder zur „Größe" verkommen, die man praktischerweise von der Kinderkrippe über die Ganztagsschule bis zur Volljährigkeit wegorganisiert. Gegenüber diesem Bild fordern die Mütterpolitikerinnen ein Leben mit Kindern an der Hand, eine mütter- und kinderfreundliche Öffentlichkeit, worin die Trennung zwischen Kinder- und Erwachsenenwelt weitgehend aufgehoben ist. Wer kennt und schätzt schließlich nicht aus dem Italienurlaub eine öffentliche Szenerie, die stets von Dutzenden von Kindern geprägt ist, während er/sie sich zu Hause oftmals schon beim Anblick von Kindern nervös in seiner/ihrer Arbeitseffizienz gestört fühlt. Unklar bleibt allerdings im Müttermanifest, wie weitgehend die Vorstellung eines „Lebens mit dem Kind an der Hand" gemeint ist. Soweit es sich darum handelt, Kinder auch mal selbstverständlicher als bisher in den Betrieb mitbringen zu können, wenn der Kindergarten geschlossen oder die Lehrerin erkrankt ist, ist eine tolerante Haltung von allen ArbeitgeberInnen zu fordern. Und Szenen wie die im Bus oder in der Sparkasse, wo sich hundert strafende Augen auf eine Mutter mit hochrotem Kopf richten, deren Kind sich gerade mal nicht erwachsenen-like verhält, sollten selbstverständlich endlich der Vergangenheit angehören. Ebenso gehören Termine zwischen 18.00 und 20.00 Uhr, die verpflichtungslosen Frauen/Männern/Vätern entgegenkommen, in den Tabukatalog einer mütter- und kinderfreundlichen Zeitgestaltung. Anders dagegen sieht es aus, wenn der heute existierende Widerspruch zwischen Erwachsenen- (sprich Arbeitswelt) und Kinderrealität zur einen Seite hin aufgelöst werden soll: wenn Kindern die Integration in die Erwachsenenwelt zugemutet werden soll, weil die Erwachsenen nicht bereit sind, in ihrer Lebensgestaltung Rücksicht auf Alter und Bedürfnisse der Kinder zu nehmen. Dies ist kein Argument gegen die Teilhabe von Müttern (und Vätern) am politischen und öffentlichen Leben, sondern ein Plädoyer gegen stundenlange Sitzungsteilnahme schon für Kinder als politisches Programm. Ich behaupte, Kinder gehen lieber in die Kindergruppe als in den Sitzungssaal; und dem Bedürfnis von Müttern, ihre Kinder an der Hand zu halten, steht das Bedürfnis der Kinder entgegen, *los*gelassen zu werden.

4. Das *traditionelle* (um nicht zu sagen: anachronistische) Frauenbild wurde und wird nicht nur von radikalen Feministinnen abgelehnt, sondern die überwiegende Mehrheit der jungen Frauen aller politischen Schattierungen erteilt heute den drei K's (Kinder, Küche, Kirche) als Lebenskonzept eine Absage. In dieser klassischen Rolle ist die (nicht erwerbstätige) Ehefrau sozusagen professionell, aber unbezahlt, zuständig in Sachen Liebe, sie erzieht und nährt die Kinder, erledigt Tag für Tag die unsichtbare Hausarbeit, kocht mit Fleiß des Ehegatten Lieblingsspeis und baut ihn nach der Heimkehr aus dem feindlichen (Erwerbs-) Leben emotional auf. So etwa war ein Frauenleben auch Anfang

der 80er Jahre noch vorgesehen — jedenfalls in der „Sanften Macht der Familie", einem restaurativen Modell der CDU-Familien- und Gesellschaftspolitiker, denen daraufhin die Wählerinnen scharenweise davonliefen. Nicht nur unter Frauen mit qualifizierter Berufsausbildung hatte es sich nämlich inzwischen herumgesprochen, daß es attraktivere Alternativen zur klassisch-undankbaren, abhängigen Frauenrolle gibt. Auch wenn die meisten Frauenarbeitsplätze nach wie vor qualitativ zu wünschen übrig lassen und für eine eigenständige Existenz zu schlecht bezahlt sind, ist den meisten Frauen heute dennoch bewußt, daß angesichts einer Scheidungsrate von 1 : 3 die alleinige finanzielle Abhängigkeit vom Partner („bis daß der Tod Euch scheide") weniger Ausdruck liebevollen Vertrauens als sträflichen Leichtsinns ist. Auch die mit der traditionellen, als unterdrückend erkannten Rolle verknüpften Eigenschaften wie mütterlich, weiblich, integrativ, langmütig usw. wurden in den letzten fünfzehn Jahren folgerichtig kritisch hinterfragt und umgedeutet. Dabei wehren sich die Frauen nicht gegen an sich positive Eigenschaften wie helfen, trösten usw. — das Problem liegt vielmehr in der gleichzeitigen Aberkennung *anderer* Eigenschaften, die nicht zur klassischen Frauenrolle gehören (dürfen), die aber für die allermeisten interessanten und lohnenswerten Betätigungen in dieser Gesellschaft Voraussetzung sind: z.B. Durchsetzungsvermögen, Engagement, Konfliktfähigkeit u.a. (Auch in ‚aufgeklärt-linken' Kreisen haben erfolgreiche Frauen schnell genug das Etikett „Mackerfrau" weg!) Die Erfahrung, durch die *Projektion* von „Weiblichkeit und Mütterlichkeit" qua definitionem aus allen wichtigen Bereichen, aus lukrativen Jobs ebenso wie aus politischen Ämtern, ausgeschlossen zu sein, ließ Frauen gegen die Rollenzuweisung *Mütterlichkeit als Konzept* aufbegehren. Um so verständlicher wird damit, daß wohl an keinem anderen Punkt der Konflikt zwischen den grünen Frauenpolitikerinnen und den Mütterpolitikerinnen so unüberbrückbar erscheint wie an dem des zugrundeliegenden Frauenbildes: Denn wenn es den Mütterpolitikerinnen „letztlich (...) darum (geht), ein Emanzipationsbild zu entwickeln, in dem die Inhalte traditioneller Frauenarbeit, d.h. die Versorgung von Personen, Wahrnehmung sozialer Bezüge, Hinterfragung von sogenannten Sachzwängen als legitime Werte integriert sind und entsprechend wertemäßig sozial, politisch, finanziell anerkannt werden" (Müttermanifest), so werden hier völlig unvereinbare, entgegengesetzte politische Zielrichtungen deutlich.[2] Während es auf der Ebene konkreter Forderungen und Themen wie z.B. Teilzeitarbeit, Kinderbetreuung, kinderfreundliche Parteistrukturen usw. nach intensiven Diskussionen sicherlich eine Reihe von Lösungsmöglichkeiten geben wird, ist bei der Frage, welches Frauenbild angestrebt wird, vermutlich jede Annäherung ausgeschlossen: Bekämpfung einer auf geschlechtsspezifischer Arbeitsteilung und ökonomischer Abhängigkeit basierenden Frauenrolle auf der einen, Anerkennung und Aufwertung dieser Rolle auf der anderen Seite. Um eine Entscheidung zwischen diesen antagonistischen Zielen wird die grüne Partei früher oder später nicht umhinkommen.

Anmerkungen

1) Mittlerweile hat die grüne Bundestagsfraktion die Muß-Bestimmung bei der Teilung der Elternfreistellung in eine Kann-Bestimmung umgewandelt. Damit bliebe, fände dieses grüne Gesetz eine Bundestagsmehrheit, nach Einschätzung seiner Kritikerinnen alles beim alten: Nur wenige Väter erhielten einen Anreiz, für eineinhalb Jahre die Erwerbstätigkeit mit der Wickelkommode zu tauschen, und selbst die „Erziehungswilligen" hätten es gegenüber ihrem Arbeitgeber und Kollegen schwerer, ihren Anspruch ohne Nachteile durchzusetzen.
2) Ausdrücklich hingewiesen sei auf Gisela Erlers „Frauenzimmer. Für eine Politik des Unterschieds" und die Kritik hieran von Marie-Theres Knäpper „Die Faszination des Alltäglichen oder: Ein Schritt vor, zwei zurück. Zur Politik des Unterschieds bei Gisela Erler", in: Mamalogie, beiträge zur feministischen theorie und praxis, Heft 21/22, 1988.

Liberal-konservative Arbeitsmarktpolitik heißt auch: hohe Flexibilität und Verfügbarkeit

Marieluise Beck-Oderdorf / Birgit Meiners

Liberal-konservative Arbeitsmarktpolitik und ihre Auswirkungen auf Frauen

Die unionsgeführte Bundesregierung geriet bei den Wählerinnen zu Beginn ihrer Regierungszeit mit ihrem anachronistischen Frauenbild, restauriert in den berüchtigten Thesen von der „Sanften Macht der Familie", arg ins Hintertreffen. Das sollte sich schon bald ändern. Auf ihrem Essener Parteitag im Frühjahr 1985 verabschiedete die CDU die „Leitsätze der CDU für eine neue Partnerschaft zwischen Mann und Frau". Mit der Professorin Rita Süßmuth ernannte sie ein halbes Jahr später eine Frau zur Bundesministerin für Jugend, Familie und Gesundheit, die in persona für die Vereinbarkeit von Familie und Beruf steht. Diese formulierte im selben Jahr ihre programmatischen Absichten[1] u.a. Verwirklichung der bürgerlichen Gleichstellung im Rahmen der bestehenden gesellschaftlichen Verhältnisse, Absicherung von Frauen gerade in Krisenzeiten, Verbesserung der Vereinbarkeit von Familien- und Erwerbstätigkeit für Väter und Mütter bei gleichzeitiger Aufwertung von Haus- und Familienarbeit als der Erwerbsarbeit gleichwertig.[2]

Es kann an dieser Stelle keine Auseinandersetzung mit der gesamten Programmatik und Praxis Süßmuthscher Politik geführt werden. Vielmehr setzen wir uns mit den für das Thema dieses Buches relevanten Gesetzen auseinander, mit denen die Troika Geißler/Blüm/Süßmuth die staatlichen Rahmenbedingungen für die Erwerbsarbeit unter den Bedingungen rasanten (internationalen) Strukturwandels und anhaltender Erwerbslosigkeit neu organisierte. Wesentlich an der bisher umgesetzten konservativen Arbeitsmarktpolitik ist, daß gerade die vorgeblich geschlechtsneutral intendierten bzw. angeblich frauenfördernd wirkenden Gesetze (Beschäftigungsförderungsgesetz, Erziehungsgeldgesetz) sich überproportional und teilweise verheerend auf die Erwerbsarbeit von Frauen auswirken.

Eine der bedeutendsten arbeitsmarktpolitischen Maßnahmen der konservativen Bundesregierung ist das *Beschäftigungsförderungsgesetz* (BeschFG), das im Mai 1985 in Kraft trat. In dessen Begründung heißt es, der Gesetzentwurf habe das Ziel, zusätzliche Beschäftigungsmöglichkeiten zu schaffen. Gerade den Frauen wurde von Rita Süßmuth immer gesagt, daß gerade sie durch dieses Gesetz *positiv* betroffen sein würden.

Kern des Gesetzes ist der *befristete Arbeitsvertrag* bis zu 18 (bzw. 21) Monaten ohne gerichtliche Mißbrauchskontrolle. Während vor Inkrafttreten des BeschFG jeder Abschluß eines zeitlich begrenzten Arbeitsverhältnisses vom Arbeitgeber einzeln begründet werden mußte, brauchen die Unternehmer jetzt keinen sachlichen Grund mehr zur befristeten Einstellung von ArbeitnehmerInnen anzugeben. Im Rahmen dieses Gesetzes wurde ferner zum erstenmal Arbeit auf Abruf reguliert und damit kapazitätsorientierte variable Arbeitszeit (KapovAz) legalisiert. Das gleiche gilt für das Job-Sharing, das ebenfalls als zu regulierender Tatbestand mit aufgenommen wurde. Die Überlassungsdauer der Leiharbeit – der bekanntermaßen unerträglichsten Arbeitsform – wurde von drei auf sechs Monate verlängert. Schließlich hat die Bundesregierung die Schwelle, ab der ArbeitnehmerInnen Anspruch auf den Abschluß von Sozialplänen haben, erhöht.

Es wird deutlich, daß es sich beim Beschäftigungsförderungsgesetz um ein Paket von Maßnahmen zum Abbau von Arbeitsschutzrechten, insbesondere um die Aushebelung zuvor in der Regel unbefristeter Arbeitsverhältnisse handelt. Auch die offizielle Argumentation, die hinter diesem Gesetz steht, spricht eindeutig vom „notwendigen Abbau überzogener Arbeitsschutzrechte" – vorgeblich zum Vorteil der Arbeitssuchenden. Zur ideologischen Untermauerung dieses Gesetzesvorhabens hatte Norbert Blüm eine „neue Klassenkampflinie" ausgemacht – diejenige nämlich, die jetzt zwischen Arbeitbesitzenden und Arbeitsuchenden gezogen werden müsse.

Dabei sind allein schon die Voraussetzungen, auf deren Basis hier argumentiert wurde, sachlich nicht richtig. Es hat auch vorher kein Arbeitsrecht mit „überzogenen Schutzvorschriften", wie es von Blüm, Lambsdorff u.a. reklamiert wurde, gegeben; vielmehr gab es immer schon flexible Arbeitsverhältnisse. So entsprechen etwa die 1,4 Milliarden Überstunden, die in der BRD jährlich geleistet werden, einem Gegenwert von 1.870.000 Vollerwerbsplätzen: Das ist ein Stück flexible Arbeitszeit, denn Überstunden werden auf Abruf geleistet, sie sind nicht in den Kernarbeitszeiten festgeschrieben. Zudem wies die Statistik schon vor dem Mai 1985 2 Millionen ArbeitnehmerInnen auf Teilzeitbasis oberhalb der Versicherungsgrenze aus. Die Zahl der (fast ausschließlich) Frauen, die *unterhalb* der Versicherungspflichtigkeit arbeiten und auch früher schon gearbeitet haben, ist gar nicht festzulegen. Hierunter fallen v.a. die Putzstellen, Kinderbetreuung in privaten Haushalten und andere typische Frauentätigkeiten, die sich im „grauen" Bereich abspielen. Auch die Möglichkeit, Arbeitsverhältnisse zu befristen, gab es bereits vor Inkrafttreten des Beschäftigungsförderungsgesetzes für immerhin 26 verschiedene Tatbestände. Ebenso gab es viele Bereiche, in denen Samstagsarbeit geleistet wurde.

So kann also dieses Gesetz schon von den (falschen) Voraussetzungen her den selbstformulierten Anspruch nicht erfüllen, quasi mehr Arbeit zu schaffen, denn die von den Unternehmern gewünschten Voraussetzungen, Arbeitszeit flexibel zu gestalten, gab es bereits vor seinem Inkrafttreten. Wenn aber mit dem Instrument BeschFG die Erwerbsarbeit über das bestehende Maß hinaus noch weiter flexibilisiert wird, dann nicht mit dem Ziel, *mehr* (neue) Arbeit zu schaffen, sondern um existierende Erwerbsarbeit zu verbilligen, indem sie von Lohnnebenkosten „gereinigt", sie dem Produktions- bzw. Arbeitsanfall flexibler angepaßt wird (siehe Kapovaz) und bestimmte Risiken, die bisher die Unternehmer zu tragen hatten (Auftragsflaute, „Risiko Mutterschaft"), an die ArbeitnehmerInnen zurückgegeben werden. Wenn man weiß, daß in der BRD pro Jahr etwa 5 Millionen Arbeitsverhältnisse aufgelöst werden durch Rente, durch Wechsel des Betriebes usw. und gleichzeitig 5 Millionen Menschen neu eingestellt werden, so wird deutlich, in welches Tor das Beschäftigungsförderungsgesetz einfallen soll und dies auch wirkungsvoll tut. Überall dort, wo sich Arbeitsverhältnisse ändern, können jetzt neue Verträge gemäß dem BeschFG abgeschlossen werden. Für die davon betroffenen ArbeitnehmerInnen bedeutet dies, daß ihre Arbeitsverträge unsicherer sind als zuvor. Zu den Auswirkungen des Beschäftigungsförderungsgesetzes liegen inzwischen auch erste Zahlen auf dem Tisch. Das Ministerium für Arbeit und Sozialordnung hat selbst eine Studie beim Wissenschaftszentrum in Berlin in Auftrag gegeben, die im Frühjahr 1987 mit einem Zwischenbericht in die Öffentlichkeit gelangt ist. Darin wird ganz eindeutig belegt, daß das BeschFG die Zahl befristeter Arbeitsverträge erhöht hat. Jede zweite Neueinstellung ist jetzt befristet. Nur jede/r Dritte wird in ein festes Arbeitsverhältnis übernommen. Darüber hinaus geht die Zunahme der Befristung auch zu Lasten der Kurzarbeit, die während eines Auftragstiefs einen gewissen Schutz zur Aufrechterhaltung von Arbeitsverhältnissen darstellen kann. Mit der jetzt erleichterten Möglichkeit des Heuerns und Feuerns wird auch die Kurzarbeit an Bedeutung verlieren.

Weil Frauenarbeitsverträge jetzt noch häufiger befristet werden als zuvor und als im Vergleich zu Männerarbeitsverträgen, sind die Frauen besonders negativ vom Beschäftigungsförderungsgesetz betroffen. Hinzu kommen natürlich alle Diskriminierungen, die Frauenarbeitsplätze ohnehin kennzeichnen: niedriger Verdienst, geringes Prestige, schlechte soziale Sicherung und ähnliches mehr. Überspitzt könnte man sagen: Es ist nahezu unerheblich, ob Rita Süßmuth den Erziehungsurlaub weiter verlängern oder ihn vielleicht entgegen den FDP-Wünschen sogar doch noch mit einer Arbeitsplatzgarantie versehen wird, wenn es immer weniger Arbeitnehmerinnen gibt, die überhaupt in den potentiellen Genuß des Erziehungsurlaubs kommen können. Mit der Ausweitung befristeter Frauenarbeitsverhältnisse wird Mutterschaft wieder ungeschützt und Gebärfähigkeit verstärkt zum diskriminierten Merkmal der Arbeitskraft Frau. Dagegen ist ein immer wieder hervorgehobener Effekt des BeschFG, es habe neue Zugänge für Frauen zum Erwerbsarbeitsmarkt geschaffen, empirisch mit Sicherheit zu verneinen.

Die christlich-liberale Regierungskoalition argumentiert mit ca. 200.000 bis 600.000 Arbeitsplätzen, die zusätzlich durch ihre Maßnahmen geschaffen worden sind. Die Rede ist vom zweiten großen Wurf der konservativen Regierung in den vergangenen fünf Jahren, dem *Erziehungsgeldgesetz*. Als Folge dieses Gesetzes sind viele Arbeitnehmerinnen, nachdem sie 10 Monate lang mit DM 600 alimentiert worden sind, freiwillig aus dem Erwerbsleben ausgeschieden – wobei die gegenüber dem vorher geltenden Mutterschaftsurlaub weggefallene Arbeitsplatzgarantie sicherlich dem Entschluß vieler Frauen nicht ganz so freiwillig nachgeholfen haben dürfte. Die hierdurch freigewordenen Arbeitsplätze als „neugeschaffene" auf das Konto des BeschFG zu verbuchen, ist schon ein schlauer Trick. Die gesellschaftliche Akzeptanz dieses Gesetzes, das für erwerbstätige Frauen gravierende Verschlechterungen gegenüber dem vorherigen Mutterschaftsgesetz gebracht hat, wurde v.a. dadurch gewährleistet, daß erstmals auch die nicht erwerbstätigen Frauen in den Genuß einer Finanzierung ihrer Erziehungsarbeit gelangen. Die geplante Strategie, erwerbstätige

Frauen mit dem Bestechungsbonbon Erziehungsgeld dazu zu bewegen, doch zu Hause zu bleiben und sie damit auf vergleichsweise niedrigem Niveau für ihre Verdrängung vom Erwerbsarbeitsmarkt abzufinden, ist offenbar hervorragend aufgegangen.

Genauere Aufmerksamkeit verdient die Ausformulierung des Erziehungsgeldgesetzes. Den Bezieherinnen wird keinesfalls jegliche bezahlte Arbeit untersagt – als preiswerte Zuarbeiterinnen sind auch Mütter seit eh und je gefragt. Arbeiten dürfen sie bis zu 19 Stunden wöchentlich – genau bis zu der Grenze also (und das ist das Perfide!), ab der die volle soziale Sicherung greifen würde. Auch das Erziehungsgeldgesetz betreibt also gezielt die Abdrängung von Frauen in ungeschützte Bereiche. In diesem Zusammenhang überhaupt von der vorgeblich eingeführten „Wahlfreiheit zwischen Mann und Frau" bei der Inanspruchnahme des Erziehungsurlaubs zu reden, ist pure Demagogie. Denn daß (bis auf ganz wenige Ausnahmen) kein Mann, egal ob Familienernährer oder Single, für DM 600 monatlich seinen Arbeitsplatz ohne Rückkehrgarantie riskieren würde, bedarf wohl keiner näheren Erläuterung.

Nichts Gutes für Frauen verheißen auch die weiteren, noch in Planung befindlichen arbeitsmarktpolitischen Vorhaben der konservativen Bundesregierung. Da wird uns unter dem Deckmantel der „Gleichstellungspolitik" die *Aufhebung des Nachtarbeitsverbots* für Arbeiterinnen angekündigt, um angeblich eine diskriminierende Zugangssperre zu bestimmten, mit Nachtarbeit verbundenen Männerberufen zu beseitigen. Tatsache ist jedoch: Überall dort, wo Frauenarbeit nachts gebraucht wird – im Krankenhaus, bei der Post, in Kneipen und wo auch immer –, arbeiten selbstverständlich jetzt schon Frauen nachts.[3] Wenn das Nachtarbeitsverbot nun generell für alle Frauen fallen würde, deutet wenig darauf hin, daß Frauen deshalb ausgerechnet in die qualifizierteren Männerdomänen einziehen würden (z.B. Chemiefacharbeiter, die in vollkontinuierlicher Wechselschicht arbeiten). Vielmehr spricht aus aller Erfahrung der letzten hundert Jahre alles dafür, daß Frauen wie bisher immer in diejenigen Arbeitsbereiche nachrücken würden, aus denen (deutsche) Männer sich nach Möglichkeit zurückziehen, weil sie zu schlecht bezahlt, zu unattraktiv, zu gefährlich oder zu schmutzig sind. So weit zum „Gleichstellungsargument".

Was nun die gesellschaftliche Notwendigkeit von Nachtarbeit betrifft, so ließen sich die Bereiche an einer Hand aufzählen, in denen sie aus humanitären Gründen zwingend geboten erscheint, wie z.B. in Krankenhäusern und bei der Feuerwehr. In allen übrigen Bereichen, in denen nachts gearbeitet, gewartet, kontrolliert wird, geschieht dies, damit Maschinen laufen und sich somit für ihre Besitzer rentieren – um den Preis der Gesundheit tausender Menschen, die sie Nacht für Nacht bedienen.[4] Insofern muß die Bekämpfung der Nachtarbeit, deren negative gesundheitliche, familiäre und soziale Folgen vielfach bewiesen sind, oberstes gewerkschaftliches und politisches Ziel sein. Da dies derzeit nicht realisierbar erscheint, ist das Mindestgebot der Stunde, eine weitere in Aussicht stehende Ausbreitung der Nachtarbeit (in Verwaltungen und Handel) zu verhindern und Schutzrechte wie das Nachtarbeitsverbot für Arbeiterinnen zu verteidigen.

Auch die seit Monaten öffentlich geführte Diskussion um das *Ladenschlußgesetz*, bei der so viel über Verbraucherinteressen geredet wird, ist tatsächlich eine Debatte über

Frauenarbeitsplätze, über Spät- und Nachtarbeit und über Flexibilisierungsstrategien. Sicherlich liegt etwas Verlockendes in der Vorstellung, auch mal bis 21 Uhr einkaufen zu können. Allerdings könnte die Freude über den abendlichen Einkaufsbummel für manche/n von kurzer Dauer sein, da er oder sie vielleicht dann bald schon selbst abends hinter einer Theke, an einem Schalter oder einem Schreibtisch sitzt ... Denn der Einzelhandel spielt schon lange eine Vorreiterrolle bei unternehmerischen Versuchen, auf Kosten von sozial abgesicherten Vollzeitarbeitsplätzen ausgiebig mit geringfügigen Beschäftigungen (DM 430,-) Arbeit auf Abruf, Teilzeitarbeit unter 20 Stunden u.a. zu experimentieren. Betroffen hiervon sind hauptsächlich Frauen, die von einem Vollzeit-Verkäuferinnen-Gehalt schon kaum leben können, geschweige denn von 15 oder 10 Stunden wöchentlich. Falls die Aufweichung des Ladenschlußgesetzes, wie von der FDP gewünscht, konsequent durchgesetzt wird (betroffene ArbeitnehmerInnen im Einzelhandel: 2,3 Millionen), so wird als nächstes (oder sogar gleichzeitig) unter dem schönfärberischen Namen „Dienstleistungsabend" die Spät- und Nachtarbeit in Reisebüros, Banken und Behörden einziehen.

Flexibilisierung von Arbeitszeiten als vielgepriesenes Mittel, Kinder, Haushalt, Hobbies und Beruf besser unter einen Damenhut zu bringen? Bei den baden-württembergischen Arbeitgebern liest sich das anders: „Bei der Regelung der Arbeitszeit ist auszugehen von den betrieblichen Erfordernissen... Die persönlichen Belange und Bedürfnisse der einzelnen Arbeitnehmer sind in diesem Rahmen zu berücksichtigen."[5]

Die Muttertagswünsche, die wir 1987 von Herrn Haussmann bekamen, sollten uns skeptisch stimmen. Der FDP-Generalsekretär wünschte den Frauen zum Muttertag mehr Gleichberechtigung und führte gleichzeitig ganz explizit aus, was dies für ihn bedeutet: mehr Flexibilität und Verfügbarkeit auf dem Arbeitsmarkt. Gegenüber dieser „Unterstützung" von der falschen Seite sollten sich alle Frauen entschieden verwahren. Es ist große Wachsamkeit und Skepsis geboten gegenüber einer solchen Arbeitsmarktstrategie, die von Liberalen wie Bangemann, Haussmann und Lambsdorff vorangetrieben und von Rita Süßmuth nicht prinzipiell anders gedacht oder korrigiert wird. Konservative Arbeitsmarktpolitik strebt nie eine Arbeitsplatz-, Arbeitszeit- und Lohngestaltung an, die insbesondere Frauen eine partnerunabhängige, existenzsichernde Lebensweise ermöglichen würde – egal, ob sie aggressiv-liberal oder „konservativ-feministisch" daherkommt. Sie hat nichts gemein mit einer emanzipatorischen Arbeitsmarkt- und Arbeitszeitpolitik, in deren Mittelpunkt die Bedürfnisse der ArbeitnehmerInnen stehen. Diese selbst zu formulieren und zu diskutieren, ist derzeit eine wesentliche Aufgabe von Gewerkschafterinnen und Feministinnen.

Anmerkungen

1) Rita Süßmuth: Frauen – der Resignation keine Chance. Düsseldorf 1985
2) Weitere, zur christdemokratischen Programmatik querliegende Vorstellungen beziehen sich u.a. auf die ‚Pille auf Krankenschein', die Ablehnung jeglicher Strafrechtsverschärfung beim § 218 und die Ablehnung von Plänen, Frauen für die Bundeswehr zu rekrutieren; vgl. auch Mechtild Jansen: „Konservativer Feminismus" mit Rita Süßmuth? in „Blätter für deutsche und internationale Politik", Heft 2/1986
3) Für weibliche Angestellte gibt es kein Nachtarbeitsverbot; für Arbeiterinnen wird bei Bedarf das Nachtarbeitsverbot entweder durch Ausnahmeregelungen umgangen, oder sie werden in Angestellte umbenannt.

4) Selbst in den Industriebereichen, in denen die Produktion scheinbar aus technologischen Gründen vollkontinuierlich laufen muß, damit bestimmte Fertigungsverfahren nicht ge- und zerstört werden (z.B. Chemieindustrie), verdecken diese „technologischen Sachzwänge" oft, daß auch hier die Conti-Schicht ursprünglich aus Profitgründen eingeführt wurde und sich diese Form der Arbeitsorganisation erst im Laufe der Zeit ideologisch zum „Sachzwang" verkehrt hat. Vgl. hierzu: Rainer Horak: Nacht- und Schichtarbeit in der BRD – Ein Beitrag zur Diskussion über die Humanisierung des Arbeitslebens. Unveröffentlichte Diplomarbeit im Fachbereich Soziologie der Universität Hamburg, 1977.

5) Aus dem Forderungstext der Metall-Arbeitgeber für Nordwürttemberg/Nordbaden in der Tarifrunde 1987, zitiert nach Handelsblatt v. 25.3.1987

Karin Gottschall

Verdrängung statt Integration?
Frauen auf dem Arbeitsmarkt

I.

Die gesellschaftlichen Grundstrukturen geschlechtsspezifischer Arbeitsteilung weisen Frauen nach wie vor die Reproduktionsarbeit als primären Arbeitsbereich zu und schränken dadurch zugleich ihre „Verfügbarkeit" für Lohnarbeit ein. Gleichwohl hat sich *in den letzten Jahrzehnten* eine *verstärkte Integration von Frauen in den Arbeitsmarkt* ergeben. Hintergrund dieser Entwicklung ist zum einen die Expansion des öffentlichen und privaten Dienstleistungssektors, die einhergeht mit einer Ausweitung qualifizierter Arbeitsplätze im kaufmännisch-administrativen und gesundheitlich-sozialpflegerischen Bereich. Gleichzeitig wurde in den 60er und 70er Jahren in größerem Umfang in Handel und im öffentlichen Dienst Teilzeitarbeit etabliert, um auch Frauen in der sogenannten Familienphase als Arbeitskräftepotential zu mobilisieren. Kennzeichnend für das Gros der Teilzeitarbeitsplätze war ein Minimum an sozialer Absicherung (Sozialversicherungspflicht, langfristige Festlegung von Lage und Dauer der Arbeitszeit, Teilhabe an betrieblichen Weiterbildungsmaßnahmen). Zum anderen haben auch die Frauen selbst durch eine erhöhte Erwerbsbeteiligung von Müttern, ein verbessertes Bildungs- und Ausbildungsniveau sowie stabile Berufsorientie-rung zu dieser Integration beigetragen. Die Zahl der abhängig erwerbstätigen Frauen ist von 1970 bis 1985 von 7,5 Mio. auf fast 9 Mio. gestiegen; das Verhältnis weiblicher Angestellter zu Arbeiterinnen hat sich im selben Zeitraum von 1:1 auf 2:1 verschoben[1]; gleichzeitig konnten die Frauen ihren Anteil an den qualifizierten kaufmännischen und technischen Angestelltentätigkeiten auf über 50 % ausdehnen (Gottschall/Müller 1988).

Diese Tendenz wird heute jedoch durch die anhaltende Arbeitsmarktkrise und - was damit zusammenhängt – den zunehmenden Einsatz arbeitsplatzsparender Technologien in Frage gestellt.

Frauen sind unabhängig von Qualifikation und Lebenslage im Vergleich zu Männern überproportional von Erwerbslosigkeit betroffen; auch der in jüngster Zeit feststellbare leichte Beschäftigtenanstieg ändert an dieser Diskrepanz nichts. Genauere Auswertungen der amtlichen Statistik wie auch neuere empirische Untersuchungen zur Entwicklung von Arbeitsbedingungen und Personaleinsatzstrategien in verschiedenen Beschäftigungsbereichen zeigen, daß sich die Möglichkeiten für Frauen, in abgesicherten Arbeitsverhältnissen zu bleiben oder hineinzukommen, nachhaltig verschlechtern. Dies soll im folgenden anhand einer Betrachtung der Entwicklung von Beschäftigung und der Erwerbslosigkeit von Frauen deutlich werden.

II.

Bei einer Analyse der *Beschäftigtenentwicklung* stellt sich als erstes das Problem, daß die offizielle Statistik vielfältige Formen bezahlter Arbeit von Frauen nicht sichtbar werden läßt, weil sie auf die sozialversicherungspflichtige Beschäftigung begrenzt ist. Damit wird zugleich ein aktuelles Problem der Frauenerwerbsarbeit — nämlich die Ausweitung ungeschützter Beschäftigungsverhältnisse verdrängt (vgl. dazu Möller 1983). Im folgenden muß daher zumindest bezogen auf die statistische Analyse eine Eingrenzung auf den sozialversicherungspflichtigen Bereich erfolgen.

Der in den 60er und 70er Jahren weitgehend kontinuierliche Anstieg der Frauenbeschäftigung fand Anfang der 80er Jahre ein vorläufiges Ende. Seit 1981 sank die Zahl der beschäftigten Frauen; davon waren freilich in besonderem Maß Arbeiterinnen betroffen. Der Arbeitsplatzabbau im gewerblichen Bereich währte schon länger, doch im Unterschied zu den 70er Jahren wurde er Anfang der 80er Jahre nicht mehr durch eine Ausweitung von Arbeitsplätzen im Dienstleistungssektor kompensiert. Vielmehr war seit 1981 erstmals auch die Zahl der (Vollzeit-)Frauenarbeitsplätze im Angestelltenbereich leicht rückläufig. Schon damals zeichnete sich ein unterschiedlicher Entwicklungstrend zwischen Vollzeit- und Teilzeitarbeit ab: Während die Zahl der Vollzeitarbeitsplätze rückläufig war, hat sich die Teilzeitbeschäftigung im gewerblichen wie im Angestelltenbereich

weiter ausgeweitet (vgl. dazu Abb. 1). Seit 1984 ist nun wieder ein Aufwärtstrend in der Gesamtbeschäftigung der Frauen zu konstatieren (von Mitte 1984 bis Mitte 1986 +3,7 %); allerdings geht der Anstieg u.a. auf eine überproportionale Ausweitung von Teilzeitarbeit wie auch von sogenannten Jede-Frau-Tätigkeiten im Dienstleistungssektor zurück.[2] Hinter der globalen Beschäftigtenentwicklung stehen also *gruppenspezifische Beschäftigungsrisiken und -chancen!* Von daher ist es sinnvoll, drei Gruppen von Frauen mit deutlich unterschiedlichen Arbeitsmarktperspektiven zu unterscheiden:
- ungelernte Arbeiterinnen und Frauen mit gering verwertbarer beruflicher Qualifikation (ca. ein Viertel aller sozialversicherungspflichtig beschäftigten Frauen),
- Frauen mit einfacher büro-, verkaufsbezogener oder pflegerischer Qualifikation (ca. ein Viertel),
- Frauen mit qualifizierter kaufmännischer, sozialpflegerischer oder technischer Qualifikation (ca. ein Drittel).

Arbeiterinnen im Industrie- und Dienstleistungssektor sind schon längst *Opfer der Krise*: Als Folge krisenhafter Entwicklungen in einzelnen Industriebranchen (Auslandsverlagerungen, Schrumpfungsprozesse) sowie forciertem Technikeinsatz sind Arbeitsplätze von Industriearbeiterinnen bereits seit Mitte der 70er Jahre massiv abgebaut worden, ohne daß diese Verluste in den 80er Jahren noch durch Ausweitung von Jede-Frau-Tätigkeit im Dienstleistungssektor kompensiert werden konnten. Gerade bei den Arbeitsplätzen im Bereich Reinigung und Gastronomie ist es zum Abbau von Vollzeitarbeitsplätzen bei gleichzeitiger Ausweitung von ungeschützten Beschäftigungsverhältnissen gekommen, befördert insbesondere durch Privatisierung und Auslagerung dieser Dienstleistungstä-

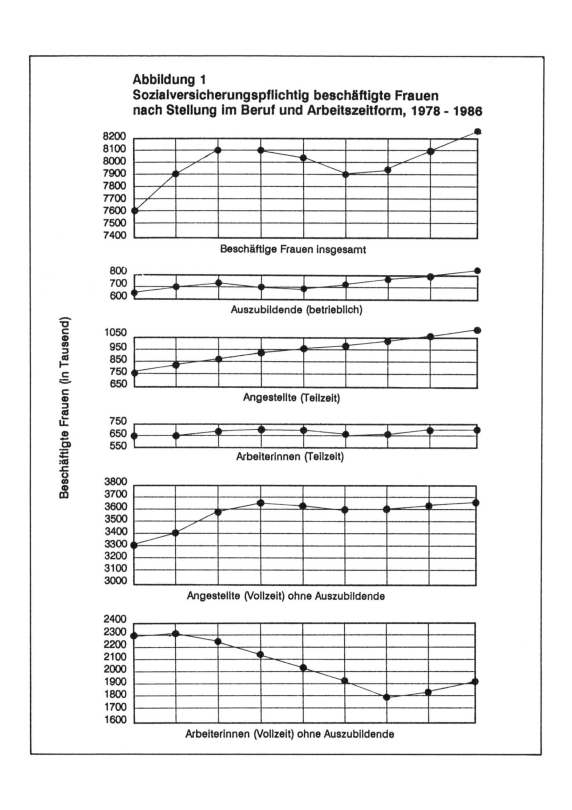

tigkeiten aus öffentlichen und privaten Betrieben (vgl. Gottschall/Müller 1984).

Im Reinigungsbereich als einem typischen Frauenbeschäftigungsbereich zeigt sich besonders deutlich, was die Umwandlung von sozialabgesicherten Vollzeitarbeitsverhältnissen in flexibilisierte, ungeschützte Arbeitsformen für die soziale Lage der betroffenen Frauen bedeutet: Diejenigen Frauen, die traditionell beispielsweise im öffentlichen Dienst volle Stellen hatten, sind erstmal ausgegrenzt, weil sie zur Sicherung ihres Lebensunterhalts auf einen Vollzeiterwerb angewiesen sind; die stundenweise durch Rationalisierung enorm belastende Reinigungstätigkeit bei Privatfirmen, die die zeitlich flexible und (auto)mobile Arbeitskraft erfordert, um von einer Putzstelle zur nächsten zu gelangen, kann für sie keine Alternative sein. Die Reinigungsfirmen finden ihre Arbeitskräfte zu den denkbar schlechtesten Arbeitsbedingungen typischerweise unter denjenigen Frauen, die aus extremen Zwangslagen heraus die Bedingungen akzeptieren müssen oder aber sie aufgrund alternativer sozialer Absicherungen vielleicht auch akzeptieren können (vgl. dazu auch den Beitrag von Elionore Pabst in diesem Band).

Bei den *einfachen Angestelltentätigkeiten in Büro und Verkauf* sinkt der Personalbedarf seit Anfang der 80er Jahre erheblich. Neben Arbeitsplatzabbau kommt es im Zuge von Technikeinsatz und Reorganisation zur Etablierung veränderter Arbeitsbedingungen. Eine Folge der Veränderungen sind auch hier Verdrängungsprozesse unter den traditionell in diesen Einsatzfeldern tätigen Frauen. Kennzeichnend für die Textverarbeitung und Büroarbeit sind neue Anforderungen an Leistungsfähigkeit, Belastbarkeit und – zum Teil – auch berufsfachliche Qualifikationen. An Arbeitsplätzen, wo das Bildschirmterminal oder der Textautomat zum zentralen Arbeitsmittel werden, ergeben sich häufig zugleich Leistungsintensivierungen (vgl. Gottschall u.a. 1985, Gensior/Schöler 1986). Nachhaltige Verschlechterungen in der Struktur und Qualität der Arbeitsverhältnisse zeichnen sich bei der Umstellung auf Teleheimarbeit für Schreib- und Erfassungstätigkeiten ab (vgl. Goldmann/Richter 1986 und den Beitrag von Angelika Bahl-Benker in diesem Band). Im Einzelhandel werden mit Hilfe von Warenwirtschaftssystemen die Steuerungen von Arbeitsabläufen und vor allem des Personaleinsatzes verbessert. Einseitige Flexibilisierungsstrategien in bezug auf die Arbeitszeit beim Vollzeit- und Teilzeitpersonal und erhebliche Leistungsintensivierungen sind die Folge. Auch hier werden sozial abgesicherte Formen der Teilzeitarbeit nachhaltig in Frage gestellt (vgl. dazu den Beitrag von Jutta Weil-Tischler in diesem Band).

Bei den *qualifizierten Angestelltentätigkeiten*, einem bedeutsamen gemischten Arbeitsmarktsegment, deutet sich aufgrund von Wachstumsgrenzen und arbeitsplatzsparendem Technikeinsatz ein *Ende der* für die letzten beiden Jahrzehnte kennzeichnenden *Arbeitsplatzexpansion* an. Gleichzeitig ergeben sich insbesondere im Bereich kaufmännisch-administrativer Tätigkeiten, vermittelt über Veränderungen in den Personaleinsatz- und -rekrutierungsstrategien neue Barrieren für Frauen. Zu nennen sind hier zum einen Tendenzen einer verstärkten geschlechtsspezifischen Besetzung der verschiedenen reorganisierten betrieblichen Einsatzfelder. Dort beläßt man weibliche Fachkräfte eher als männliche in den durch Routinearbeit, Bildschirmanbindungen und geringe Aufstiegsmöglichkeiten gekennzeichneten Bereichen. Zum anderen gibt es auch eine stärkere Formalisierung der Zugangsvoraussetzungen für Aufstiegspositionen, die für weibliche Angestellte aufgrund des damit in der Regel verbundenen zusätzlichen zeitlichen Aufwandes eher eine Hürde darstellen als für männliche Kollegen. Schließlich sind in einigen Betrieben auch beim Zugang zur kaufmännischen Ausbildung, wo bisher Frauen aufgrund besserer Leistungen (bezogen auf Schulabschlußnoten und betriebliche Eignungstests) dominierten, Benachteiligungen von jungen Frauen durch Absicherung von (50 %) Männeranteilen über Quoten festzustellen (vgl. Baethge/Oberbeck 1986, Gottschall/Müller 1988).

Auch im gesundheitsdienstlich-pflegerischen Bereich, einem der wenigen traditionell qualifizierten Frauenberufsbereiche, deuten sich Veränderungen in der Arbeitskräftestruktur und -nachfrage an, die in der Tendenz diesen Bereich nur noch für bestimmte Gruppen von Frauen „offenhalten" und auch für Männer attraktiv werden lassen. Zunächst einmal wird auch dieser Bereich aufgrund der restriktiven Finanzpolitik der öffentlichen Haushalte und der in den 70er Jahren erfolgten enormen Expansion personell nur noch begrenzt wachsen. Weiterhin zeichnen sich insbesondere in den großklinischen Einrichtungen mit zunehmender Spezialisierung der Pflegefunktion und technischer Durchdringung der Behandlungsprozesse Veränderungen in den beruflichen Anforderungen ab. Verbleib und Aufstieg in diesen Tätigkeitsfeldern sind stärker als früher an kontinuierliche Berufspraxis und Teilnahme an Fortbildungsveranstaltungen bzw. durchgängige Lernbereitschaft gebunden; Wiedereinstiege nach Unterbrechungen werden schwieriger. Parallel zu diesen Veränderungen gibt es ein verstärktes Interesse von Männern an der Krankenpflegeausbildung.

Im *Ergebnis* sind für alle Beschäftigungsbereiche erhebliche Verdrängungsprozesse zu konstatieren: In den typischen Fraueneinsatzfeldern im gewerblichen Bereich ebenso wie in Büro und Verkauf werden bestimmte Gruppen von Frauen, die nicht so flexibel, belastbar und qualifiziert sind, tendenziell herausgedrängt: Dies sind häufig ältere Frauen, Frauen mit familiären Belastungen oder Frauen, die nach Unterbrechung der Erwerbstätigkeit einen Wiedereinstieg suchen oder aber auch junge Frauen nach Abschluß der Ausbildung. In den qualifizierteren (den sogenannten „gemischten") Beschäftigungsbereichen bei technischen, kaufmännischen aber auch den sozialpflegerischen Tätigkeiten sind Frauen zunehmend mit der Konkurrenz durch Männer konfrontiert. Soweit Frauen hier auf Arbeitsplätze nach unten (beispielsweise von der qualifizierten kaufmännischen zur bürospezifischen Tätigkeit) ausweichen, verstärken sich die Verdrängungsprozesse weiter. Der Kreis schließt sich, wenn man sich vor Augen führt, daß sich heute bereits StudienabgängerInnen (beispielsweise aus den betriebswirtschaftlichen Bereichen) für „normale" kaufmännische Tätigkeiten bewerben.

Die *Ursachen* von Arbeitsplatzabbau und Verdrängungsprozessen liegen freilich nicht allein im Einsatz neuer Technologien (und schon gar nicht im Verhalten der Arbeitskräfte). Entscheidend ist vielmehr, daß sich gegenwärtig der verstärkte Einsatz neuer Technologien mit neuen Orientierungen in der betrieblichen Personalpolitik verbindet. Dieser Zusammenhang ist nicht zwingend: Zwar führt der Einsatz neuer Technologien häufig zu veränderten Arbeitsbedingungen (beispielsweise in bezug auf die Qualifikationen und Belastbarkeiten), und es können Diskrepanzen zwischen den neuen Anforderungsstrukturen und dem Leistungs- und Qualifikationsprofil der Beschäftigten entstehen; da es sich dabei jedoch um *betrieblich gestaltbare Prozesse* handelt, sind durchaus Anpassungen der technisch-organisatorischen Veränderungen an die Bedingungen, die durch die vorhandene Personalstruktur gesetzt sind, möglich. Tatsächlich lassen sich solche Anpassungsprozesse für viele Rationalisierungsmaßnahmen in den 60er und 70er Jahren nachweisen. Aktuell setzt sich jedoch offensichtlich in fast allen Beschäftigungsbereichen eher das umgekehrte Muster, nämlich die Anpassung der Personalstruktur an die durch Technikeinsatz und Rationalisierung veränderten Arbeitsplätze durch. Das ist möglich, weil die Arbeitsmarktlage den Betrieben heute — anders als in den 60er und 70er Jahren — inner- wie außerbetrieblich eine selektive Personalpolitik erlaubt, d.h. die Betriebe haben auf dem Gebiet der Personalrekrutierung wieder Handlungsspielräume gewonnen. Die Art der Nutzung dieser Spielräume beinhaltet, wie die Entwicklung im Bereich der Beschäftigung zeigt, offensichtlich nur begrenzt Chancen für die Frauen.

III.

Das ganze Ausmaß der Infragestellung der Teilhabe von Frauen am System bezahlter Arbeit wird freilich erst bei einem Blick auf die Entwicklung der anderen Seite des Erwerbssystems, auf die *Erwerbslosigkeit*, deutlich. In Umfang und Struktur der Frauenerwerbslosigkeit spiegelt sich ein guter Teil der oben beschriebenen Entwicklungen im Beschäftigungssystem.

Im September 1987 waren mehr als eine Million Frauen erwerbslos gemeldet; die tatsächliche Erwerbslosigkeit dürfte noch wesentlich höher liegen.[3] Die Zahl der erwerbslosen Frauen ist in der ersten Hälfte der 80er Jahre kontinuierlich gestiegen; die Arbeitslosenquote der Frauen (1987: 10,2 %) liegt bis heute deutlich über der der Männer (7,1 %). Auch der von 1985 bis 1986 konstatierbare leichte Rückgang der Arbeitslosenzahlen (bei Männern wie bei Frauen) ebenso wie der leichte Beschäftigtenanstieg im selben Zeitraum (für die Zeit von 1986 bis 1987 liegen bisher noch keine vergleichbaren Zahlen vor) ändern nichts an der scherenartigen Entwicklung (vgl. Tab. 1): die Zahl der Frauen, die eine Erwerbsarbeit „nachfragen", steigt, und die zur Verfügung und Frauen offenstehenden Arbeitsplätze genügen dieser Nachfrage weder von der Zahl noch von der Struktur und Qualität der Arbeitsverhältnisse!

Eine ständig wachsende Zahl von Frauen ist mit Dauererwerbslosigkeit und der Gefahr sozialer Ausgrenzung konfrontiert: Immerhin ca. 31 % der arbeitslos gemeldeten Frauen sind länger als ein Jahr arbeitslos; ca. 40 % haben keinen Anspruch auf Arbeitslosenunterstützung; selbst diejenigen, die Leistungen vom Arbeitsamt beziehen, sind häufig zusätzlich auf Sozialhilfe angewiesen. Die Risiken von Dauererwerbslosigkeit und unzureichendem Einkommen konzentrieren sich insbesondere bei ungelernten Arbeiterinnen sowie weiblichen Angestellten mit einfacher Qualifikation: dies sind insgesamt ca. 60 % der registrierten weiblichen Erwerbslosen.[4] Die individuellen Chancen dieser Frauen zu Reintegration ins Erwerbssystem sind gering.

Auch die *staatliche Arbeitsförderung* greift hier zu kurz. Zwar wurden gerade auch Frauen, als Reaktion auf die besonders starke Betroffenheit von Erwerbslosigkeit, als eine besonders zu fördernde Zielgruppe erklärt.

Doch die Erfolge dieser Versuche arbeitsmarktpolitischer Gestaltung als Kompensation und Gegensteuerung zur Personalpolitik der Privatwirtschaft sind begrenzt.[5] Die tatsächliche Beteiligung von Frauen an Weiterbildungs- und Arbeitsbeschaffungsmaßnahmen ist trotz Verbesserungen nach wie vor unzulänglich: Ende 1986 betrug der Anteil der Frauen an allen gemeldeten Arbeitslosen ca. 49 %, in Weiterbildungsmaßnahmen waren sie jedoch nur mit einem Anteil von ca. 32 %, in Arbeitsbeschaffungsmaßnahmen mit ca. 41 % vertreten (vgl. Tab. 2).

Bei den gering qualifizierten, dauererwerbslosen Frauen sieht es noch wesentlich schlechter aus: Obwohl jede zweite arbeitslos gemeldete Frau ohne Berufsausbildung ist,

Tab.1: Entwicklung von Arbeitslosenzahl und -quote
Ende September 1982 bis 1987; Männer und Frauen

Merkmal	Bestand an Arbeitslosen Ende September					Arbeitslosenquote[1] Ende September						Veränderungen Sep. 1987/86[2]	
	1986	1985	1984	1983	1982	1987	1986	1985	1984	1983	1982	absolut	vH
Alle Arbeitslosen	2.045.837	2.150.897	2.143.008	2.133.900	1.818.638	8,4	8,2	8,7	8,6	8,6	7.5	+61002	+3,0
Männer	1.039.969	1.132.244	1.154.594	1.144.912	982.410	7,2	6,9	7,5	7,7	7,6	6,6	+42323	+4,1
Frauen	1.005.868	1.018.653	988.414	988.988	836.228	10,2	10,3	10,4	10,1	10,2	8,8	+18679	+1,9

1) Bezogen auf die abhängigen Erwerbspersonen (ohne Soldaten) nach dem Mikrozensus.
2) Presseinformation der Bundesanstalt für Arbeit Nr. 49, 1987. Während sich die Zahlen von 1982 bis 1986 auf die jährliche Strukturerhebung beziehen, ist die Datenbasis dieser neueren Zahlen (Veränderungen 87—88) die monatliche Zählung; letztere sind nicht von der absoluten Höhe, wohl aber vom Trend her mit der Zeitreihe 1982 bis 1986 vergleichbar.
Quelle: ANBA Nr. 3, 1986, Nr. 3, 1987.

Tab.2: Frauenerwerbslosigkeit und Teilnahme von Frauen an Weiterbildungs- und
Arbeitsbeschaffungsmaßnahmen 1980 – 1986

Jahr	arbeitslose Frauen[1]		weibl. Teilnehmer an FuU-M.[2]		weibl. Beschäftigte in ABM[3]	
	absolut	in % an allen Arbeitslosen	absolut	in % an allen Teilnehmern	absolut	in % an allen ABM-Besch.
1980	454.199	55,2	5.890[4]	32,5	15.466	45,0
1982	836.228	46,0	56.317	28,4	8.244	34,8
1984	988.414	46,1	64.077	29,3	25.035	37,9
1985	1.018.653	47,4	74.083	30,7	33.057	38,5
1986	1.005.868	49,2	99.748	32,4	40.717	40,6

1) Jeweils Ende September.
2) Maßnahmen zur beruflichen Fortbildung, Umschulung und betrieblichen Einarbeitung ohne Maßnahmen zur Verbesserung der Vermittlungsaussichten gemäß § 41a AFG.
3) Zahlen beziehen sich auf Beschäftigte in Arbeitsbeschaffungsmaßnahmen jeweils Ende Januar 1981, 1983, 1985, 1986, 1987.
4) Zahlen für gemeldete Eintritte in Maßnahmen, da Teilnehmerzahlen nicht vorliegen.
Quelle: ANBA, jeweils Nr. 3, 1981, 1983, 1985, 1987; eigene Berechnungen.

ist es unter den Weiterbildungsteilnehmerinnen nur jede vierte; zu den Dauerarbeitslosen zählt jede dritte arbeitslos gemeldete Frau, aber nur jede vierte Weiterbildungsteilnehmerin. Auch unter qualitativen Gesichtspunkten findet eine Kompensation spezifischer Arbeitsmarktnachteile nur begrenzt statt: Soweit gering qualifizierte erwerbslose Frauen in Weiterbildungsmaßnahmen vertreten sind, konzentrieren sie sich bei Maßnahmen, die zunächst nur der Beratung und Orientierung dienen sowie bei den kurzzeitigen, häufig nicht berufsfachlich qualifizierenden Maßnahmen der Anpassungsfortbildung; der berufliche Schwerpunkt liegt in der Regel in den sogenannten frauentypischen Bereichen. Die Gründe für die hohe Diskrepanz zwischen dem Bedarf an Arbeitsförderung einerseits und den tatsächlichen Partizipationsstrukturen andererseits liegen im Zusammenwirken verschiedener Hemmschwellen (Gottschall 1985). Die Hürden beginnen bereits beim Zugang zu Beratung und Information innerhalb der Arbeitsverwaltung, sie setzen sich fort bei der restriktiven Gestaltung der Fördervoraussetzungen, der unzulänglichen Struktur des Maßnahmeangebots und den jeweiligen Teilnahmebedingungen, die der Lebensrealität erwerbsloser Frauen kaum Rechnung tragen. Die objektiv begrenzte Wirksamkeit staatlicher Arbeitsförderung zeigt sich schließlich bei der Frage des Wiedereintritts in reguläre Beschäftigungsverhältnisse: Nur ein Bruchteil der Frauen findet nach erfolgreichem Abschluß einer Maßnahme einen angemessenen Arbeitsplatz.

Der gesellschaftliche Skandal der hier aufgezeigten Arbeitsmarktstrukturen wird um so deutlicher, wenn man sich vor Augen hält, daß auch weiterhin die Zahl der Frauen, die eine vollwertige Erwerbsarbeit nachfragen, steigen wird[6]; bereits gegenwärtig wollen fast 80 % der arbeitslos gemeldeten Frauen eine Vollzeitarbeit und ca. die Hälfte aller arbeitslos gemeldeten Frauen ist alleinstehend[7]: d.h. unter den gegenwärtigen Bedingungen sozialer Sicherung ist die Verwiesenheit auf eine den Lebensunterhalt absichernde Erwerbsarbeit für Frauen jeden Alters und jeder Lebenslage objektiv größer geworden. Sicher hat die Mehrzahl der Frauen nach wie vor ein Interesse an besseren Möglichkeiten der *Vereinbarkeit von Beruf und Familie*; eine wesentliche *Voraussetzung* dafür *ist eine kürzere Arbeitszeit*. Die den objektiven Verhältnissen in unserer Gesellschaft (nämlich der geschlechtsspezifischen Verteilung von Hausarbeit und Kinderversorgung) geschuldete gegenwärtige Situation als Frauenwunsch nach Teilzeitarbeit zu interpretieren, geht allerdings an der Realität nicht nur der erwerbslosen Frauen vorbei: Solange die Mehrzahl der Teilzeitarbeitsverhältnisse keine den Lebensunterhalt sichernde Existenz ermöglicht, die Diskriminierung von Frauen im Erwerbssystem stabilisiert und eine Rationalisierungsstrategie der Arbeitgeber darstellt – alle diese Merkmale treffen in der gegenwärtigen Situation zu – kann sie für die *Mehrzahl* der Frauen keine ihren Interessen entsprechende Alternative sein.

Es ist kein Zufall, daß drei Viertel der erwerbslosen Frauen eine Vollzeitarbeit nachfragen: Ihre soziale Lage bzw. die Sozialstruktur des Erwerbssystems und die Ausrichtung materieller Absicherung auf Erwerb in dieser Gesellschaft lassen für die meisten Frauen keine Teilzeitarbeit zu, auch wenn die tatsächlichen Belastungen der Frauen durch Doppelarbeit es erfordern und es auch sonst den Interessen der Frauen entsprechen würden. Angesichts anhaltender durchgängiger Lohn- und Gehaltsdiskriminierung von Frauen generell wie auch der materiellen Diskriminierung von Hand- und der Privilegierung von Kopfarbeit sind es nur kleine Gruppen von Frauen, die sich Teilzeitarbeit „leisten" können: Nämlich diejenigen, die formal hochqualifiziert sind, über das drei- oder vierfache Einkommen einer Verkäuferin oder Schreibkraft verfügen, abgesichertere Arbeitsverhältnisse oder aber doch zumindest bessere Arbeitsmarktchancen haben.

IV.

Im Beschäftigungssystem wie im System staatlicher Arbeitsförderung gibt es *Anzeichen für eine Desintegration von Frauen*. Unter den gegenwärtigen arbeitsmarktpolitischen und ökonomischen Rahmenbedingungen zeichnen sich vor dem Hintergrund des ohnehin geschlechtsspezifisch geteilten Arbeitsmarktes bei der Verteilung der knapper werdenden bezahlten Arbeit wieder deutlich diskriminierende Zugriffe auf die weibliche Arbeitskraft ab. Alle „Anstrengungen" der Frauen selbst – erhöhte Erwerbsbeteiligung, verbesserte Bildungsstrukturen, erhöhte gewerkschaftliche Organisierung – haben ihnen bisher keine angemessene Teilhabe an den Institutionen des Erwerbssystems wie auch der Politik ermöglicht. Deshalb müssen, um der angeblichen Naturwüchsigkeit und Zwangsläufigkeit gegenwärtiger gesellschaftlicher Umstrukturierungen entgegen zu wirken, Notwendigkeit und Möglichkeit *politischer Gestaltung* der Verteilung ebenso wie der Inhalte der vorhandenen *bezahlten und unbezahlten Arbeit* verstärkt aufgezeigt werden.

Anmerkungen

1) Vgl. Mikrozensus, div. Jg. sowie EG-Arbeitskräfte-Stichprobe 1984.
2) So stieg die Vollzeitbeschäftigung von 1984 bis 1986 (jeweils 30.06.) bei den Frauen um 3,0 % (abs. + 186.194), die Teilzeitbeschäftigung dagegen um 6,6 % (abs. 11.938). Der größte Teil des Anstiegs der Teilzeitbeschäftigung geht dabei auf die Wirtschaftszweige mit schlecht abgesicherten und gering qualifizierten Teilzeitarbeitsplätzen zurück: Bei einem globalen Anstieg der Teilzeitbeschäftigung um 6,6 % weisen die Bereiche „Organisation ohne Erwerbscharakter/private Haushalte" einen Anstieg um 15,3 % (abs. + 13.603) und „sonstige Dienstleistungen (u.a. Reinigungs- und Gaststättengewerbe)" einen Anstieg um 14,3 % (+ 79.682) auf, vgl. ANBA Nr. 3, 1985, ANBA Nr. 3, 1987.
3) Nach neueren Berechnungen beläuft sich die sog. Stille Reserve der Frauen auf 690.000 (Berechung für 1984). Für eine exaktere Bestimmung des Ausmaßes der Frauenerwerbslosigkeit müßte diese Größe zu den Zahlen der registrierten arbeitslos gemeldeten Frauen hinzugezählt werden (vgl. Mitt AB 1/1985, Tab. 6c, S. 29).
4) Vgl. ANBA Nr. 3, 1987.
5) Freilich bleibt grundsätzlich festzuhalten, daß die Erwerbslosigkeit von Frauen (wie auch insgesamt) nicht in erster Linie in Qualifikationsdefiziten der Betroffenen, sondern eher in strukturellen Begrenzungen der Arbeitskräftenachfrage begründet ist; solange das Volumen bezahlter Arbeit nicht steigt, kann Qualifizierung von Teilgruppen zu weiteren Verdrängungsprozessen im Arbeitsmarkt führen. Insofern bewirken Zusatz-, Re- oder Neuqualifizierung von Erwerbslosen „nur" eine Verbesserung der individuellen Marktchancen in der Konkurrenz um die verbleibenden Arbeitsplätze. Daneben bleibt jedoch die eigenständige Bedeutung beruflicher Qualifizierung als Alternative zur Erwerbslosigkeit und der damit verbundenen materiellen und sozialen Deprivationen bestehen. Dies gilt insbesondere für die gering qualifizierten dauererwerbslosen Frauen, die einerseits mehrheitlich zur Realisierung einer selbstbestimmten Lebensführung auf die Teilhabe an bezahlter Arbeit angewiesen sind und deren (Erwerbsarbeits-) Biographie andererseits in der Regel bisher in hohem Maß fremdbestimmt verlaufen ist. Die Bedeutung des Systems staatlicher Arbeitsförderung für Frauen liegt nicht zuletzt darin, daß es potentiell die Möglichkeit bietet, gesellschaftlich hergestellte Benachteiligung im Bildungs- und Beschäftigungssystem durch Requalifizierung zumindest zum Teil zu kompensieren.

6) Vgl. dazu insbesondere Mitt AB 1/1985, S. 11 ff.
7) Vgl. ANBA Nr. 3, 1987

Literatur

Martin Baethge/Herbert Oberbeck (1986): Zukunft der Angestellten: Neue Technologien in Büro und Verwaltung, Frankfurt/New York

Sabine Gensior/Bärbel Schöler (1986): Neue Technologien und Weiterbildung in Büroberufen. (hg.) CEDEFOP, Berlin

Monika Goldmann, Gudrun Richter (1986): Teleheimarbeiterinnen in der Satzerstellung/Texterfassung für die Druckindustrie. Ergebnisse einer Frauenbefragung. Forschungsbericht, Sozialforschungsstelle Dortmund.

Karin Gottschall (1985): Frauen und Arbeitsmarktpolitik. Zur Teilhabe erwerbsloser Frauen an Weiterbildungs- und Arbeitsbeschaffungsmaßnahmen in Hamburg. Forschungsbericht Göttingen/Hamburg

Karin Gottschall, Otfried Mickler, Jürgen Neubert (1985): Computerunterstützte Verwaltung, Frankfurt/New York

Karin Gottschall, Jürgen Müller (1984): Arbeitsmarktsituation und Arbeitsmarktprobleme von Frauen in Hamburg. Forschungsbericht im Auftrag der Leitstelle Gleichstellung der Frau beim Hamburger Senat, Göttingen/Hamburg

dies. (1988). Abbau geschlechtsspezifischer Arbeitsteilung im Dienstleistungssektor? in: Gensior/Lappe (Hg.): Frauenarbeit, neue Technologien und segmentierter Arbeitsmarkt, Frankfurt/New York

Carola Möller (1983): Ungeschützte Beschäftigungsverhältnisse – verstärkte Spaltung der abhängig Arbeitenden, in: Beiträge zur feministischen Theorie und Praxis, Nr. 9/10. 6. Jg. (Hg.). Sozialwissenschaftliche Forschung und Praxis e.V., Köln

Jutta Weil-Tischler

Teilzeitarbeitskräfte — bedarfsgerecht nach Herrenwunsch?

Teilzeitarbeit wird bei den Unternehmen immer beliebter. Kein Wunder, denn sie eignet sich hervorragend, um Personalkosten zu drücken und die Leistung insbesondere der Frauen — denn fast ausschließlich diese arbeiten teilzeit — noch mehr zu erhöhen.

Besonders im Handel wurde die Teilzeitarbeit immer mehr ausgeweitet. Die Arbeitgeber behaupten, Teilzeitarbeit sei ein Beitrag zur Überwindung der Massenarbeitslosigkeit. Doch die Tatsachen sehen anders aus: Die Teilzeitarbeit wurde im Einzelhandel von 1980 — 1985 um 36.500 Arbeitsplätze ausgeweitet; dafür sank im gleichen Zeitraum die Zahl der Vollzeitarbeitsplätze um 147.000. Unterm Strich bedeutet dies einen Personalabbau in fünf Jahren von über 130.000 Arbeitsplätzen (schleichender Personalabbau).

Heute sind bereits über 30 Prozent aller Arbeitsplätze im Einzelhandel Teilzeitarbeitsplätze. In einer Reihe von Betrieben sind Vollzeitbeschäftigte bereits in der Minderheit. Teilzeitquoten von 80 Prozent sind keine Seltenheit mehr. In der Filiale, in der ich tätig bin, liegt der Anteil der Teilzeitkräfte bereits bei 33 Prozent mit steigender Tendenz. Bei diesen 33 Prozent von ca. 500 Beschäftigten handelt es sich ausschließlich um Frauen.

Nach dem Motto „Frauen wollen ja Teilzeitarbeit" werden seitens der Arbeitgeber und auch mit breiter Unterstützung der Regierungsparteien — Beispiel Beschäftigungsförderungsgesetz — die abenteuerlichsten Formen und Varianten von Flexibilisierung und Teilzeit angeboten.

Es ist schon richtig, daß viele Frauen Teilzeitarbeitsplätze suchen, nur muß man sich dabei auch fragen, warum dies so ist. Vielfach ist es doch so, daß die Unternehmen aus der Not der Frauen Profite schlagen.

Was machen wir Frauen denn, wenn wir auf der einen Seite „ja" zur Familie gesagt haben, wir aber auf der anderen Seite uns auch eine Sicherung unserer Existenzgrundlage schaffen wollen, wir aufgrund unserer Doppelbelastung nicht eine volle Arbeitszeit ausfüllen können?

Es gilt, die Forderungen der Gewerkschaften nach einer weiteren Arbeitszeitverkürzung zu unterstützen, denn wenn wir alle weniger arbeiten, ist auch eine Aufgabenverteilung innerhalb der Familie besser zu ermöglichen. Dann würden auch wir nicht in Arbeitszeitsysteme hineingepreßt, die zwischenzeitlich zur Folge haben, daß auch Teilzeitarbeit zu einer Belastung wird.

Die Interessen der Frauen an Teilzeitarbeit liegen darin, die Arbeitszeit bzw. die Arbeitszeitlage so zu gestalten, daß sie z.B. die Kinderbetreuung ausüben können, daß sie da sind, wenn Kinder mit ihren Freuden, Sorgen und Problemen aus Schule und Kindergarten kommen, und sie trotz alledem auch am gesellschaftlichen und kulturellen Leben teilnehmen können und nicht völlig fertig abends ins Bett fallen.

Aber zwischenzeitlich hat sich das Blatt gewendet. Konnten Frauen noch vor Jahren überwiegend ihre Arbeitszeitwünsche berücksichtigt finden, so erhalten sie heute, wenn überhaupt, nur noch einen Arbeitsplatz angeboten, wenn sie sich voll und ganz den Arbeitszeitwünschen der Arbeitgeber anpassen, und diese Arbeitszeiten werden oft nach den betrieblichen Anforderungen hin und her geschoben, egal wie, Hauptsache wir Frauen sind flexibel.

Und noch eines haben die Unternehmer zwischenzeitlich herausgefunden: Angst um den Arbeitsplatz läßt sich hervorragend ausnutzen, um den Willen und sogar die Selbstachtung zu brechen.

Auch der „Kaufhof" weiß zwischenzeitlich, daß sich in einer kürzeren Arbeitszeit noch mehr Leistung aus dem Arbeitnehmer herausholen läßt. Von daher werden auch in der Regel nur maximal 4,5 Stunden pro Tag vereinbart, gerade soviel, daß keine Pausen mehr gegeben werden müssen. So etwas läßt auch auf Dauer eine Kantine – also auch wieder Arbeitsplätze – überflüssig werden.

Der Kreativität der Unternehmer sind bei der Gestaltung von Arbeitszeiten offensichtlich keine Grenzen gesetzt. Nach der Devise: „Für jeden etwas" haben wir in unserer Filiale mittlerweile sicherlich über 30 unterschiedliche Arbeitszeiten. Wir als Betriebsrat sind gar nicht mehr in der Lage, dieses nachzuhalten. Überhaupt wird durch die Spaltung der Belegschaft in eine Stamm- und eine Randbelegschaft die Betriebsratsarbeit zunehmend schwieriger.

Zur praktischen Veranschaulichung gebe ich einmal einen kleinen Auszug aus diesen Arbeitszeiten:

„Ringeltäubchen" sind die Vollzeitarbeitsplätze: Arbeitszeit von 9 bis 18.30 Uhr mit einer Stunde Pause, an fünf Tagen in der Woche, da es in den meisten Einzelhandelsunternehmen das roulierende Freizeitsystem gibt.

Hier fängt die erste Variante von Teilzeitarbeit an: Man deckt mit seiner Arbeitszeit die Rolltage der Vollbeschäftigten ab, d.h. in der einen Woche arbeite ich z.B. Montag, Mittwoch, Freitag, in der nächsten Woche Dienstag, Donnerstag, Samstag. Fällt jetzt eine Vollzeitkraft aus, wird erwartet, daß man hier zusätzlich einspringt. So ist man doch flexibel, oder?

Weiter: Montag bis Samstag, also an sechs Tagen jeweils zwei Stunden (Auffüllerinnen), kommt noch mehr Ware, z.B. vor Saisonverkäufen, macht man doch mal länger, man ist doch flexibel, oder?

Weiter: an jedem Nachmittag von 14 – 18.30 Uhr, samstags auch noch genau 4,5 Stunden, am langen Samstag natürlich auch, also auch wieder an sechs Tagen in der Woche, nie ein freies Wochenende, fällt jemand aus, kommt man natürlich auch noch vormittags, man ist doch flexibel, oder?

Bei diesen beiden vorgenannten Arbeitszeiten kann man sagen, na gut, 4,5 Stunden vormittags oder nachmittags, ist ja nicht so viel gegen einzuwenden.

Genau das haben sich die Arbeitgeber, auch hier spreche ich wieder vom „Kaufhof", auch gedacht und haben gehandelt:

Es wäre doch gelacht, wenn man die Arbeitszeiten nicht noch besser dem Umsatz anpassen könnte. Man führte umfangreiche Kundenfrequenzanalysen durch. Das Ergebnis war, morgens vor 10/10.30 Uhr und abends nach 17.30/18.00 Uhr ist die Kundenfrequenz nicht so stark, also passen die Frauen mit Arbeitszeiten nur vor- oder nachmittags nicht mehr so recht in die Landschaft. Es wurde verändert. Ergebnis: die Arbeitszeit von meistens max. 4,5 Stunden (wegen der Nichtgewährung von Pausen) wurde genau in den Tag hineingelegt, und da in diesen Zeitabschnitt noch die Pausen der Vollzeitbeschäftigten fallen, wurden hier zwei Fliegen mit einer Klappe geschlagen. Die Arbeitszeit war an die Kundenfrequenz angepaßt, und um Pausenablösung der Vollzeitbeschäftigten brauchte man sich auch nicht mehr zu kümmern.

Nur praktisch heißt dies, daß diese Einteilung der Arbeitszeit den Frauen nun überhaupt keinen Spielraum mehr läßt. Der Tag ist komplett kaputt und das auch noch für ca. 1.200,- DM brutto im Monat.

Zudem gibt es noch diesen tollen Begriff Kapovaz (Kapazitätsorientierte variable Arbeitszeit). Hier ist nun gar nichts mehr festgelegt, außer der Telefonleitung, denn die braucht man unbedingt dazu. Hier werden die Frauen – krass ausgedrückt – zum Callgirl des Unternehmers gemacht. Diese Form von Teilzeitarbeit macht aus Arbeitnehmerinnen moderne Sklavinnen, die geduldig auf ihren „Einsatzbefehl" warten sollen. Diese Form von Teilzeitarbeit halte ich für menschenunwürdig, der auch gesetzlich ein Riegel vorgeschoben werden muß. Hier wird die Unternehmenspolitik der „dünnen" Personaldecke geradezu noch belohnt – Hinweis Beschäftigungsförderungsgesetz –, das sonst so oft beschworene unternehmerische Risiko wird auf die Schultern der ArbeitnehmerInnen abgewälzt. An dieser Stelle hat auch der zunehmende Einsatz von Aushilfen einen hohen Stellenwert. Bei der „Kaufhof AG" sind Aushilfen fester Bestandteil der Personalplanung. 14 Arbeitsverträge in einem Jahr sind keine Seltenheit, nur an den Sozialleistungen nehmen diese Beschäftigten – natürlich auch wieder Frauen – nicht teil, da die Dauer der Beschäftigung gerade so gehalten wird, daß Urlaub, Urlaubsgeld, Sonderzahlungen etc. nicht gewährt werden müssen, auch Arbeitnehmerschutzrechte werden damit unterlaufen.

An dieser Stelle eine Zahl aus der Filiale, in der ich tätig bin: in den ersten 5 1/2 Monaten (1987) wurden dort 187 Aushilfen eingestellt. Wir als Betriebsrat haben schon mehrfach versucht, gerichtlich dagegen anzugehen. Aber ich glaube, auch die Gerichte übernehmen zunehmend Arbeitgeber-Positionen.

Und wenn ich mir dann vom Personalchef anhören muß, die Frauen *wollen* so beschäftigt werden, dann muß ich mich schon am Stuhl festhalten. Die Frauen lassen dies alles nur mit sich machen, weil sie hoffen, vielleicht eines Tages doch den Joker, nämlich einen Festvertrag, zu erhalten.

Die Forderung nach Mitbestimmungsrechten bei der Personalplanung bekommt aufgrund dieser Machenschaften der Arbeitgeber eine immer größere Bedeutung. Auszubildende, die ihre Ausbildung im „Kaufhof" erfolgreich beendet haben, also auch zum Fachpersonal gehören, werden, wenn überhaupt, zu 80 % lediglich in ein Teilzeitarbeitsverhältnis mit max. 4,5 Stunden pro Tag, meistens noch an sechs Tagen in der Woche, übernommen. Das bedeutet für diese Kolleginnen und Kollegen, daß sie mit ca. DM 650,- netto ihren Lebensunterhalt bestreiten müssen.

Fassen wir zusammen:
– Für uns als Betriebsräte und für die Gewerkschaft Handel, Banken und Versicherungen (HBV) ist Teilzeitarbeit nur dann akzeptabel, wenn sie so geregelt wird, daß auch die sozialen Belange der betroffenen ArbeitnehmerInnen berücksichtigt werden.
– Wir sind gegen eine Ausweitung der Teilzeitarbeit zu Lasten qualifizierter Vollzeitarbeitsplätze.

— Die Dauer und Lage der Teilzeitarbeit muß fest vereinbart werden.

— Keine Arbeit auf Abruf.

— Grundsätzlich sind Teilzeitbeschäftigten alle tariflichen und betrieblichen Leistungen zu gewähren, z.B. die betriebliche Altersversorgung.

— Die Arbeitszeit ist so zu gestalten, daß die ArbeitnehmerInnen sozial abgesichert sind (mindestens 20 Stunden in der Woche; 1987 — 19 Std.; 1988 — 18 Std.).

— Die Umwandlung von Voll- in Teilzeit gegen den Willen der ArbeitnehmerInnen muß ausgeschlossen werden.

Zum Schluß noch einige Anmerkungen zum Thema „Dienstleistungsabend bzw. Änderung des Ladenschlußgesetzes": Das Ladenschlußgesetz ist 30 Jahre alt. In diesen drei Jahrzehnten hat sich dieses Gesetz trotz aller Anfeindungen und Strukturveränderungen im Einzelhandel als praktikabler Kompromiß zwischen den Interessen der Verbraucher, Einzelhändler und besonders der Beschäftigten bewährt. Im Gegensatz zur Industrie und Verwaltung, wo sehr oft gegen 16 Uhr Feierabend ist, geht die Arbeitszeit im Einzelhandel bis 18.30 Uhr. Bis das Geschäft verlassen wird, ist es oft 19 Uhr. Wenn die überwiegende Mehrheit der Bevölkerung ihren wohlverdienten Feierabend hat, sind die Beschäftigten im Einzelhandel noch in voller Aktion. Viele Pendler treffen gerade rechtzeitig zur zweiten Tagesschau bei der Familie ein. Doch dann heißt es erst einmal umschalten aufs andere Programm: Haushalt und Familie. Hier sind wieder besonders die Frauen betroffen, da rund drei Viertel der Arbeitnehmer im Einzelhandel Frauen sind.

Aus diesem Grunde sind längere Öffnungszeiten familienfeindlich. Sie bedeuten einen noch stärkeren Ausschluß vom sozialen, kulturellen und auch politischen Leben für ca. 2,3 Mio. Beschäftigte, und, nebenbei bemerkt, werden die gegenwärtigen Ladenöffnungszeiten nur zu 80 Prozent ausgenutzt. Tatsache ist, daß die jetzigen Ladenöffnungszeiten ausreichen, denn noch nie hatten die Verbraucher so viel Zeit wie heute.

— Fest steht auch, daß nicht ein Arbeitsplatz mehr geschaffen würde, sondern im Gegenteil noch mehr Vollzeitarbeitsplätze verloren gehen würden.

— Fest steht auch, daß es nicht ein Umsatzplus, sondern eine Umsatzverschiebung geben würde.

— Fest steht auch, daß, wenn der Verbraucher bis 21 Uhr einkaufen gehen könnte, er nicht mehr Geld zum Ausgeben hätte.

— Fest steht auch, daß durch eine Spätöffnung und die damit verbundenen höheren Sach- und Personalkosten eine Preissteigerung von bis zu sieben Prozent auf die Verbraucher zukommen würde.

Eine Veränderung des Ladenschlußgesetzes ist nicht nur arbeitnehmer- und familienfeindlich, sondern auch zu guter Letzt verbraucherfeindlich.

In dieser Frage brauchen wir Beschäftigte im Einzelhandel, braucht die Gewerkschaft HBV die solidarische Unterstützung der Beschäftigten aller Bereiche, aller Gewerkschaften und auch Parteien, und ich fordere — stellvertretend für über 2 Mio Beschäftigte im Einzelhandel —: „Hände weg vom Ladenschluß!"

Elionore Pabst

Wir sind nicht der letzte Dreck!

Ich bin 55 Jahre alt, seit elf Jahren im Gebäudereinigerhandwerk als Vorarbeiterin tätig und seit zehn Jahren Mitglied des Betriebsrates einer Firma dieser Branche mit 1.700 Beschäftigten.

Das Gebäudereinigerhandwerk fällt in den Organisationsbereich der IG Bau-Steine-Erden, deren Mitglied und ehrenamtliche Mitarbeiterin ich bin.

Im folgenden beschreibe ich die Auswirkungen von Gesetzesänderungen auf Frauenarbeitsplätze im Bereich der IG Bau-Steine-Erden, und hier besonders im Gebäudereinigerhandwerk.

Dazu ist es erforderlich, daß man sich dieses Handwerk etwas genauer anschaut. Die gewerbliche Gebäudereinigung hat sich in den letzten Jahren stark ausgedehnt. Die Zahl der Beschäftigten stieg von 180.000 (1975) auf über 400.000 (1986). Dieser Anstieg hat vor allem zwei Gründe:

1. Unter dem Motto „Mehr Freiheit, weniger Staat" werden Reinigungsarbeiten in Schulen, Verwaltungen und Krankenhäusern immer häufiger aus dem Bereich des öffentlichen Dienstes ausgelagert und an Reinigungsunternehmer vergeben. Natürlich sind Privatunternehmer auch billiger.

Diese Privatisierung wird jedoch auf dem Rücken der betroffenen Arbeitnehmer ausgetragen. Denn die Löhne der Privaten liegen um bis zu 25 Prozent unter denen des öffentlichen Dienstes. Gleichzeitig nimmt der Leistungsdruck enorm zu — in manchen Fällen wird die zu reinigende Fläche bei gleicher Zeitvorgabe verdoppelt. Um es etwas deutlicher zu machen: 400 bis 500 qm Leistung in der Stunde ist keine Seltenheit.

Der zweite Grund für den Anstieg der Beschäftigungszahlen im Gebäudereinigerhandwerk ist in der Ausweitung der angebotenen Leistungen zu suchen. Das typische Reinigungsunternehmen gibt es heute kaum noch, längst haben sich diese Firmen in Dienstleistungsbetriebe mit einem breit gestreuten Angebot verwandelt. So wird zum Beispiel in einigen Krankenhäusern nicht nur vom Reinigungsunternehmen geputzt, nein, auch die Küche wird durch diese Betriebe verwaltet und der Fahrdienst, die Kioskbetriebe und viele andere Dienstleistungen werden von Gebäudereinigungsunternehmen erbracht. Wenn man dieses Beispiel auf die Spitze treibt, muß man sich fragen, wann die private Gebäudereinigung den Arzt und die Krankenschwester stellt.

Soviel zum Anstieg der Beschäftigungszahlen. Doch wer arbeitet nun in diesen Betrieben des Gebäudereinigerhandwerks? 95 % sind teilzeitbeschäftigte Frauen!

Dabei handelt es sich jedoch nicht um Teilzeitarbeit im herkömmlichen Sinne wie

Halbtagsarbeit mit festen Arbeitszeiten. Über 90 Prozent dieser Frauen sind sogenannte „geringfügig Beschäftigte", deren Arbeitszeit weniger als 15 Stunden pro Woche beträgt und die monatlich nicht mehr als DM 430,- verdienen. Sie zahlen keine Sozialversicherungsbeiträge, und das bedeutet, daß diese Frauen weder renten- noch krankenversichert sind.

Auch bei Arbeitslosigkeit erhalten sie keinen Pfennig, bei Krankheit gehen die meisten leer aus, weil das Lohnfortzahlungsgesetz nicht greift.

Keine dieser Frauen geht aus Spaß an der Arbeit putzen oder um die Ferienwohnung im Süden zu finanzieren. Die meisten dieser Frauen haben einen arbeitslosen Mann zu Haus, sind alleinerziehende Mütter oder anderweitig in Not geraten. Sie sind auf diesen Zuverdienst angewiesen und somit leicht unter Druck zu setzen.

Der hohe Anteil teilzeitbeschäftiger Frauen ist zweifelsohne auf die Versicherungsfreigrenze zurückzuführen. Diese als Ausnahme oder Sonderregelung gedachten Arbeitsverhältnisse sind heute zur allgemeinen Praxis und personal-wirtschaftlichen Norm der Beschäftigung geworden, und zwar auf Kosten sozial abgesicherter Normalarbeitsverhältnisse.

Es werden anstelle einer Vollzeitarbeitskraft mehrere Pauschalkräfte eingestellt. Das führt für die Beschäftigten zu extrem flexibilisierten Arbeitszeiten mit zum Teil nicht mehr als zwei Stunden täglich, oder sie müssen, wenn sie tatsächlich für acht Stunden beschäftigt werden, zweimal am Tag für vier Stunden zur Arbeit. Also morgens vier und abends noch mal vier Stunden.

Bei solchen Beschäftigungsverhältnissen ist zu bedenken, daß es auch zwei Wegezeiten gibt. Selbst im Stadtgebiet sind Wegezeiten von 45 Minuten (einfacher Weg) noch normal. Muß die so beschäftigte Person zweimal vier Stunden arbeiten, so hat sie ohne weiteres eine Wegezeit von drei bis vier Stunden täglich. Frauen mit Kindern können solch einen Arbeitsplatz nicht annehmen. Häufig werden diesen Arbeiterinnen darüber hinaus tariflich abgesicherte Leistungen verweigert bzw. sie müssen immer wieder neu eingefordert werden. Dies gilt für Urlaubsregelungen oder Lohnfortzahlungsansprüche, soweit diese berechtigt sind, 13. Monatsgehalt oder Erschwerniszulagen.

Die Angst vor Arbeitsplatzverlust behindert die Inanspruchnahme bestehender tariflicher Rechte. Die erzielten geringen Arbeitseinkommen liegen häufig unter den Sätzen für Sozialhilfeleistungen.

Die technische Entwicklung zur Rationalisierung im Reinigungsgewerbe führt im Bereich der verwendeten Putzmittel zum Einsatz aggressiver und damit die Gesundheit der Beschäftigten gefährdender Stoffe, um auf diese Weise Reinigungszeiten zu verkürzen. Die unmittelbaren Gefahren und das langfristige Gesundheitsrisiko bei der Verarbeitung von Reinigungsmitteln können die Arbeitnehmerinnen in der Regel nicht erkennen.

Mit dem Beschäftigungsförderungsgesetz (1985) wollte die Bundesregierung Teilzeitarbeit neu regeln. „Teilzeitarbeit wird gleichberechtigt" steht in der Broschüre „Maßarbeit" von Norbert Blüm. Was ist das für eine Art von Gleichberechtigung, die einem großen Teil von Frauen im Gebäudereinigerhandwerk den Kündigungsschutz raubt. Denn Arbeitnehmer, die weniger als 10 Stunden in der Woche oder 45 Stunden im Monat tätig sind, werden bei der Feststellung der Beschäftigtenzahlen nicht mehr berücksichtigt. Mitbestimmungsrechte der Betriebsräte werden zum Hohn, wenn zum Beispiel die gerichtliche Überprüfung einer Kündigung aus inhaltlichen Gründen nicht mehr möglich ist.

Das Beschäftigungsförderungsgesetz will auch andere Formen der Teilzeitarbeit wie Kapovaz oder Job-Sharing regeln. Kapazitätsorientierte Arbeitszeit findet auch in unserem Bereich statt — jedoch nicht im Sinne des Gesetzes. So werden zum Beispiel in den Schulen die Frauen während der Ferien einfach nach Hause geschickt, ohne Fortzahlung ihres Lohnes und ohne andere Einsatzmöglichkeiten zu prüfen. Kurz vor Ferienende werden Grundreinigungen durchgeführt. Diese aber dann in Vollzeitarbeit. Dadurch werden auch die Familien stark belastet. Das Beschäftigungsförderungsgesetz hat uns mehr geschadet als genützt. Die Auswirkungen dieses Gesetzes sind schon schlimm genug. Viel bedeutender ist jedoch das Umfeld, das das Beschäftigungsförderungsgesetz geschaffen hat. So haben es Unternehmer geschickt verstanden, den Begriff „flexibel" gleichzusetzen mit Eigenschaften wie jung und dynamisch. Wer besitzt nicht gerne diese Eigenschaften?

Durch das Beschäftigungsförderungsgesetz wurde ein Klima geschaffen, in dem flexible Arbeitszeiten von der Gesellschaft in hohem Maße akzeptiert werden.

Dabei fällt es nicht besonders gesetzestreuen Arbeitgebern unseres Gewerbes leicht, weiterhin bestehende Gesetze und Tarifverträge einfach nicht zu beachten, ohne daß ihnen gesellschaftliche Ächtung widerfährt.

Die Forderungen von Unternehmern nach flexiblerer Arbeitszeit haben nicht zu mehr Beschäftigung im Gebäudereinigerhandwerk geführt — im Gegenteil, sie gefährden bestehende Arbeitsplätze und sind ein Rückschritt ins vorige Jahrhundert.

Die Forderungen nach einem Dienstleistungsabend ist für uns Frauen aus der Gebäudereinigung schon lange Wirklichkeit. Wenn jedoch die Beschäftigten im Handel, öffentlichen Dienst, bei Versicherungen und dergleichen länger arbeiten, so hätte das auch Auswirkungen auf unsere Lage: Da wir erst nach Büroschluß mit der Reinigung beginnen können, würde sich unsere Arbeitszeit immer mehr in die späten Abendstunden bzw. Nachtstunden verschieben. Ob das familienfreundlich ist, möchte ich bezweifeln.

Als Gewerkschafterin und Betriebsrätin sehe ich die einzige Möglichkeit, die skandalösen Zustände bei vielen Gebäudereinigungsfirmen zu bekämpfen, darin, die uralte Forderung der IG Bau-Steine-Erden nach der Abschaffung der Versicherungsfreigrenze durchzusetzen, damit vom ersten Pfennig, der verdient wird, Beiträge zur Sozialversicherung bezahlt werden. Das wäre eine Möglichkeit zur Gleichberechtigung von Teilzeitarbeit.

Bedenken Sie bitte bei allen Überlegungen: Wir Putzfrauen sind es, die die Schulen, die Krankenhäuser und Altenheime usw. sauber halten. Wir machen Ihren Dreck weg! Aber wir wollen nicht wie der letzte Dreck behandelt werden!

Annemarie Gerzer

Flexibilität –
mehr als nur andere Arbeitszeiten

Wird die Arbeitszeit-Diskussion von Männern geführt[1)2)3)], steht das Thema des zu erwartenden „Zuwachses an Freizeit" im Mittelpunkt. Neue Konzepte, die eine Entdichtung der bestehenden Zeitstruktur vorschlagen (wie z.B. von Rinderspacher 1982 im Gegensatz zu Teriets „Zeitsouveränität"), werden unter dem Aspekt „Humanisierung der Arbeit" diskutiert. Dabei orientieren sich diese und andere Autoren an einem Freizeitmodell, das für die Lebenswelt von Männern relevant sein mag, den Aspekt der Familie und die notwendige Zeitinvestition für Familienbelange, die nach einer ganz anderen Logik ablaufen, jedoch nicht berücksichtigen. Mehr Zeit bedeutet vor allem für Frauen, die Beruf und Familie verbinden wollen und/oder müssen, notwendige „Familienzeit" und nicht (oder nur zum Teil) mehr Zeit für individuelle Regeneration.

Arbeit und Familie –
Zweiweltenlogik

Gehen wir von der Tatsache aus, daß die Mehrheit der Frauen nach wie vor ihre ökonomische und soziale Absicherung sowohl in der Ehe und Familie als auch in der Erwerbstätigkeit suchen müssen und viele von ihnen dies auch wollen, dann ist festzuhalten, daß für beide Bereiche – Arbeitswelt und Familie – ganz unterschiedliche Wertmaßstäbe gelten. Zwar genießt die Familie auf der sozialintegrativen und moralischen Ebene eine etwa vergleichbare Anerkennung wie die Arbeitswelt, nicht dagegen auf der materiellen und ökonomischen Ebene. Verkürzt heißt dies: Die Logik der Arbeitswelt, deren Basis der Tauschwert von Geld bildet, ist der zentrale Bezugspunkt für die gesellschaftlich dominanten und anerkannteren Werte; verdrängt oder nachgeordnet sind damit die Logiken anderer sozialer Realitäten wie z.B. die der Familie und ihrer Wertmaßstäbe.

Für die meisten Frauen hat aber die Familie objektiv wie subjektiv eine gleichrangige Bedeutung. Objektiv, weil sie aus der geleisteten Haus- und Familienarbeit einen Versorgungsanspruch ableiten können und weil sie rein zeitlich gesehen mindestens die Hälfte ihres Arbeitsvolumens für die Familie aufbringen. Subjektiv, weil sie in der Familie Werte leben können, die sie in der Arbeitswelt nicht finden. Für Männer ist dies offensichtlich nicht so. Denn wo hat man sie jemals klagen gehört über ihre Doppelbelastung in Beruf und Familie, über das Problem der beruflichen Wiedereingliederung nach einer Familienphase, über die Diskriminierung oder Anerkennung ihrer Familienarbeit usw.? Das Problem der Verbindung von Beruf und

Familie ist eines der Frauen und nicht eines der Männer.

Daß Frauen mit beiden Seiten des Lebens in gleichem Maße befaßt und identifiziert sind, fällt als der Bumerang „frauenspezifischer" Probleme auf sie zurück. Die Frauen müssen es aushalten und manchmal auch ausbaden, wenn über ihre Köpfe hinweg darüber gestritten oder auch bestimmt wird, welcher Lebensweg für sie der richtige ist.[4]

Mit Forderungen alleingelassen

Tatsache ist, daß die Frauen, die ihre Berufs- und Familienidentität leben wollen, nach Lösungen suchen, die für sie adäquat sind. Zeitflexibilität ist für sie wesentliche Voraussetzung, ihren Alltag nicht unter extremen Belastungen meistern zu müssen. Zeitflexibilität, d.h. vor allen Dingen tägliche Flexibilität. Neben den Routineaufgaben in der Familie erfordert gerade das Zusammenleben mit Kindern ein hohes Maß an flexiblen Möglichkeiten, um auf deren legitime Bedürfnisse reagieren zu können. Im täglichen Leben, im gesamten Lebenszusammenhang von Frauen ist zeitliche Flexibilität etwas Selbstverständliches, lange bevor sie zu einem Politikum ersten Ranges in der Diskussion um die Arbeitszeitverkürzung wurde. Nur selten wurde von Frauen die Forderung nach Flexibilität artikuliert – und wenn, dann meist aus einer defensiven Position heraus, die keine kollektive Interessenvertretung fand. Frauen fanden mit ihren Bedürfnissen nach besserer Verbindung von Beruf und Familie kein Gehör – die Probleme blieben individuelles Los der Betroffenen. Weder Gewerkschaften noch Frauenbewegung fühlten sich angesprochen – wenn auch aus ganz unterschiedlichen Günden. Es ist daher kaum verwunderlich, wenn die Arbeitgeberseite dieses Problemfeld von ihrer Interessenlage her besetzen konnte. Gerade in frauenspezifischen Tätigkeitsbereichen, wie z.B. im Einzelhandel, Gaststättenbereich und sonstigen Dienstleistungsbereichen, wurden Flexibilitätsmodelle entwickelt, die zynischerweise unter frauenspezifischen Interessen angeboten wurden. Kapazitätsorientierte variable Arbeitszeit (Kapovaz), geringfügige Beschäftigungsverhältnisse und Arbeitsverträge, die stundenweise flexible Arbeitszeit ermöglichen, werden mit den Argumenten einer besseren Verbindung von Beruf und Familie gehandelt. Sie lassen in diesen Branchen aber oft keine Wahlmöglichkeit für besser abgesicherte Arbeitsverträge zu, da die „Notlage der Frauen" erkannt und damit Kapital gemacht wird. Somit zahlen gerade die Frauen, die ihre Identität in Beruf *und* Familie suchen, einen hohen Preis.

Teilzeit – Kompromiß in Richtung Unabhängigkeit

Diese Realität schlägt sich auch in den Einschätzungen und Erwartungen von Frauen nieder, die z.B. nach einer Unterbrechung, bedingt durch Familienaufgaben, zwischen 1980 und 1985 ihre Erwerbstätigkeit wiederaufgenommen haben. Sie gehen von einer sehr viel größeren Wahrscheinlichkeit aus, eine Erwerbstätigkeit mit geringeren Verdienstmöglichkeiten, alternativen oder anstrengenderen Tätigkeiten, die befristet sein können, zu bekommen als diejenigen Frauen, die ihre Erwerbstätigkeit nicht unterbrochen haben.[5]

Trotz dieser und anderer Verschärfungen der Arbeitsmarktsituation stieg die Erwerbstätigenquote verheirateter Frauen von 38 % im Jahre 1977 auf 47 % im Jahre 1986. Diese Zahlen betreffen vor allen Dingen Frauen im

Alter zwischen 35 und 50 Jahren, d.h. in ihrer aktiven Familienphase. Neben den finanziellen Gründen werden die Freude an der beruflichen Tätigkeit, gerne mit Menschen zusammenzusein und die Unausgelastetheit im Haushalt noch stärker gewichtet.[6] Dabei gewinnt vor allen Dingen die Teilzeit-Arbeit an Bedeutung, und zwar unabhängig von der Einkommensschicht. Die Nachfrage nach Teilzeit-Arbeit spiegelt das wider — 1960 arbeiteten 6 % aller erwerbstätigen Frauen Teilzeit, 1982 schon fast ein Drittel (BMJFFG 1984). Das entspricht auch den Meldungen der Arbeitsämter, die auf eine angebotene Teilzeit-Arbeit im Schnitt 9 Bewerberinnen zu verzeichnen haben. Diese Tendenz wird sich weiter fortsetzen, da die Erwerbsneigung jüngerer Frauen trotz Familienphase steigt. Die Bildungsreform trägt ihre Früchte: höhere Schul- bzw. Berufsbildung, die realistische Einschätzung einer Ehe (jede dritte Ehe wird geschieden), d.h. nicht mehr auf eine lebenslange Versorgung setzen zu wollen, ist für jüngere Frauen Grund genug, sich nicht mehr auf das sogenannte „Drei-Phasen-Modell" zu verlassen. Gerade die Frauen, die das „Drei-Phasen„Modell" praktiziert haben, d.h. Erwerbstätigkeit — Familiengründung mit Ausstieg aus dem Beruf — späterer Wiedereinstieg, schätzen es nach 5 — 10 Jahren Ausstieg aus dem Beruf als sehr schwierig ein, wieder erwerbstätig sein zu können. (siehe Tab.1)

So versuchen viele Frauen dem Dilemma, daß „beides zuviel, eins allein aber zuwenig ist"[7] zu entgehen und müssen noch immer in Kauf nehmen, daß die Arbeit im Vergleich zu ihrer vorherigen beruflichen Situation häufig gleichgeblieben, vor allen Dingen aber sich verschlechtert hat.[8] Qualifizierte Teilzeittätigkeiten sind rar, noch sind die Frauen mit ihrem legitimen Anliegen, Beruf und Familie besser verbinden zu können, Spielball unternehmerischer Interessen.

Tab. 1: Schwierigkeiten bei der Rückkehr in den Beruf
Angaben verheirateter, nicht berufstätiger Frauen, die den Eintritt bzw. Wiedereintritt ins Berufsleben als schwierig oder praktisch unmöglich einschätzen, zur Hauptschwierigkeit – in %

Hauptschwierigkeit	Verteilung in %
Es gibt hier zur Zeit keinen Arbeitsplatz für mich	20
Es gibt hier keinen Teilzeitarbeitsplatz	12
Es gibt hier keine Arbeitsplätze, wo ich mir die Zeit frei einteilen kann	6
Mir fehlen die nötigen beruflichen Kenntnisse	13
Es gibt keine ausreichenden Möglichkeiten der Kinderbetreuung	6
Ich möchte mein Kind nicht in fremde Hände geben	10
Es würde sich finanziell nicht lohnen	3
Ich wäre gesundheitlich den Anforderungen nicht gewachsen	11
Ich bin zu alt	16
Sonstiges	3
Insgesamt	100

Quelle: IAB-Projekt 3-321. 1986, zit. n. Engelbrecht, a.a.O., S. 188

Otto-Normal-Biographie kein Muster für Frauen

Das Verhalten und die Erwartungen von Frauen zeigen, daß die Forderung nach einer Vollerwerbstätigkeit, angelehnt an eine sogenannte männliche Normalbiographie von Ausbildung — Vollerwerbstätigkeit — Ruhestand, nichts mit der Lebenswirklichkeit der Mehrheit der Frauen zu tun hat. Welche Frau kann auf eine ca. 35jährige durchgehende Erwerbstätigkeit zurückblicken, um ernsthaft die Perspektive einer ausreichenden Rente zu haben – zumal die Frauenlöhne bis zu 1/3 niedriger sind als Männerlöhne? „Zum Leben zu wenig – zum Sterben zu viel", das ist die Aussicht einer Vollarbeitszeitkraft, z.B. im Einzelhandel, die 15 Jahre vor der Pensionierung gearbeitet hat, zuvor aber unbezahlte Familienarbeit geleistet und in Heimarbeit das Haushaltseinkommen verbessert hat. Was aber bleibt einer Teilzeitkraft, die aus gesundheitlichen Gründen gar nicht mehr in der Lage ist, Vollzeit zu arbeiten!? Nicht nur neue Berechnungsmodelle für Sozialleistungen sind notwendig, denen nicht mehr die Schemata männlicher Berufsbiographien zugrunde liegen – schließlich sind 39 % der Erwerbstätigen Frauen – sondern vor allen Dingen eine *Neubewertung weiblicher Arbeit*. Was nützt die Forderung nach Erwerbstätigkeit aller Frauen, die zwar frei und unabhängig dabei werden sollen – sich in erster Linie aber an einer nach männlichen Werten und männlicher Logik orientierten Erwerbstätigenwelt orientieren müssen. Das wäre fürwahr ein Phyrrussieg – so werden zu müssen wie die Männer, deren Position aber doch nie ganz zu erreichen! Auch entbehrt es nicht einer gewissen Ironie, wenn für Frauen eine Anlehnung an das männliche Berufsmuster gefordert wird und gleichzeitig von Männern eben diese Arbeitswelt stärker problematisiert wird. Nicht mehr ausschließlich die Erwerbsarbeit ist das potentielle Medium der Selbstverwirklichung, dies wird zunehmend mehr im Freizeitbereich gesucht (vgl. Offe, Hinrichs, Wiesenthal). So wäre es gerade im Rahmen der gesamten Wertediskussion des ausgehenden 20. Jahrhunderts und vor dem Hintergrund knapper, existenziell notwendiger Ressourcen logisch, die von Frauen gelebten Werte als eine Ressource zu verstehen, die in die Arbeitswelt eingespeist werden müßte. Das ist nicht nur das vielbelächelte Zulassen der „Arbeit mit dem Gefühl", wiewohl auch das schon die oft krampfhaft gelebte Trennung von Herz und Verstand im Erwerbsleben etwas mildern könnte. Es sind vor allen Dingen die Werte, die Frauen ihren Familien, Freunden zugute kommen lassen: Fürsorge, emotionale Pflege, sich Einlassen auf den anderen. Die Frauen, die dies selbstbewußt mit ihren Kindern, Familien, Freunden leben und auch in der Öffentlichkeit dafür eintreten, daß diese Werte öffentliche Anerkennung finden, fallen leicht durch die Maschen des oft zu glatt gestrickten emanzipatorischen Weltbildes.

Wichtigster Faktor Berufsprestige

Gerade deswegen sollten Modelle aufgezeigt werden, in denen Frauen ihre Identität, ihre Werte (und das sind vor allen Dingen Familienwerte) und ihre Bedürfnisse leben können, sei es im Beruf, in der Familie, in der Öffentlichkeit. Aufgabe der Politik wäre es dann, nach optimalen Lösungen zu suchen und sie umzusetzen.

Die großen Hoffnungen nach Aufhebung der geschlechtsspezifischen Arbeitsteilung – gerade in der Familie durch partnerschaftlicheres Verhalten der Männer – können über den Hebel der Arbeitszeit nicht erfüllt werden. Eines der Hauptargumente gegen Teilzeit ist die Verfestigung der traditionellen weiblichen Rolle, da die Frauen doch nie aus ihrer Verpflichtung der Familie gegenüber entlassen werden. Empirische Untersuchungen, wie z.B. die Studie des Kaufhauses „Beck"[9], zeigen gerade die Kraftreserven auf, die Teilzeit-arbeitende Frauen gegenüber Vollzeit-arbeitenden Frauen verspüren, die Diskussion um die Aufgabenverteilung überhaupt erst konstruktiv führen zu können. Selbst die Forderung nach mehr staatlicher Entlastung in den Familienaufgaben akzeptiert schließlich komplizierte geschlechtsspezifische Rollenbilder und zieht die Lösung vor, Frauen eher in die männliche Berufsbiographie einzugliedern, als die Umverteilung der Familienaufgaben zu unterstützen und zu fördern.

Gerade neueste Studien zeigen, daß weder die Kinderzahl, der Arbeitsaufwand, die Verfügbarkeit inner- und außerfamiliärer Stützungssysteme noch die Werte- und Verhaltensnormen eine Rolle spielen, sondern das Berufsprestige beider Partner. Je niedriger das Berufsprestige beider ist, desto stärker übernimmt die Ehefrau, unabhängig von Vollzeit/Teilzeit- oder stundenweiser Arbeit, die Familienaufgaben. Dies wird durch die empirische Studie bei „Beck" bestätigt: Ausschließlich Abteilungsleiterinnen, die mit Partnern verheiratet waren, die ein ähnliches oder höheres Berufsprestige hatten, wurden von diesen in den Familienaufgaben unterstützt.

Mit Berufsprestige verbunden ist auch eine höhere individuelle Zeitsouveränität, die die Arbeitsteilung bei den Dispositions- und Routinearbeiten innerhalb der Familie eher ermöglichen.[10]

Die Arbeitssituation von Frauen in sogenannten frauenspezifischen Berufen wie z.B. im Einzelhandel entwickelt sich jedoch genau konträr zu einem höheren Berufsprestige. Zunehmende Dequalifizierung der Arbeitstätigkeit, bedingt durch Rationalisierungsmaßnahmen, die Umwandlung von Vollzeitarbeitsplätzen in weniger abgesicherte Teilzeitarbeitsplätze wecken nicht gerade die Hoffnung, daß hier legitime Bedürfnisse von Frauen – der Wunsch nach Beruf *und* Familie – verbunden werden. Um so wichtiger ist es, Arbeitsmodelle gerade im Einzelhandel aufzuzeigen, die auf der Basis von Kompromissen aufgebaut sind – den ökonomischen Interessen des Unternehmens und den subjektiven Interessen der Mitarbeiter. Dabei wird aber deutlich, daß eine flexible Arbeitszeit alleine nicht ausreicht, die legitimen Bedürfnisse an Beruf und Familie zu befriedigen. Eine familienfreundliche Grundhaltung vor allem des Managements, des Betriebsrats und der Arbeitnehmerinnen ist die Voraussetzung für das Gelingen dieser Aushandlungsprozesse.

Anmerkungen

1) Mayr H./Janßen H., Hsg., 1984, Perspektiven der Arbeitszeitverkürzung. Wissenschaftler und Gewerkschaftler zur 35-Stunden-Woche
2) Offe C./Hinrichs K./Wiesenthal H., Hsg., Arbeitszeitpolitik. Formen und Folgen einer Neuverteilung der Arbeitszeit. Frankfurt u. New York
3) Rinderspacher J. P. „Gesellschaft ohne Zeit" – individuelle Zeitverwendung und soziale Organisation der Arbeit, Frankfurt u. New York 1985
4) Gerzer, Jaeckel, Sass, „Flexible Arbeitszeit – vor allem ein Frauenthema", in: „Das Ende der starren Zeit", Th. Schmid (Hsg.), Berlin 1985
5) Engelbrecht, G., „Erwerbsverhalten und Berufsverlauf von Frauen", aus: Sonderdruck. Mitteilungen aus der Arbeitsmarkt- und Berufsforschung, 20 Jg., 1987, S. 193
6) Engelbrecht, a.a.O., S.184 auch: Thesenpapier DJI, Arbeitsgruppe Familienpolitik, Anpassungsprobleme zwischen Familie u. Arbeitswelt – „Ein Balanceakt zwischen zwei Welten", 1985
7) Becher-Schmid, R. u.a., „Nicht wir haben die Minuten, die Minuten haben uns", Bonn, 1982
8) Engelbrecht, a.a.O., S. 192
9) Gerzer, Jaeckel, Sass, a.a.O., S.108 – 116
10) Nauck, B., „Erwerbstätigkeit und Familienstruktur", DJI-Forschungsbericht, 1985

Angelika Bahl-Benker

Humanisierung oder moderne Sklaverei?

Wie Telearbeit Arbeit & Leben verändert

Als Anfang der 80er Jahre deutlich wurde, daß mit dem weiteren Ausbau der Informations- und Kommunikationstechniken die Auslagerung von Tätigkeiten aus Betrieben auf der Grundlage elektronischer Datenübertragung möglich und auch rentabel werden dürfte, waren es zunächst Rationalisierungsexperten, die in der ‚Tele(heim)arbeit', wie die neue Arbeitsform bald genannt wurde, ein neues Feld zur Einsparung von Personalkosten in den Büros sahen.[1] Sie versäumten freilich nicht, aus ihrer männlichen Perspektive deren Vorteile für Frauen zu preisen, da sich damit doch neue Vereinbarkeiten von Familie und Beruf ergäben. In das gleiche Horn bliesen konservative Politiker [2], eine neue Chance witternd, die Frauen ans Haus zu binden. Inzwischen sind einige Jahre vergangen, und Tele(heim)arbeit weitet sich weit langsamer aus als ursprünglich erwartet, gehofft bzw. gefürchtet wurde. Gleichzeitig wurde in einer Reihe von Studien die soziale Realität der neuen HeimarbeiterInnen untersucht. Ihr Ergebnis: Die soziale Ungesichertheit, der Arbeitsdruck, die Konflikte bei dem Versuch, Familie und Berufsarbeit unter einen Hut zu bringen, wurden belegt.[3]

Viele Befürchtungen, die von politisch engagierten Frauen, von GewerkschafterInnen und WissenschaftlerInnen in die politische Diskussion eingebracht worden waren, erwiesen sich als begründet. Gleichzeitig zeigte sich, daß Tele(*heim*)arbeit nur *eine* Form der Verlagerung von Arbeit darstellt, daß mit weiteren Formen von Dezentralisierung eine Vielzahl sozialer Risiken verbunden ist.[4] Und nun kommt auf dieser empirischen Basis eine neue Wendung:

Tele(heim)arbeit wird plötzlich mit feministischen Argumenten als akzeptable Entwicklung und Arbeitsform aufgewertet. Da wird dann beispielsweise die „verbunkerte Angestelltenexistenz des Acht-Stunden-Arbeitstages" kritisiert und die Einschätzung vertreten, „im Einzelfall der freiberuflichen Heimarbeiterin entsteht *meist* (Hervorhebung A.B.) ein Zuwachs an Autonomie, Verantwortung und Qualifikation." [5]

Dies ist eine Verharmlosung der sozialen Realität sowie der kurz- und langfristigen Probleme von Heimarbeit, ‚Selbständigkeit' und ‚Freien Berufen'. Eine Studie des Deutschen Jugendinstituts − Grundlage für die genannte positive Beurteilung − differenziert stärker, betont etwa die ambivalenten Wirkungen von Heimarbeit auf die Familie[6], das Fazit ist aber auch hier positiv: „...Selbständige und freiberufliche Arbeit ... scheint derzeit einer der wenigen Bereiche auf dem Arbeitsmarkt zu sein, ... wo sich neue Erwerbsperspektiven eröffnen.[7]

Der Preis, den solche ‚Perspektiven' −

auf der individuellen wie gesellschaftlichen Ebene – fordern, ist Thema der folgenden Abschnitte. Die Wirklichkeit sieht bisweilen anders aus, als Studien glaubhaft machen möchten.

„Freiwillig niemals"

1904

„Wir haben früher geglaubt, daß man in der Hausindustrie mehr als im zentralistischen Fabrikbetrieb gewisse freiheitliche Ideale verwirklichen könne. Wir haben gedacht, es würde dort noch freie Wahl der Arbeit sein und die ganze Persönlichkeit würde nicht von einem einzigen Apparat absorbiert. Aber diese Vorstellung haben wir im ganzen heute nicht mehr, wir sind zu der Ansicht gekommen, daß das wohl einmal vorhanden gewesene, vielleicht auch nicht vorhanden gewesene Dinge sind, die heute nicht mehr verwirklicht werden können. Wenn man sagt, die Arbeiterin arbeite aus freiem Willen täglich 15 Stunden, so sage ich: ‚Nein – nicht aus freiem Willen, sondern wegen des Lohnes!'"

Prof. Alfred Weber (Nationalökonom; Verein für Socialpolitik) auf dem – von den Gewerkschaften einberufenen – Heimarbeiterschutz-Kongreß 1904 in Berlin

1984

„Heimarbeit machen nur die, die echt darauf angewiesen sind. Wegen des Kindes mache ich Heimarbeit. Ich habe einen 8-Stunden-Vertrag. Aber gleichzeitig wird gefragt, wer länger arbeitet. Wer nicht dazu bereit ist, der bekommt keine Arbeit. Die acht Stunden am Tag sind schnell vergessen."

Datenerfasserin, alleinstehend, 1 Kind. Seit 5 Jahren Heimarbeiterin[8]

Lange Jahre schien Heimarbeit ein Relikt vergangener Jahrzehnte: Die Zahl der HeimarbeiterInnen – zu etwa 90 % Frauen – ging zurück und machte einen immer kleineren Anteil an den Erwerbstätigen aus.[9] Das alte Problem ihrer schlechten Entlohnung und ihrer schlechten sozialen Sicherung schien sich von selbst zu erledigen. Inzwischen aber hat es mit der Entwicklung der Informations- und Kommunikationstechniken eine neue Aktualität erlangt.

Zwar gibt es bisher noch relativ wenige Beispiele für eine Auslagerung von Arbeiten in Tele(heim)arbeit, Prognosen für die Jahre 1995 bis 2000 aber rechnen für die BRD mit Anteilen von ca. 4 bis 20 Prozent ‚Telearbeitern' an den Erwerbstätigen.[10] Schon in den letzten Jahren nahm die in der Regel noch nicht ‚angekabelte' Büroheimarbeit zu.[11] Die Verbilligung der Endgeräte und der Ausbau der Übertragungsnetze dürften die Schwelle für die elektronische Anbindung und Übertragung in Zukunft verringern.

Auch wenn man eher niedrige Prognosewerte für realistisch hält, drängt sich mit diesen Entwicklungen die Frage nach den Arbeits- und Lebensbedingungen von ‚Elektronischen' HeimarbeiterInnen und nach den gesellschaftlichen Problemen dieser Arbeitsform auf. Es reicht nicht, den angeblich durch „historische Bedeutungsinhalte belasteten Begriff der ‚Heimarbeit'" durch einen neuen zu ersetzen [12] und von ‚Telearbeit' zu sprechen. Bisher wurde nirgends nachgewiesen, daß sich die traditionellen sozialen Probleme von Heimarbeit aufgrund der veränderten, elektronischen Arbeitsmittel nicht mehr stellen und/oder daß keine vergleichbaren neuen entstehen.

Es zeichnet sich im Gegenteil ab, daß diese neue Arbeitsform eine Vielzahl von ökonomischen und sozialen Implikationen aufweist und daß sich hier viele ungelöste gesellschaftliche Probleme der Telekommunikation kristallisieren.

Billig und flexibel: Tele(heim)arbeit – ein Rationalisierungsinstrument

Selten fehlt in euphorischen Stellungnahmen und Berichten über Modellversuche zur ‚Telearbeit'[13] die Begründung, diese sei ein Beitrag zur Humanisierung der Arbeit. Solche Stellungnahmen und Berichte geben jedoch überwiegend Vertreter von Herstellerfirmen und Rationalisierungsexperten aus Betrieben, Beratungsunternehmen oder Verbänden ab. Der soziale Standort erhellt hier sehr schnell die Interessen: Hersteller von Computertechnik wollen verständlicherweise viele Endgeräte und Netzbestandteile verkaufen, bei der Rationalisierung der Büroarbeit paßt Telearbeit ins Konzept der flächendeckenden Computerisierung von Informationsverarbeitung und Kommunikation und in die zahlreichen Ansätze zur Flexibilisierung. Denn elektronische Heimarbeit erleichtert bzw. ermöglicht z.B.:

– eine Ausweitung des flexiblen Arbeitskräftepotentials und eine Verringerung von Stammbelegschaften. Beschäftigte in Heimarbeit sind ebenso wie LeiharbeiterInnen und Zeitvertragsbeschäftigte sehr viel einfacher je nach Bedarf einzusetzen oder „abzustoßen" als normale ArbeitnehmerInnen. „Der Schreibkräftebedarf kann den betrieblichen Bedürfnissen besser angepaßt werden. Unterschiedliche Anforderungen, wechselnde Belastungen und gezielter Ausgleich innerhalb des Betriebes können berücksichtigt werden" ...[14]

– Arbeitszeitflexibilisierung, vor allem auch in den Abend- und Nachtstunden und am Wochenende. „Die ausgewerteten Schreibzeiten zeigen, daß die Teletypistin hauptsächlich von 10.00 bis 13.00 und von 19.00 bis 21.00 Uhr die Texte erfaßte. Gerade zu diesen Zeiten sinkt jedoch die Erfassungsleistung im Betrieb ab."[15]

– Kosteneinsparungen. Diese sind möglich über die Flexibilisierung von Arbeitszeit und Personalstand sowie durch direkte Lohnkosteneinsparung: nach geleisteter Arbeitsmenge bzw. auf Werkvertragsbasis bezahlte HeimarbeiterInnen sind billiger als ArbeitnehmerInnen im Betrieb. Hinzu kommen Einsparungen, wenn die Einrichtung und Unterhaltung von Arbeitsplätzen im Betrieb entfällt (hohe Büromieten in Großstädten!).

TeleheimarbeiterInnen werden für den betrieblichen Kapazitätsausgleich und als billige Arbeitskräfte geschätzt. Daran ändern auch die Ergebnisse des Modellversuchs der Landesregierung Baden-Württemberg nichts, nach denen Teleheimarbeit teurer ist als Arbeit im Büro.[16]

Zum einen sind diese Ergebnisse entstanden auf der Basis einer – zur Zeit noch – begrenzt leistungsfähigen Kommunikationstechnik. Zum anderen muß Teleheimarbeit nicht wie im Modellversuch ‚online' erfolgen, d.h. sie kann ebenso über Datenträgeraustausch (z.B. Disketten) laufen. Diese Form überwiegt derzeit, so daß eben keine Kosten für elektronische Übertragung anfallen.

Soziale Errungenschaften auf den Kopf gestellt

Zu Beginn der Diskussion um Teleheimarbeit wurde von deren Verfechtern in der Regel zurückgewiesen, daß diese mit besonders schlechten Arbeitsbedingungen verbunden sei. Inzwischen haben nun einige empirische

Untersuchungen aufgezeigt, unter welchen Bedingungen, z.B. in der Druckindustrie, Texterfassung in Heimarbeit gemacht wird.[17] Solchen Erfahrungen wird immer wieder entgegengehalten, Daten- und TexterfasserInnen seien doch nur ein Teil der potentiell Betroffenen und bei ‚TeleprogrammierInnen' sähe ja alles ganz anders aus.

Nun unterscheidet sich zweifelsfrei die Arbeit einer Daten- oder Texterfasserin von der eines Programmierers. Und so lange ‚Teleprogrammierer' jung und auf dem Höhepunkt von Qualifikation und Leistungsfähigkeit sind, mögen sie sich für einige Zeit Arbeits- und Lebensbedingungen angenehm gestalten können. Dies gilt vor allem, so lange Programmierqualifikationen auf dem Arbeitsmarkt gefragt sind. Was aber, wenn sich diese Bedingungen ändern? Dann kann die soziale Situation der Teleprogrammierer schnell die der Datenerfasserinnen werden:

— Bisherige Erfahrungen zeigen, daß TeleheimarbeiterInnen überwiegend als Selbständige oder freie Mitarbeiter beschäftigt werden. Sie haben ‚*Ungeschützte Beschäftigungsverhältnisse*' und damit weder Sozialversicherung noch Kündigungsschutz. Sie können sich auf keinen Tarifvertrag berufen und haben damit keine Chance auf ein vergleichbares Einkommen wie die Beschäftigten im Betrieb, obwohl sie wie diese von ihrem jeweiligen Arbeitgeber wirtschaftlich abhängig sind.

Heimarbeiter nach dem Heimarbeitsgesetz sind zwar in einigen Punkten Arbeitnehmern gleichgestellt, aber auch sie haben keinen wirksamen Kündigungsschutz und in der Regel geringeres Einkommen.

— Es zeigt sich, daß die organisatorischen Probleme, die mit der Auslagerung von Arbeit verbunden sind, nach altem tayloristischem Muster über *Dequalifizierung* bewältigt werden. Es ist „durch Ausgliederung von Spezialfunktionen möglich, den eigentlichen Programmierungsprozeß so zu vereinfachen, daß auch ein wenig erfahrener Programmierer die Chance hat, die an ihn gestellte Aufgabe zu lösen.[18] Auch die Battelle-Studie kam zu dem Ergebnis: „Informationstechnisch gestützte Heimarbeitsplätze mit (...) Aufgabenvielfalt sind uns nicht bekannt geworden." [19]

— Die mit Telearbeit verbundene *soziale Isolation* kann zu ‚Elektronischer Einsiedelei' führen, wie inzwischen auch Erfahrungen aus den USA bestätigen. „Die elektronische Heimarbeit vergebenden US-Firmen berichten übereinstimmend, daß nach anfänglicher Euphorie bei den Telecommutern (Heimarbeitern) der Widerstand gegen diese Art der Arbeit zunimmt. Dieser Widerstand entstehe aus dem Isoliertsein am dezentralen Arbeitsplatz."[20]

— Elektronische Heimarbeit bedeutet *Verlust von wirksamer Interessenvertretung*. Für HeimarbeiterInnen nach dem Heimarbeitsgesetz ist zwar der Betriebsrat im Auftraggeber-Betrieb zuständig. Aber es ist leicht nachzuvollziehen, wie schwer es für einen Betriebsrat sein mag, mit einer größeren Anzahl von HeimarbeiterInnen überhaupt in Verbindung zu bleiben.

Selbständige HeimarbeiterInnen fallen aus dieser kollektiven Interessenvertretung völlig heraus. Sie haben aber auch keine eigenständige Interessenvertretung wie die traditionell Selbständigen. Anwälte, Steuerberater oder Ärzte haben zu ihrer sozialen und finanziellen Absicherung und Interessenvertretung Kammern, Gebührenordnung und Zulassungsbeschränkungen, die ihre starke Stellung auf dem Arbeitsmarkt sichern. Mit der sozialen Situation einer Datenerfasserin, Sekretärin oder auch eines Programmierers in Telearbeit ist das nicht zu vergleichen.

Rationalisierung des Alltags

Vorwiegend männliche Rationalisierungsplaner und Politiker propagieren seit einiger Zeit elektronische Heimarbeit als „neue Chance" für Frauen. Diese „Chance" bedeutet nun aber nicht nur schlechte soziale Absicherung und schlechte Arbeitsbedingungen, sondern auch Rationalisierung des Alltags und Verschärfung der traditionellen Doppelbelastung der Frauen.

Die Grenzen zwischen Berufstätigkeit und Privatleben verwischen, die Arbeit, sonst zu Ende, wenn die Bürotür zu ist, wird allgegenwärtig. Arbeitsstunden werden oft mehr, weil sie nicht an einem Stück geleistet werden können. Wenn Kinder ihre legitimen Ansprüche anmelden, kann die Heimarbeiterin dies oft nur als Störung bei der Arbeit wahrnehmen. Wer elektronische Heimarbeit als familienfreundlich preist, hat noch nie Kinderbetreuung und konzentrierte Arbeit vereinbaren müssen. Und welche Normalverdienerin kann sich ein eigenes Arbeitszimmer leisten? Ist bei den heutigen Mieten und bei der Wohnsituation der meisten Arbeitnehmerfamilien nicht vielmehr davon auszugehen, daß der knappe Wohnraum nochmals verringert wird, daß Heimarbeit nicht nur Rationalisierung der Lebenszeit, sondern auch des Lebensraumes bedeutet? „Das Datenerfassungsgerät steht bei mir im Kinderzimmer", berichtete uns kürzlich eine Frau, die seit Jahren Heimarbeit macht.

Es drängt sich der Verdacht auf, daß elektronische Heimarbeit gerade deshalb als frauenfreundlich[21] propagiert wird, weil sie mit dem alten Leitbild der „Frau am Herd", das derzeit angesichts der Arbeitslosigkeit zur „neuen Mütterlichkeit" aufpoliert wird, relativ problemlos vereinbar ist. Teleheimarbeit als Chance, die patriarchalische Arbeitsteilung noch über weitere Generationen zu retten?

Trotz alledem machen gerade Frauen Heimarbeit, in Abwägung ihrer schlechten Alternativen und von Bedingungen wie hohe Frauenarbeitslosigkeit, monotone Arbeit, lange Wegzeiten, fehlende Einrichtungen zur Kinderbetreuung usw. Daß sich Frauen für das ‚Kleinere Übel' entscheiden (müssen), rechtfertigt nicht, dieses Übel zum ‚sozialen Modell' zu deklarieren.

Düstere gesellschaftliche Aussichten

Die Risiken der einzelnen kumulieren auf gesellschaftlicher Ebene: — *Arbeitsplatzvernichtung*: Mit elektronischer Heimarbeit können weitere Arbeitsplätze wegrationalisiert werden in einer Zeit, wo in der Bundesrepublik als einem der reichsten Länder der Erde schon fast jeder Zehnte arbeitslos ist.

—*Armut*: Schon heute wird Armut wieder zur alltäglichen Erfahrung vieler Menschen. Die Zahl der sozialversicherungspflichtig Beschäftigten nimmt ab, die der SozialhilfeempfängerInnen nimmt zu. Schon heute haben viele RentnerInnen Minirenten und können nur mit Sozialhilfe leben. Eine Verbreitung von solchen ungeschützten Beschäftigungsverhältnissen, wie sie auch die Teleheimarbeit darstellt, würde diese Situation verschärfen.

—*Schwächung der Arbeitnehmerposition auf dem Arbeitsmarkt*: Isolierte HeimarbeiterInnen können sich nur sehr schwer gewerkschaftlich organisieren. Die Vereinzelung kann dazu führen, daß letztlich wieder jede/r allein Arbeitsbedingungen (bzw. Werkvertrag) aushandeln muß. Dabei sind angesichts der Massenarbeitslosigkeit die Chancen, allein akzeptable Arbeitsbedingungen durchzusetzen, äußerst schlecht.

— *Schwächung der Gewerkschaften*: HeimarbeiterInnen wären doch sehr ‚geeignet' als Streikbrecher. Im Ausland gibt es schon Beispiele dafür, wie die Konkurrenz der isolierten HeimarbeiterInnen dazu genutzt wird, miserable Arbeitsbedingungen durchzusetzen.

— *Aushöhlung des Arbeits- und Sozialrechts*: Wenn jede/r Arbeitsbedingungen allein selbst aushandeln muß, greifen kollektive Regelungen wie Sozialversicherung, Arbeitsrecht, Tarifverträge, Betriebsvereinbarungen usw. immer weniger.

Zusammengefaßt: Mit einer Verbreitung von Tele(heim)arbeit würden Grundlagen des in der Bundesrepublik bestehenden Arbeits- und Sozialsystems — mit dem in den letzten Jahrzehnten auch die Unternehmer nicht schlecht gefahren sind — ausgehebelt. Die Ansätze zur Verlagerung von Arbeit aus dem Betrieb fügen sich hier ein in die Forderungen nach Aussetzung von Tarifverträgen, wie sie in den letzten Jahren immer wieder von konservativen Wissenschaftlern und Politikern erhoben wurden, und sind Ausdruck der Politik von Sozialabbau und Deregulierung.

Tele(heim)arbeit scheint dabei erst der Anfang; die fragwürdigen Perspektiven der Informations- und Kommunikationstechniken gehen viel weiter: „Wenn wir erst die Datenverarbeitung über Kabel und Satellit auf den Philippinen abwickeln lassen können, was kaum länger dauern und teurer sein dürfte als bei uns, gelten die Regeln des organisierten Arbeitsmarktes nicht mehr", so Bernhard Teriet vom Institut für Arbeitsmarkt- und Berufsforschung der Bundesanstalt für Arbeit.[22]

Technikausbau ohne Folgenbewältigung

Elektronische Heimarbeit und andere Formen der Verlagerung von Arbeit sind möglich geworden durch die Entwicklung der Informations- und Kommunikationstechniken, und es steht außer Frage, daß ihre weitere Verbreitung stark vom Ausbau der Telekommunikation abhängen wird. Kein Wunder, daß sich hier viele der sozialen Probleme der Telekommunikation und politische Defizite kristallisieren. Die Technologiepolitik realisiert das ‚Technische Rückgrat' der künftigen Gesellschaft durch die Bereitstellung von Netzinfrastrukturen und die Förderung immer neuer Anwendungsbereiche der Computertechnik. Sie verharmlost aber die sozialen und politischen Probleme dieser Techniken, und der politische Handlungsbedarf, der Voraussetzung für eine sozialverträgliche Anwendung der neuen Techniken wäre, wird in keiner Weise erfüllt. „Es ist bislang allenfalls in Bruchstücken zu erkennen, daß sich die politischen Institutionen der BRD, insbesonders die Bundesregierung, die jeweiligen Entscheidungskapazitäten geschaffen hätten oder vorbereiteten, die sie zum dialogfähigen Träger eines gesamtstaatlichen Willensbildungsprozesses und notwendiger Klärungen gegenüber Wirtschaft und anderen Staaten macht. Wenn dieses Defizit nicht schnell abgebaut wird, sind schwerwiegende Fehlentwicklungen denkbar. Wer durch Politikverzicht der Entwicklung freien Lauf läßt, verschenkt notwendige Legitimation... Man kann von den Unternehmen nicht erwarten, alle politischen und gesellschaftlichen Nebenwirkungen zu bedenken und zu berücksichtigen. Sie haben dafür weder die kognitive noch die erforderliche handlungsbezogene Kapazität."[23] Zu dieser Einschätzung kam bereits 1981 Edzard Reuter, Vorstandsmitglied bei Daimler-Benz.

Gerade zynisch muten deshalb die Aussagen von politisch Verantwortlichen an, die sozialen Folgen sollten eben die Tarifparteien lösen. Wenn durch Telekommunikation politische Kräfteverhältnisse verschoben werden – und die Tele(heim)arbeit ist ein deutliches Beispiel dafür, wie die Chancen der ArbeitnehmerInnen, Interessen durchzusetzen, paralysiert werden können – dann funktionieren bisherige Instrumente zur sozialen Steuerung nicht mehr. Damit sind aber auch Grundlagen des sozialen und demokratischen Rechtsstaates zur Disposition gestellt.

Politische Bewältigung der sozialen Probleme der Telekommunikation hieße dagegen zum einen, die soziale Beherrschbarkeit von Technikausbaukonzepten zu überprüfen und – falls sich hier Zweifel ergeben[24] – gegebenenfalls Alternativkonzepte zu verfolgen.

Politische Bewältigung hieße zum anderen, unerwünschte soziale Folgen abzuwenden; beispielsweise zu verhindern, daß das Arbeits- und Sozialrecht durch die Anwendung der neuen Techniken ausgehöhlt wird. ‚Ungeschützte Beschäftigungsverhältnisse' könnten gesetzlich verboten bzw. voll in den arbeits- und sozialrechtlichen Schutz einbezogen werden.[25] Politische Bewältigung hieße schließlich, Instrumente zur sozialen und politischen Steuerung zu institutionalisieren. Diese müßten von einem breiten gesellschaftspolitischen Willensbildungsprozeß über die Anwendungsformen der Telekommunikation bis zu wirksamen Mitgestaltungsmöglichkeiten der Betroffenen (z.B. durch stark erweiterte Mitbestimmungsrechte der Betriebsräte wie auch durch überbetriebliche Mitbestimmung) reichen. Eine Ausweitung der Mitbestimmung wäre die Voraussetzung, um eine Verschiebung der politischen Kräfteverhältnisse zu Lasten der ArbeitnehmerInnen auszugleichen und damit zentrale Voraussetzung für die *soziale Beherrschbarkeit* der Informations- und Kommunikationstechniken.[26]

Chancen für sozialverträgliche Alternativen

Die derzeitigen Ansätze zur Tele(heim)arbeit sind geprägt durch ökonomische Rationalisierungsinteressen. ‚Dezentralisierung' bedeutet hier nur räumliche Verlagerung; unter dem Aspekt von Entscheidungskompetenzen, von Macht- und Herrschaftspositionen handelt es sich um eine starke *Zentralisierung* zugunsten der Arbeitgeberseite.

Vor diesem Hintergrund und angesichts der problematischen Konsequenzen für die ArbeitnehmerInnen wenden sich die Gewerkschaften gegen diese Entwicklungen.[27]

Grundsätzlich allerdings mögen Formen der Dezentralisierung von Arbeit denkbar sein, die auch aus ArbeitnehmerInnensicht positiv zu bewerten wären. Solche sozialen und humanen Formen würden aber voraussetzen, daß neue Modelle der Arbeitsorganisation nicht einseitig durch die Rationalisierungsinteressen der Unternehmer bestimmt werden, sondern Ergebnis eines gesellschaftspolitischen Dialogs und eines Konsens der Beteiligten wären. Dabei müßten auf jeden Fall folgende *Bedingungen* gewährleistet sein:

– Keine elektronische Heimarbeit oder kleine Nachbarschaftsbüros, sondern *betriebsratsfähige Organisationseinheiten*.

– Kein Status als Selbständige/r oder als HeimarbeiterIn nach dem Heimarbeitsgesetz, sondern *voller ArbeitnehmerInnenstatus*. Das hieße volle arbeits- und sozialrechtliche Absicherung, Anwendung der Tarifverträge und des Betriebsverfassungsgesetzes, der Arbeitsschutzbestimmungen und anderer Arbeitnehmerschutzgesetze.

— *Mitbestimmung der Betriebsräte* über die Arbeitsorganisation einschließlich der Dezentralisierung von Arbeit.

— *Humane Arbeitsplatzgestaltung*, so daß weder Dequalifizierung noch Abgruppierungen erfolgen. Es müßten Arbeitsbedingungen gewährleistet sein, wie sie einer menschengerechten Gestaltung der Arbeit entsprechen: ganzheitliche, qualifizierte Tätigkeiten, Chancen zur Weiterbildung, keine gesundheitsgefährdenden Belastungen und keine Leistungs- und Verhaltenskontrolle durch Computersysteme.

Im Rahmen einer offensiven, an ArbeitnehmerInneninteressen orientierten Gestaltung von Arbeit und Technik wären solche Bedingungen zu realisieren. Schließlich bestehen ja durchaus Alternativen zur Teleheimarbeit, etwa die Verlagerung von Arbeit in wohnortnahe Bürozentren statt in Privatwohnungen. In Skandinavien gibt es dafür Beispiele[28], die sozialpolitisch begründet sind und teilweise im Rahmen regionaler Beschäftigungspolitik realisiert wurden. Solche Ansätze, die sozialpolitische Perspektiven eröffnen könnten, sind in der Bundesrepublik Deutschland bisher nicht verfolgt worden.

Möglicherweise könnten jedoch so — unter wirksamer Mitbestimmung der Arbeitnehmer und besonders der Frauen — Beispiele für soziale und humane Formen einer Dezentralisierung von Arbeit entwickelt werden.

Anmerkungen

1) Vgl. z.B. H. U. Wegener, Advent der freien Texterfassung, in: Der Erfolg 12/82, (Bericht über einen Siemens-Modell-Versuch)
2) Dieser Zusammenhang wurde beispielsweise hergestellt in den Leitsätzen und Entschließungen der 19. CDA-Bundestagung in Mannheim (1981): „Die sanfte Macht der Familie / Schritte zu einer familiären Gesellschaft"
3) U. Huws, The New Homeworkers, Low Pay Unit, London 1984
M. Goldmann, G. Richter, Teleheimarbeiterinnen in der Satzerstellung/Texterfassung, Sozialforschungsstelle Dortmund, 1986
Bevollmächtigte der Hess. Landesregierung für Frauenangelegenheiten, Teleheimarbeit — Chancen und Risiken für die Frauenerwerbstätigkeit in Hessen? Wiesbaden 1987
IZT Berlin, Dezentralisierung von Angestelltentätigkeiten (RKW-Projekt, noch nicht abgeschlossen)
4) Diesen Aspekt betont das o.a. RKW-Projekt. Vgl. Zwischenbericht H. Drüke, G. Feuerstein, R. Kreibich, Büroarbeit im Wandel. Tendenzen der Dezentralisierung mit Hilfe neuer Informations- und Kommunikationstechnologien, Eschborn 1986 (RKW)
5) G. Erler, Mütterlichkeit und Computerheimarbeit, in: Kommune 7/87
6) G. Erler, M. Jaeckel, J. Sass (Dt. Jugendinstitut), Computerheimarbeit — Die Wirklichkeit ist häufig anders als ihr Ruf, München 1987 (Forschungsbericht)
7) Dt. Jugendinstitut, a.a.O., S. 5
8) Das Zitat von A. Weber ist entnommen aus: H. Karpf, Heimarbeiter und Gewerkschaften, Köln 1980. Der vollständige Bericht der Datenerfasserin ist enthalten in: DGB-Angestelltenmagazin, IG-Metall-Beilage, 12/83, S. 16
9) 1981 gab es in der BRD ca. 138.000 Heimarbeiter, ihr Anteil an den Erwerbstätigen betrug ca. 0,55 % (1980). Zahlen aus: D. Bickenberg-Hansen, W. Geers, Heimarbeit. Arbeitspapier des Arbeitskreises Sozialwissenschaftliche Arbeitsmarktforschung (SAMF), Paderborn 1985. (Die Zahlen beziehen sich auf Heimarbeiter nach dem Heimarbeitsgesetz)
10) D. Henkel, E. Nopper, N. Rauch rechnen mit 4 % Teleheimarbeiterpotential bezogen auf die Erwerbstätigen von 1980. (Informationstechnologie und Stadtentwicklung, Stuttgart 1984, S. 109). H. Afheldt, Prognos AG, nannte für Frankfurt 15 – 20 % im Jahre 2000 (Frankfurter Rundschau vom 26.10.84).
11) Vgl. z.B. die Zahlen für Bayern (dem Bundesland mit den meisten Heimarbeitern): „Während 1974 der Anteil nur 3,4 % betragen habe, sei heute schon fast jeder zehnte Heimarbeiter Bayerns mit Büroarbeiten befaßt" (Nürnberger Nachrichten vom 10.09.84). Die Zahlen beziehen sich auf Heimarbeiter nach dem Heimarbeitsgesetz.
12) W. Heilmann, Bringt ‚Telearbeit' eine neue Heimarbeiterwelle? In: Frankfurter Allgemeine Zeitung vom 20. Mai 83

13) Im folgenden werden die Bezeichnungen elektronische Heimarbeit und Tele(heim)arbeit synonym verwandt; sie beziehen sich auf die (räumliche) Arbeitssituation, nicht auf den arbeitsrechtlichen Status.
14) H. U. Wegener, a.a.O., S. 15 – 18
15) ebd.
16) Vgl. dazu Frauenhofer-Institut für Arbeitswirtschaft und Organisation (IAO), Schaffung dezentraler Arbeitsplätze unter Einsatz von Teletex, Abschlußbericht, Stuttgart 1986
17) Vgl. M. Goldmann, G. Richter, a.a.O. und die weiteren in Anmerkung 3 genannten Studien
18) W. Heilmann, Fallbeispiel Integrata: Telearbeit, Referat auf der Arbeitstagung „Das Büro an der Wende" (IAO u.a.) Böblingen 1983, S. 5
19) Battelle-Institut, Informationstechnisch gestützte Heimarbeit. Endbericht der Vorstudie, Frankfurt, 1982, S. 50
20) Heimarbeit: Ein radikaler Umbruch bahnt sich an. Computerwoche vom 23.03.84
21) Vgl. Anmerkung 2
22) Zitiert nach Barbara Böttger, Steht die Vertreibung der Frauen aus Büro und Verwaltung bevor? In: Zukunft der Frauenarbeit – Neue Verhältnisse in Technopatria. Beiträge zur feministischen Theorie und Praxis 9/10, 1983
23) Edzard Reuter, Klassische Hierarchie-Strukturen lösen sich auf oder zerbrechen. Politische Probleme auf dem Weg zur telematischen Gesellschaft. Frankfurter Rundschau vom 01.10.1981, Dokumentation
24) Vgl. zur Frage der sozialen Beherrschbarkeit der Telekommunikation: H. Kubicek, Milliarden-Investitionen und der Übergang zur Informationsgesellschaft – Probleme der sozialen Beherrschbarkeit integrierter Fernmeldenetze, Frankfurter Rundschau vom 22.08.84, Dokumentation
25) Der Entschließungsantrag der SPD-Fraktion zur Frauenarbeitslosigkeit, (Bundestagsdrucksache 10/1283 vom 11.04.84) und der Hamburger Vorschlag für ein „Fernarbeitsgesetz" („Materialien zur Vorbereitung eines Gesetzes zum Schutz der Arbeitnehmer vor den negativen Auswirkungen der neuen Technologien" (Behörde für Arbeit, Jugend und Soziales) Hamburg, 1985) gingen in diese Richtung
26) Vgl. dazu H. Kubicek, Neue Technologien – neue Aufgaben der Mitbestimmung. Möglichkeiten und Grenzen sozialer Beherrschbarkeit der Neuen Informations- und Kommunikationstechniken. In: Die Mitbestimmung 1/85
27) Vgl. z.B. IG-Metall-Gewerkschaftstag 1983 in München, Entschließung 9, „Neue Informations- und Kommunikationstechniken". DGB, Neue Informations- und Kommunikationstechniken, Stellungnahme vom Mai 1984
28) Vgl. die Berichte in WZB-Mitteilungen 23, Wissenschaftszentrum Berlin, März 1984, S. 39 f

(Überarbeitete Fassung eines Referats auf der Jahrestagung 1985 der Gesellschaft für Informatik (GI).)

Die Grünen im Bundestag haben 1985 an die Bundesregierung eine Große Anfrage über die „Auswirkungen der neuen Informations- und Kommunikationstechnologien auf die Lebens- und Arbeitswelt von Frauen (Teil I und II)" gestellt.

Anfrage (Ds 10/4025/4026) und Antwort der Bundesregierung (Ds 10/6129) sowie weiteres Informationsmaterial zum Thema erhalten Sie über: Die Grünen im Bundestag, Bundeshaus, 5300 Bonn 1.

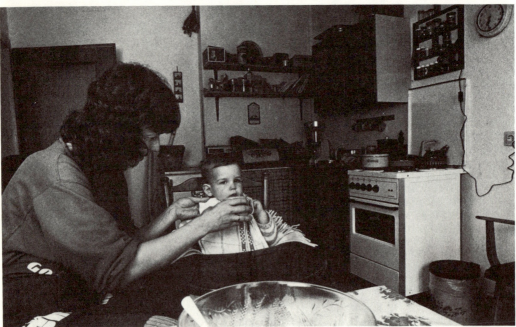

Nur selten können Frauen Familie und Beruf ohne Doppelbelastung vereinbaren.

Christa Nickels

Gemeinsam wären wir stark

Als im letzten Jahr zwischen Frauen ohne Kindern und Müttern die Post abging, stand ich eine ganze Zeit lang fassungslos wie die Kuh vorm Berg. Da war doch eigentlich was ganz Tolles passiert: Der Einbruch grüner Frauen in die Männerwelt war so aufregend und ansteckend, daß ein richtiger Ruck durch die Frauen ging. Auch durch die, die immer schon wie der arme Lazarus vor der feministischen Tafel geschmachtet hatten, nämlich die „bürgerlichen" und „Gewohnheits-Mütter".

Bei den Grünen haben von Anfang an etliche Mütter mitgemacht, aber für die große Masse der Frauen war Frauenemanzipation lange Zeit bloß etwas für „Emanzen" oder „Überfrauen" geblieben. Bestenfalls konnte frau die feministische Festtafel neugierig oder sehnsüchtig aus der Ferne betrachten und ein paar herabgefallene Bröckchen aufheben.

„Frauen erhebt Euch und die Welt erlebt Euch", das stand auf einem unserer Frauenplakate – und die Frauen erheben sich mittlerweile in Massen. Sie setzen sich an den Tisch, wollen mitmischen und mitessen. Darauf bin ich stolz. Offensichtlich geht das vielen grün-feministischen Grundsteinlegerinnen nicht so. Mir kommt das so vor, als hätten sie Wind gesät und kriegten nun Angst vor diesem ungestümen und unkanalisierten Frauensturm. Aber die Realität kann man nicht per Probelauf im Windkanal verändern. Verena Krieger – Grüne MdB – hat das auf der ersten Grünen Bundesfrauenkonferenz im Dezember 1985 so gesagt: „Der Ort, wo die Kämpfe von Frauen gegen ihre Unterdrückung stattfinden, ist der Alltag: die Familie, die Zweierbeziehung, die Schule, der Arbeitsplatz. Der Zeitpunkt dieser Kämpfe: jeder Tag und jede Nacht. Die Rechte und Freiräume, die sich Frauen dort erkämpfen, sie verändern die Gesellschaft ganz gewaltig." Mir scheint es so, als hätte die jüngere breite Frauenemanzipationsflut bis heute zwei große Wellenbewegungen ausgelöst:

Frauen ohne „Hinterland"

Mit der ersten forderten Frauen ihren gerechten Anteil am Erwerbsleben ein. Die gut ausgebildeten jungen Frauen nahmen nicht mehr hin, daß der Preis für eine mögliche Mutterschaft soziale, finanzielle und gesellschaftliche Abhängigkeit von ihrem Partner sein sollte. Viele entschlossen sich zu einem Leben ohne Kinder. Immer mehr verheiratete Frauen entschlossen sich, trotz kleiner Kinder erwerbstätig zu bleiben. Viele Frauen zogen ihre Kinder gleich ohne Partner groß. Die Anzahl derjenigen, die nach der „Familienphase" wieder ins Erwerbsleben zurückkehren wollten, stieg enorm an. Für mich ist der Kern dieses Aufbruchs die Tatsache, daß Frauen sich zunehmend weigern, „wählen" zu müssen. Zu wählen zwischen einer Zweierbeziehung und Kindern oder einem erfüllten beruflichen, sozial und finanziell eigenständig abgesicherten Leben. Das ist eine zutiefst verächtliche Wahl, die Auswirkungen auf alle Frauen hat, ganz gleich, ob sie ein Leben mit oder ohne Kinder führen wollen. Denn unser gesamtes gesellschaftliches und wirtschaftliches Leben ist so organisiert, daß nur die Frauen wählen *müssen*, Männer dagegen nicht. Männer können Familie und Beruf immer vereinbaren. Fast jeder Mann hat eine oder mehrere Frauen, die ihm das „Hinterland" bereiten. Frauen haben daher recht, wenn sie über eine harte Quotierung und andere Maßnahmen ihren Anteil der Erwerbsarbeitsplätze und der gesellschaftlich anerkannten Positionen einfordern. Aber unsere Hälfte des Kuchens ist mit Stacheln und Widerhaken nur so gespickt: Die Grundlagen einer Gesellschaft, die auf der Ausbeutung und Herabsetzung weiblicher Arbeitskraft gegründet ist, sind nicht im Sturmschritt auszuhebeln. Diese Gesellschaft macht uns Frauen offen und versteckt mürbe und schlägt uns vielfältige Wunden, wenn wir „alles" wollen. Der Kampf, von dem Verena Krieger 1985 gesprochen hat, wird nun von vielen Frauen ausgetragen. Aber wie das so ist mit tage- und nächtelangen, mit wochen- und jahrelangen Kämpfen: Frauen zahlen mit Doppel- und Dreifachbelastung, werden müde und sind oft gezwungen, viel von dem, was ihnen lieb ist, als „Balast" abzuwerfen (z.B. gemeinsame Zeiten mit ihren Kindern, Verwandten, Freunden, die Beziehung zu ihrem Partner ...). Die Erfahrungen, die viele von uns zur Zeit machen, sind zwiespältig: Da ist das stolze Gefühl bei der Aneignung von Stärke, Selbständigkeit und Eigenmächtigkeit, aber auch die Trauer über die Kehrseite der Medaille, die Brecht so beschrieb: „Auch der Kampf gegen die Niedrigkeit verzerrt unsere Züge."

Damit mich keine falsch versteht: Die Forderung nach harter Quotierung der Erwerbsarbeit, nach ausreichendem Erziehungsurlaub für Mütter und Väter bei vollem Kündigungsschutz und Anerkennung als Versicherungszeiten in der Rentenversicherung, nach einem Erziehungsgeld in Höhe eines ausreichenden Grundeinkommens und bedarfsdeckendem Kindergeld sowie einem Arbeitszeitgesetz, das Männer und Frauen darüber hinaus Freistellungszeiten zur Betreuung von Kindern und Pflegebedürftigen sowie für sich selbst einräumt, dies alles sind unaufgebbare Forderungen und Instrumente zum Umbau unserer Gesellschaft hin zur Gleichberechtigung und Menschenfreundlichkeit. Auch die allermeisten Frauen aus der Mütterbewegung bestreiten dies nicht.

Wanderinnen zwischen den Welten

Aber der massenhafte Aufbruch von Frauen an allen möglichen Lebensorten und ihre vielfältigen mutmachenden und leidvollen Erfahrungen haben eine neue Emanzipationswelle in Gang gesetzt, die nicht die Verneinung der ersten ist, sondern auf ihr aufbaut und eine Fülle neuer Fragen aufwirft, die vorher vielleicht nicht von einem emanzipatorischen Standpunkt aus hätten gestellt werden können. Ich will nur ein paar benennen:

Frauen, die im „Wandern zwischen den Welten" erfahren sind, kann man nicht mehr mit dem Loblied von der „unbezahlbaren Mütterlichkeit", mit Muttertag oder Mutterkreuz von der Erwerbsarbeit fernhalten.

Aber solche Frauen können sehr wohl und ganz anders nach dem Preis und der Bewertung von Arbeit in dieser Gesellschaft fragen als die, die fest auf einer Seite eingemeindet sind. Wieso führt Erziehungsarbeit im Kindergarten und in der Schule zu einem Einkommen und Alterssicherung, „private" Erziehungsarbeit aber nicht?

Warum zahlt der Staat hohe Pflegesätze für Versorgung und Pflege in Anstalten, aber vergleichsweise nichts für private oder selbstorganisierte Wohn- und Pflegedienste?

Wieso gibt es keine Massenbewegung, die sich Gedanken macht, wie ein Leben „mit Kindern an der Hand" aussehen und gestaltet werden könnte?

Wie müßten wirtschaftliche und gesellschaftliche Abläufe umgestaltet werden, damit Kinderbetreuung und Versorgung Pflegebedürftiger mit gesellschaftlicher Teilhabe in Einklang zu bringen wären?

Frauen, die sich im Spannungsfeld zwischen Selbstbefreiung/Selbstbestimmung einerseits und der (Selbst-)Bindung an Kinder/Partner/Familie andererseits bewegen, forschen nicht nur danach, was ihre fürsorgliche Liebestätigkeit ausbeutbar und mißbrauchbar macht, sondern sie fragen auch, ob mißbrauchbare und ausbeutbare Eigenschaften wirklich abgeschafft gehören? Oder ob gesellschaftliche Zustände denkbar sind, in denen solche Eigenschaften Macht haben.

Wenn feministische Frauenpolitik nur als „Verteidigung des einen Brückenkopfes" durch das Fähnlein der sieben Aufrechten verstanden werden darf, dann kann ich natürlich verstehen, daß eine neue Wanderbewegung vieler Frauen „zwischen den Welten" als bekämpfenswertes Risiko angesehen wird. Wollen Feministinnen dagegen, daß Feminismus sich breitmacht, dann müssen sie akzeptieren, daß damit ein Prozeß beginnt, in dem viele Frauen sich feministische Inhalte ganz neu aneignen, einverleiben und wiederkäuen müssen, in dem sie ihre Erfahrungen selbst im feministischen Spiegel reflektieren und prüfen. Wenn die alt-klugen Feministinnen den neu-mutigen dabei tatkräftig und kritisch-solidarisch beistehen, könnte das der Anfang für eine neue Qualität von „Frauenpower" sein.

„Etappendenkpause"

Ich glaube, ohne einen solchen „Beistandspakt" werden wir alle auf Dauer Verliererinnen sein. Aber ein gemeinsames Zusammengehen trotz mancher Widersprüche wird unmöglich ohne eine solide Vorarbeit.

Zuallererst sollten wir eine Besinnungsphase (oder „Etappendenkpause") einlegen, denn wir haben einige wichtige „Etappenziele" erreicht:

– Es gibt jetzt ein breit vorhandenes Bewußtsein um die Unterdrückung von Frauen in unserer Gesellschaft.

– Der Druck ist groß genug, die „Männer am längeren Hebel" zu nötigen, Frauenbelange mitzudenken. (Wie sie das machen, ist noch mal ein spannendes Kapitel für sich);

– erstaunlich viele Frauen versuchen emanzipatorische Schritte.

Mit Besinnungsphase will ich keinem Stillstand oder gar Rückschritt in der Frauenpolitik das Wort reden. Aber wenn frau sich nicht zwischendurch die Zeit zur Standortbestimmung nimmt, könnte es uns am Ende wie in der Geschichte von Hase und Igel gehen: Frau Hase rennt sich die Hacken ab, und immer wenn sie ankommt, ist Herr Igel schon da. Wir müssen uns unbedingt die Zeit nehmen, den zurückgelegten Weg zu reflektieren, zu bewerten und davon ausgehend unsere weitere Arbeit zu planen.

Für die grünen Frauen steht dabei eine Bilanz der Quotierung der Ämter, Mandate und Arbeitsplätze in der grünen Partei an. Schon auf den ersten Rückblick zeigen sich ganz wichtige bedenkliche Fakten: Noch ist die Inanspruchnahme der Quotierung auf Landes- und Bundesebene kein Problem, aber zunehmend auf der kommunalen Ebene und bei den ehrenamtlichen Vorständen in der Partei. Und das nicht etwa, weil die Männer offen Front gegen Frauen machten, sondern weil Frauen immer weniger Bock darauf haben. Denn der hohe Frauenanteil in den grünen Vorständen und Fraktionen hat nicht automatisch zu einer anderen Art des Politikmachens geführt. Wir grünen Frauen haben viel zuwenig unsere Arbeitskraft darauf verwendet, einen männlich geprägten Politikstil aufzubrechen. Im Gegenteil haben viele von uns ihre Reserven ausgeplündert, um allen Anforderungen von außen klag- und fraglos gerecht zu werden. Durch diese Form von politischem Sozialdarwinismus wird natürlich von vorneherein ein großes Spektrum von Frauen von der politischen Teilhabe ausgegrenzt, und die, welche „drin" sind, werden ein Stück weit zu Handlangerinnen herrschaftlicher Politikausübung.

Mit der Frage des Politikstils ist untrennbar eine eltern- und kinderfreundliche Infrastruktur verbunden. Dieser Bereich muß mehr als bisher theoretisch und praktisch in den Blick genommen werden.

Der „Etappenbegutachtung" sollten wir auch das „Hauptwerk" grüner Frauenpolitik, das Antidiskriminierungsgesetz (ADG), unterziehen. Nicht etwa mit dem Ziel, Analysen und Forderungen opportunistisch zu verwässern. Die Debatten der letzten Zeit haben aber einige Probleme und Lücken im ADG ausgeleuchtet, die wir Frauen bearbeiten müssen. So gründet unser ADG paradoxerweise mit Anlehnung an geltendes Recht und Gesetz auf einer diesem innewohnenden patriarchalen Wertordnung. Die Paradoxie besteht darin, daß wir mit Mitteln des patriarchalen Herrschaftsapparates – nämlich mit Androhung von Zwangs- und Strafmitteln – Ausbeutung von Frauen und Gewalt gegen Frauen aufheben wollen. Damit haben wir den Spieß ungedreht – nicht weniger aber eben auch nicht mehr. Über das System qualitativ Hinausführendes haben wir damit noch nicht geschafft. Wir müssen uns fragen, ob wir patriarchale Strukturen mit ihren eigenen Waffen wirklich aufbrechen können oder ob wir womöglich damit das Gegenteil erreichen und mit neuem feministischem Zement die alte Herrschaftszitadelle verstärken.

Einseitige Festlegung auf Erwerbsarbeit überwinden

Ein weiterer Mangel des ADG besteht darin, daß der darin von uns erarbeitete Emanzipationsentwurf mit seiner Ausrichtung an und auf Erwerbsarbeit wohl zu eng gefaßt ist.

Natürlich ist unbestritten, daß zur Zeit gesellschaftliche Teilhabe und eine eigenständige finanzielle Absicherung für die allermeisten Frauen nur über Erwerbsarbeit zu haben ist. Aber davon ohne Zweifel auszugehen und damit den Mythos vom Vorrang des Erwerbssektors zu akzeptieren, in dem zunächst das gesellschaftlich zu Verteilende erst erwirtschaftet werden muß, halte ich für schlechte Realpolitik. Es ist doch eine feministische Binsenweisheit, daß ohne die in aller Regel von Frauen geleistete unbezahlte Haus-, Erziehungs- und Pflegearbeit der gesamte Erwerbssektor zusammenklappen würde wie ein nasser Sack. Noch mal: Ich halte alle im ADG gemachten Vorschläge zur Quotierung der Erwerbsarbeit, Senkung der Wochenarbeitszeit, Erziehungsurlaub usw.

für notwendig und richtig, aber nicht für ausreichend. Hinzukommen muß eine Neubewertung des Arbeitsbegriffs und die Forderung nach einer gerechten eigenständigen finanziellen Sicherung für gesellschaftlich notwendige Arbeit außerhalb des Erwerbsarbeitssektors. Ich halte diese Forderung auch für unabdingbar, um wirksam den derzeitigen Bestrebungen von Wirtschaft und Politik entgegentreten zu können, die Erwerbsarbeit noch mehr zu verdichten, zu intensivieren und die Erwerbsarbeitenden durch unsoziale Flexikonzepte sowie Ausdehnung von Wochenend- und Nachtarbeit immer mehr zu Leibeigenen der Erwerbsarbeit zu machen. Einen Menschen, der ausreichend (das ist allerdings die Grundvoraussetzung) für Erziehungs- oder Pflegearbeit bezahlt wird, und darum finanziell abgesichert ist, kann man nicht so leicht in unmögliche Erwerbsarbeitsplätze pressen. Wenn frau nicht die finanzielle Not drückt und Quotierung und andere im ADG vorgesehene Maßnahmen gelten, kann sie sich in Ruhe Erwerbsarbeit zu ihren Bedingungen suchen, während im anderen Fall Unternehmer mit Hilfe der einkommen- und erwerbsarbeitsuchenden Reservearmeefrauen Erwerbsarbeitsplätze enthumanisieren. Unter solchen geänderten Bedingungen wäre meiner Meinung nach auch die Problematik von Teilzeitarbeit leichter zu entschärfen. Allerdings sehe ich ein Problem in der Frage der Vereinbarkeit von Erziehungs- und Erwerbsarbeit, die man wohl mit keiner noch so raffinierten Kombination von Erwerbsarbeitszeitverkürzung und finanzieller Absicherung zu Leibe rücken kann. Ich meine die Vereinbarkeit von sogenannten „Spitzenjobs" mit Erziehungsarbeit. Diesen SpitzenjoberInnen ist gemeinsam, daß sie sehr viel Einfluß, ein hohes Einkommen und überdurchschnittlich geringe Einbindung in Erziehungs-, Pflege-, Hausarbeit haben. Diese wichtigen alltäglichen Lebensbereiche haben wegen starker zeitlicher Beanspruchung durch die Berufstätigkeit keinen Raum. Doch auch hochqualifizierte Erwerbsarbeit sollte so „proportioniert" werden können, daß sie gut gemacht werden kann und die Menschen sich trotzdem nicht von ihr auffressen lassen. Das scheint mir die Nagelprobe für eine andere gesellschaftliche Kultur zu sein.

Und noch was habe ich auf meiner Wunschliste für eine frauen-politische Besinnungsphase: Wir sollten uns die Zeit nehmen, die Ursachen für die Schärfe unseres Schwesternstreites herauszuarbeiten. Mir ist aufgefallen, daß der Streit um „Mütterlichkeit" in der Frauenbewegung von beiden Seiten scharf polarisiert wird. Da werden auf der einen Seite „Mutterkreuz" und „Biologismus" als drohende Gefahr an die Wand gemalt und auf der anderen Seite die „Euthanasiegesellschaft" beschworen. Beides halte ich für gefährlich: Ich kann nicht die Gefahr einer drohenden Euthanasiegesellschaft sehen, wenn die notwendige Erziehungs- und Pflegearbeit irgendwann mal – was unwahrscheinlich genug ist – überwiegend von Männern gemacht werden sollte. Andererseits geht mir das Gefasel von Biologismus unheimlich gegen den Strich, wenn es darum geht, Bedingungen zu schaffen, die es ermöglichen, Mutterschaft über weit mehr als drei Jahre Erziehungsurlaub hinaus als Hauptaspekt für Frauen lebbar zu machen, wenn sie dies wünschen. Was ist daran eigentlich so bedrohlich, wenn dies unter nichtausbeuterischen Bedingungen als eine Möglichkeit unter vielen für Frauen möglich wäre?

Ich hoffe, wir kriegen unter uns Frauen bald ein produktives Streitklima hin. – Wenn nicht, fürchte ich, werden uns Männer unpassende Antworten vor die Nase setzen.

Christel Eckart

Ein Miteinander des Verschiedenen

Teilzeitarbeit – schwierige Strategie für einen dritten Weg

„Wo liegt der Frauen Glück?" Diese Frage soll unsere Überlegungen zur Frauenerwerbstätigkeit über die bestehenden Verhältnisse hinaustragen helfen. Der Frauen Glück könnte in der Vielfalt liegen, in der gesicherten Möglichkeit, die vielfältigen Lebensformen, Lebensstile, zu denen Frauen objektiv fähig sind, in größtmöglicher Freiheit selbst entscheiden zu können. Und das in einer Gesellschaft, die die Arbeit und die Reproduktionsfähigkeit ihrer weiblichen Mitglieder, auf die sie angewiesen ist, in weitestmöglicher Übereinstimmung mit deren Bedürfnissen und Interessen organisiert und zum Wohl aller nützt.

In der Frauenbewegung und der Frauenforschung ist Frauenarbeit ein seit langem diskutiertes Problem. Aber weder in der alten noch in der neuen Frauenbewegung war es das einzige Thema. Sexualität und Körperpolitik, die Befreiung des weiblichen Körpers und der Mutterschaft aus patriarchaler Fremdbestimmung waren in beiden Frauenbewegungen vehemente Anliegen. Ende der sechziger, Anfang der siebziger Jahre waren sie für viele von uns der eigentliche Motor der neuen Frauenbewegung.

Daß Frauenarbeit ein in der öffentlich politischen und offiziellen Diskussion ein auf die Dauer so dominantes Thema wurde, liegt daran, daß der Zugang zu entlohnter Arbeit den sozialen Status in unserer Gesellschaft bestimmt. Dieser Zugang wurde und wird Frauen auf vielerlei Weise direkt und indirekt verwehrt oder behindert. Der Frauenkampf um den Zugang zu entlohnter Arbeit wurde stets im Verständnis der Angleichung des sozialen Status von Frauen an den von Männern geführt. Der Ausschluß, die Behinderung von Frauen im Berufsleben haben dazu geführt, daß Frauen als eine soziale Gruppe im Defizit, als Mängelwesen erscheinen, gemessen an den Versprechungen, die die Gesellschaft mit der Ausübung entlohnter Arbeit verbindet.

Dilemma feministischer Politik

Solange der Kampf um den Zugang zur Berufstätigkeit aus diesem Defizitverständnis geführt wurde, hat er stets das herrschende Berufssystem und seine Maßstäbe, auch seine kapitalistische Organisation bestärkt und bestätigt. Feministischer Politik kann es aber nicht nur um die Teilhabe an einem unveränderten Berufssystem und am Produktionsprozeß ohne Rücksicht auf dessen ökologische Folgen gehen. Darin werden wir uns rasch einig sein; weniger schnell vermutlich darüber, welche Wege zu Alternativen führen.

Halten wir aber zumindest fest, daß für Arbeit und Leben jeweils im Berufsleben, in der Öffentlichkeit und im Privatleben andere gesellschaftliche Wertmaßstäbe gelten (ein solcher Maßstab ist die Entlohnung). Ferner, daß es Frauen schwer gemacht wird, ihre Forderungen aus dem Privatleben, für das sie zuständig sind, in der Öffentlichkeit durchzusetzen oder auch nur plausibel zu machen. Sie laufen dabei Gefahr, diesen Lebensbereich auch den Maßstäben der herrschenden Öffentlichkeit auszuliefern, ja vollends deren kontrollierendem Zugriff zu unterwerfen und dabei die Eigenart dessen, was es aus der Privatsphäre zu bewahren gälte, preiszugeben. Die Diskussion um die „Lohn für Hausarbeit"-Kampagne hat dieses Dilemma feministischer Politik zum Thema gehabt.

Verkürzt gesagt müssen die verschiedenen gesellschaftlichen Bedeutungen von Hausarbeit/Reproduktionsarbeit und Lohnarbeit, deren verschiedene moralische und ökonomische Bewertung, sich auch in der Richtung, in den Inhalten der politischen Forderungen niederschlagen. Sie können nicht durch Ökonomisierung faktisch gleichgeschaltet werden, ohne ihre eigene politische Sprengkraft einzubüßen. Nicht ohne Grund wurde die Frauenbewegung als kulturrevolutionäre Kraft bezeichnet, die weit mehr als die Organisation der Arbeit in Frage stellte. Der Emanzipationsprozeß der Frau ist kein einliniger, weil auch die Vergesellschaftung der Frau eine doppelte ist. Sie erfaßt sie sowohl als Körper/Natur als auch als Arbeitskraft.

Die feministische Diskussion um die Frauenarbeit hat viel zur Aufdeckung von Arbeit und Leistungen beigetragen, die unter dem Schleier von vermeintlich biologischer und wesensmäßiger Bestimmung der Frau verborgen, mystifiziert und diskriminiert wurden; und weil sie als „Natur der Frau" deklariert wurden, waren sie scheinbar einer gesellschaftlichen Veränderung entzogen. Seit einiger Zeit haben aber Frauen nach der Arbeitsfähigkeit auch die Liebesfähigkeit wieder als unabdingbar für den Emanzipationsprozeß eingeklagt und damit das Geschlechterverhältnis erneut zum Thema gemacht. Wo Vorstellungen von einem besseren Leben für Frauen positiv formuliert werden und diese über die meist noch gemeinsam geteilte Kritik an patriarchalen Verhinderungen hinausgehen, flammen heftige Kontroversen unter den Frauen auf. Diese Kontroversen sind notwendig, weil erst sie die Maßstäbe von einem besseren Leben bewußt machen, denen unser Denken folgt. Die Kritik an den „patriarchalen Verhältnissen" vereint uns oft genug vorschnell — in der Gemeinsamkeit der Unterdrückten. Aber in dieser Diaspora gedeihen die Phantasien für eine bessere Welt schlecht. An den Konsequenzen, die wir aus der Kritik ziehen, können wir diskutieren, wieweit unsere Analysen und Forderungen noch zwischen die Mühlsteine der Anpassung ans Bestehende und der Überschätzung der Sprengkraft des bislang Ausgegrenzten geraten.

Einseitigkeit verhindert revolutionären Elan

So setzt das Müttermanifest auf die Kraft der aus der Öffentlichkeit ausgegrenzten Erfahrungen von Müttern, die Erfahrungen mit Kindern. Strategien für die Berufstätigkeit dagegen setzen auf die politische Kraft der Egalisierung. Beide Perspektiven weisen durch die Radikalisierung einer einseitigen Betrachtung auf die Defizite gegenwärtiger Organisation von Arbeit und Leben: fehlendes oder bedrohtes menschliches Zusammenleben einerseits und sexistische Diskriminierung trotz Gleichheitsgebot andererseits. – Beide Ansätze sind in Gefahr, durch die Verallgemeinerung ihrer Perspektive unfreiwillig auch die Defizite zu verallgemeinern. Die gewollte Einseitigkeit, mit der zunächst die Kritik wie in einem Scheinwerfer gebündelt auf die herrschenden Verhältnisse geworfen wird, darf nicht schon für die Anweisung zur reformerischen, gar umwälzenden Praxis gehalten werden.

Die Utopien, die aus solcher Einseitigkeit entstehen, sind dann auch wenig geeignet, revolutionären Elan zu entfachen:
– die „öffentliche Wohnstube, das nachbarschaftliche Kinderzimmer, die Überwindung der engen Familiengrenzen" (Müttermanifest) wecken beklemmende Vorstellungen von der „Tyrannei der Intimität" (Sennett);
– die gleichberechtigte Erwerbstätigkeit „in allen Bereichen und auf allen Ebenen" (Stellungnahme grüner Frauen zum Müttermanifest) läßt die Welt der Arbeitsmonaden erblühen.

Woher nehmen wir also Anhaltspunkte dafür, wo der Frauen Glück liegt? Suchen wir in der historischen und alltäglichen Praxis der Frauen selber. Frauen als Grenzgängerinnen zwischen Produktions- und Reproduktionsbereich, zwischen Öffentlichkeit und Privatsphäre stehen unter dem gesellschaftlichen Zwang, aber auch vor der Möglichkeit, beides miteinander zu verbinden und – das ist ein *Programm* – sich davor zu hüten, den Zusammenhang einseitig aufzulösen. An den Nahtstellen von Produktions- und Reproduktionsbereich entstehen Reibungsflächen, entspringen Funken, an denen eine kollektive, politische Frauenbewegung sich entzünden kann.

Die Alltagsstrategien, die indirekten alltäglichen Durchsetzungsstrategien von Frauen, bilden gleichsam die sozialen Unterströmungen, die sich in einer Frauenbewegung zu einer überschwappenden Welle oder einer Springflut zusammenbrauen können.

Weil die Arbeiten von Frauen in beiden Bereichen gesellschaftlich notwendig sind und weil Frauen selber damit Interessen ihrer Existenzsicherung verfolgen (vergessen wir nicht, daß für die Mehrheit der Frauen die Ehe immer noch auch eine ökonomische Bedeutung hat), ist ihnen die Last aufgebürdet, alltäglich und lebensgeschichtlich die beiden Bereiche miteinander zu verbinden, deren Trennung für die bürgerliche Gesellschaft konstitutiv ist. Und weil in der Öffentlichkeit und in der Privatsphäre für das Aushandeln von Interessen je andere politische und moralische Normen und Formen gelten, sind Frauen auf flexible Arten und indirekte Wege der Interessenwahrnehmung verwiesen. Ihrer Art der Existenzsicherung entsprechen keine institutionalisierten Formen der Interessenvertretung, wie Parteien und Gewerkschaften sie darstellen.

Kollektive Widerspenstigkeit

Als Bewältigungsstrategien, als Listen der Ohnmacht ist solches Verhalten von Frauen beschrieben worden. Es sind Versuche zu begreifen, daß Frauen nicht nur Opfer der Verhältnisse, sondern auch widerspenstige, handelnde Subjekte sind. Diese Bewältigungsstrategien, die Frauen gleichsam kollektiv-unbewußt, aber massenhaft verfolgen, müssen Gegenstand unserer Reflexion sein, damit daraus Zielvorstellungen bewußten politischen Handelns werden können, die die realen Lebensverhältnisse von Frauen zum Ausgangspunkt nehmen und deren Verbesserung nicht mit einer verordneten einseitigen Auflösung ihrer doppelten Bindung gleichsetzen. Als politisches Handeln sind jene Bewältigungsstrategien nicht unmittelbar zu verstehen, und so werden sie auch von den Handelnden selbst nicht erlebt und interpretiert. Darum ist es in der Perspektive einer politischen Praxis stets problematisch, massenhaftes Verhalten von Frauen mit Begriffen bewußten politischen Verhaltens zu beschreiben, etwa von Gebärstreik oder vom Widerstand in der Hausarbeit zu sprechen, wenn Frauen tatsächlich statistisch auffallend weniger Kinder gebären oder nicht wie erwartet scharenweise in die Berufstätigkeit strömen.

Ein Beispiel für die soziale Wirkung massenhaft praktizierter Durchsetzungsstrategien von Frauen und ihre Grenzen in herrschenden Normen ist die Ausweitung der Teilzeitarbeit in den sechziger Jahren. (Innerhalb eines Jahrzehnts stieg der Anteil der Teilzeitarbeit von 1960 6 % auf 20 % 1971, vorher hatte sie auf dem offiziellen Arbeitsmarkt praktisch keine Rolle gespielt.) In der kurzen Phase des Aufschwungs, die in der einmaligen Konstellation der Nachkriegsentwicklung der Bundesrepublik den Zeitgenossen als Wirtschaftswunder erschien, war mit Hilfe einer restaurativen Familienpolitik auch für breitere Schichten von Frauen eine Situation entstanden, die es einer großen Zahl von ihnen erlaubte, tatsächlich eine Hausfrauenehe zu führen. Gleichzeitig wurden in den sechziger Jahren die jungen ledigen Frauen, die bis dahin das Reservoir weiblicher Arbeitskräfte dargestellt hatten, knapp. Dafür sorgten einerseits die weiterhin steigenden Heiratsziffern und das sinkende Heiratsalter und andererseits die längere schulische und berufliche Ausbildung junger Frauen. Die Unternehmen konnten ihre hohe Nachfrage nach Arbeitskräften deshalb nur dadurch befriedigen, daß sie die Bedürfnisse von Hausfrauen explizit berücksichtigten und den Hausfrauen Zugeständnisse in der Form von Zeitregelungen machten.

Unter den Bedingungen der Hochkonjunktur und hoher Nachfrage nach Arbeitskräften war die traditionelle, geschlechtsspezifische Arbeitsteilung zu einer Bremse für die kurzfristige Verwertung der Frauen als Lohnarbeitskräfte geworden. Die Frauen nutzten die Gunst der Stunde, eine Arbeitsform durchzusetzen, die ihren Bedürfnissen als Hausfrauen entsprach. An die Stelle der familienintegrierten Arbeit, etwa als mithelfende Familienangehörige, trat nun die familienangepaßte Arbeitszeit.

Mit der Teilzeitarbeit setzten die Frauen einen dritten Weg durch, auf dem sie sich die Teilnahme an der vergesellschafteten Arbeit sichern konnten, jenseits der ausschließenden Alternativen Familie oder Beruf und neben der vollen Doppelbelastung durch Familie und Beruf. Die Teilzeitarbeit war auch eine Arbeitsform, die Ehefrauen den Männern – die in verbreitetem patriarchalem Selbstverständnis die Frau lieber ausschließlich im Haus gesehen hätten – damals zumuten konnten. Nach dem Motto: wer verdient wird bedient!

Der politische Vorteil der Frauen in den sechziger Jahren lag in dem öffentlichen Interesse begründet, daß Frauen an der Lohnarbeit teilnehmen, aber die Hausarbeit nicht lassen sollten. Er wurde jedoch eingefangen und begrenzt dadurch, daß diese an sich geschlechtsneutrale Arbeitszeitform nicht verallgemeinert wurde und daß durch Konventionen bis hin zu gesetzlichen Regelungen für die Vergabe von Teilzeitarbeit (im öffentlichen Dienst) die geschlechtliche Arbeitsteilung erneut festgeschrieben wurde.

Halten wir an diesem Beispiel noch einmal fest, wie das Verhalten von Frauen aus widersprüchlichen Anforderungen motiviert ist und an herrschende Normen stößt: Aufgrund der Bindung der Frauen an die Reproduktionsarbeit und wegen der biologischen und sozialen Mutterschaft sind die Berufsbiographien von Frauen nicht denen von Männern gleich. Diese Andersartigkeit weiblicher Biographien wird dann zur Benachteiligung und Diskriminierung, wenn der idealtypische Verlauf männlicher, ununterbrochener Berufsbiographien, dem der Mann ja nur folgen kann, weil er von Reproduktionsarbeit „freigestellt" ist, zum allgemeinen Maßstab erhoben und auch an die Lebenswege von Frauen angelegt wird.

Dennoch hatte die Teilzeitarbeit nicht nur für die Frauen Bedeutung. Die Teilzeitarbeit war und ist überwiegend eine Arbeitsform von Ehefrauen und Müttern und hat deren kontinuierliche Berufstätigkeit ermöglicht. Diese Entwicklung ist kein eindeutiger Beleg für eine Verbesserung oder Verschlechterung der sozialen Lage der Frauen. Sie zeigt zunächst nur, daß seit den sechziger Jahren immer mehr Frauen Familie und Berufstätigkeit gleichzeitig verbinden und in beiden Bereichen Entlastung anstreben: dadurch, daß sie weniger Kinder haben und dadurch, daß sie häufiger Teilzeitarbeit übernehmen.

Teilzeit hat Anspruch auf Berufstätigkeit verfestigt

Die Institutionalisierung der Teilzeitarbeit entstand aus einem Zweckbündnis ungleicher Partner mit ungleichen Interessen: nämlich kurzfristigen unternehmerischen Interessen an Arbeitskräften und langfristigen Interessen der Lebensplanung von Ehefrauen und Müttern. Sie trug dazu bei, den allgemeinen Anspruch von Frauen auf eine Berufstätigkeit zu verfestigen. Zur Steigerung des Ansehens verhalf dieser Arbeitszeitform die gesetzliche Regelung aus dem Jahre 1969 für Beamtinnen mit Mutterpflichten im öffentlichen Dienst. Sie zeigte zudem, daß Teilzeitarbeit auch in qualifizierten Berufen möglich ist und daß sie nicht nur ein Instrument zum kurzfristigen Heuern und Feuern ist. Daß Teilzeitarbeit auch zu einem arbeitsmarktpolitischen Instrument gegen die Interessen von Frauen werden kann – und bei entsprechender Lage auf dem Arbeitsmarkt inzwischen auch gegen die Männer –, ist nicht den Frauen anzulasten. Es wäre wirkungslose Kamikazepolitik, wenn Frauen alles unterlassen sollten, was auch Männern oder Kapitalisten nützen könnte.

Auch die Versäumnisse der Gewerkschaften, in guten Konjunkturzeiten die Interessen der Frauen zu sichern, statt sich überwiegend auf die Kritik der Unternehmensstrategien zu konzentrieren, haben dazu beigetragen, daß Teilzeitarbeit schlecht geschützt und als Frauenarbeit, die den schlechten Geruch von Hausarbeit an sich hat, festgeschrieben wurde.

Soviel sollte deutlich geworden sein in der kurzen Skizze der Entwicklung:

– Teilzeitarbeit ist zunächst eine geschlechtsneutrale Arbeitszeitregelung. Sie wurde zum Teil durch Konventionen, zum Teil direkt durch Gesetzesregelungen zur Frauenarbeit gemacht.

– Teilzeitarbeit begründet nicht per se einen Status der „am schlimmsten Ausgebeuteten". Sie ist als Strategie der Abwehr von Zumutungen, von Überforderungen durch Frauen entstanden. Sie enthält in dieser Abwehr progressive, antikapitalistische und antipatriarchale Elemente, und sie ist zugleich eine Arbeitsform mit Zwangscharakter, die aus der geschlechtlichen Arbeitsteilung resultiert, die den Frauen als Grenzgängerinnen die Verbindung von Lohnarbeit und Hausarbeit als individuelle Leistung aufbürdet.

Nachzüglerinnen als Vorbotinnen

Bei der absehbaren Entwicklung auf dem Arbeitmarkt, mit der Tatsache, daß auch Männer immer weniger die Maßstäbe einer „beruflichen Normalbiographie" erfüllen können, könnten weibliche Muster von Berufsverläufen und Zeitregelungen zur Verbindung von Familien- und Berufsleben allgemeineres Interesse finden. Frauen, die stets als Nachzüglerinnen auf dem Arbeitsmarkt betrachtet werden, könnten sich als Vorbotinnen einer prekären Form der Existenzsicherung erweisen, die nicht mehr nur ihnen allein abverlangt wird. Und — Ironie patriarchaler Geschichte — je mehr auch Männer sich in diesen Formen zu üben haben, desto eher mag die Chance wachsen, daß rechtliche Absicherungen nachgeholt werden, die zu anderen Zeiten für Frauen versäumt wurden.

Die soziale Differenzierung unter den Frauen wird zunehmend größer. Sie ist nicht nur von verschiedenen Berufslagen bestimmt, sondern auch von den Unterschieden im Familien- und im Privatleben von Frauen. Es scheint sogar, daß die Unterschiede in den Reproduktionsbedingungen die Frauen stärker differenzieren als die Berufssituation sie vereinheitlichen könnte.

Die wachsenden Möglichkeiten und Notwendigkeiten, das eigene Leben als Frau selbst zu gestalten, heben noch nicht die Formen sozialer Benachteiligung von Frauen als sozialer Gruppe auf. Vielmehr sind die Formen der Bewältigung dieser Benachteiligungen individualisiert und vielfältig geworden. Bewußte kollektive Strategien zur Sicherung der Interessen von Frauen sind angesichts der Vielfalt individueller Lebensführungen zunehmend schwerer zu vereinheitlichen. Erst durch die Reflexion wachsender sozialer Differenzierung unter den Frauen selbst können gemeinsame Interessen definiert werden, die nicht die jeweils andere Lebensführung ausgrenzen, gleichsam als Personifizierung des selbst nicht gewählten Weges.

Es ist sattsam bekannt, daß sowohl die Berufstätigkeit als auch die Mutterschaft unter dem Druck gesellschaftlicher Fremdbestimmung stehen. Um so unbegreiflicher ist, daß Mütter und die sogenannten Nicht-Mütter, letztere gleichgesetzt mit ausschließlich Berufstätigen, diese Binsenweisheit mit der Wucht der fundamentalen Erkenntnis von der patriarchalen Falle, in die die jeweils andere getappt sei, einander um die Ohren hauen. Wir müssen hinter diesen Formen, die sich allzuleicht kritisieren lassen, die Bedürfnisse von Frauen herausfinden, die damit scheinbar befriedet, bekämpft oder erkämpft werden sollen. „Utopie wäre ein Miteinander des Verschiedenen" (Adorno) — fangen wir unter uns Frauen damit an.

Vielfalt absichern

Die Vielgestaltigkeit, die Frauenleben innerhalb weniger Generationen besonders nach dem Zweiten Weltkrieg angenommen hat, ist auch eine Errungenschaft von Frauenstrategien. Die Vielfältigkeit ist nicht in allen Anteilen neu oder noch nicht gelebt. Der Druck der doppelten Anforderungen und die Unbescheidenheit eigener Lebensziele hat Frauen immer wieder zu Abweichlerinnen auch von traditionellen weiblichen Lebensformen werden lassen. Das waren zum Beispiel in den sechziger Jahren die verheirateten Mütter, die auf Berufstätigkeit nicht verzichten wollten, und das sind heute zum Beispiel die ledigen Frauen, die nicht auf Kinder verzichten wollen, sowie andere Formen der Lebensgemeinschaften von Frauen jenseits von Ehe und Familie. Während diese Lebensweisen unter starren Vorstellungen von Geschlechterrollen nur als Abweichungen diskriminiert und erlebt wurden, haben wir heute, da Frauenpolitik öffentlich geworden ist, die Chance, diese Lebensformen als Maßstab offensiv gegen gesellschaftliche Zwänge zur Einseitigkeit oder zur vielfachen Belastung zu halten.

Feministische Politik hat den verschiedenen Lebensformen von Frauen, die diese häufig genug aus der Abwehr von gesellschaftlichen Zumutungen entwickelt haben, die materiellen Ressourcen und die soziale Sicherheit dafür zu geben, daß eigene Entscheidungen von Frauen daraus werden können. Der notwendige Streit um politische Prioritäten unter uns Frauen sollte auch die herrschende Öffentlichkeit, die ihn gern voyeuristisch betrachtet, nicht von der Tatsache ablenken, daß dazu der Abbau von Männerprivilegien unausweichlich ist.

Anmerkungen

Ergebnisse meiner Forschungsarbeit zur Teilzeitarbeit sind in folgenden Texten zu finden:

Christel Eckart 1983: Die Teilzeitarbeit von Frauen – Eine prekäre Strategie gegen Einseitigkeit und Doppelbelastung. In: E. Talos, G. Vobruba (Hg.), Perspektiven der Arbeitszeitpolitik, Wien 1983, S. 83-101

Christel Eckart 1985: Von weiblichen Listen und patriarchalen Fallen. Eine notwendige Erinnerung an Interessen und Versäumnisse bei der Einrichtung der Teilzeitarbeit in der BRD. In: Kommune Nr. 11, 1985, S. 61-66

Helga Kramer/Christel Eckart/Ilka Riemann/Karin Walser 1986: Grenzen der Frauenlohnarbeit. Frauenstrategien in Lohn- und Hausarbeit seit der Jahrhundertwende, Frankfurt/Main

Christel Eckart 1987: Verschlingt die Arbeit die Emanzipation? Von der Polarisierung der Geschlechtscharaktere zur Entwicklung der Arbeits-Monade. In: Widersprüche. Zeitschrift für sozialistische Politik im Bildungs-, Gesundheits- und Sozialbereich, Heft 23/1987

Bislang funktionierte der Sozialstaat vor allem auf Kosten von Frauen.

Ute Gerhard

Sozialpolitik auf Kosten von Frauen

Historische Voraussetzungen und gegenwärtiger Preis*

In Anbetracht einer zweigeteilten Welt – mit der Trennung von Haushalt und Betrieb, von Familienarbeit und Erwerbsleben, mit den unterschiedlichen Rollen von Mann und Frau – bedeuten Normen, Ziele und Politiken für Männer und Frauen nicht mehr dasselbe. Dies nicht, weil Männer und Frauen nicht gleiche Menschen sind oder sein können, sondern weil beide Geschlechter in unserer Gesellschaft unterschiedliche Voraussetzungen vorfinden, andere Erfahrungen machen, nicht in gleichen Verhältnissen leben. Aus diesem Grund sind so viele Mißverständnisse über das Ziel der Gleichberechtigung der Frauen entstanden; etwa derart, daß sie nur Anpassung an die Lebensweise der Männer bedeuten könne. Aus diesem Grund ist es auch gefährlich, bei sozialpolitischen Überlegungen und Maßnahmen nicht die möglichen unterschiedlichen Auswirkungen für Frauen und Männer zu bedenken. Nur so konnte es z.B. passieren, daß das endliche und einzige Ergebnis der so lange geforderten und beredeten Rentenreform die Gleichberechtigung der Witwer war, Frauen aber wiederum leer ausgingen, bzw. sogar mit Geldeinbußen (qua Anrechnung) die Zeche dieser männlichen Gleichheit bezahlen dürfen. Aus eben diesem Grund aber ist auch im Zusammenhang mit der ‚allgemeinen' Diskussion um Arbeitszeitverkürzung, Teilzeitarbeit und Flexibilisierung der Arbeitszeit auch immer wieder auf die sozialpolitisch notwendigerweise unterschiedlichen Konsequenzen für Frauen hinzuweisen. In meinem Beitrag lenke ich daher die Aufmerksamkeit auf Tatbestände der Diskriminierung, die auf dem Vorrang der Erwerbsarbeit beruhen und sich in einer geschlechtsunspezifischen Arbeitszeitpolitik zum Nachteil von Frauen nur potenzieren können. Denn die traditionelle Sozialpolitik ist als Politik auf Kosten von Frauen mit systematischen Mängeln behaftet. Sie werden und können nicht einfach durch mehr Rechte für Frauen, gleichsam als Nachholen einer Verspätung, behoben werden. Sie sind vielmehr zu untersuchen und zu berücksichtigen, wenn es in diesem Sozialstaat immer noch darum geht, die Verhältnisse für Frauen und Männer sozialer und gerechter zu gestalten.

Den Sozialstaat neu denken?

Der soziale Kompromiß, auf dem der Sozialstaat in der BRD beruht, trägt nicht mehr. Zumindest ist er fragwürdig geworden, seit-

---
* aus: Vorgänge, Zeitschrift für Bürgerrechte und Gesellschaftspolitik, Heft 3, München 1987

dem dieser Staat seine Versprechen und die in ihn gesetzten Erwartungen nicht mehr bezahlen kann. Die vielbeschworene Krise des Sozialstaates ist zunächst Folge einer weltweiten ökonomischen Krise, also eine Finanzierungskrise, doch mittlerweile darüber hinaus zu einer Vertrauens- oder Legitimationskrise ausgewachsen, die die Funktionsbedingungen des bestehenden politischen Systems in Frage stellt.

Dabei ist das Dilemma des Sozialstaates in wirtschaftlich schwierigen Zeiten geradezu zwangsläufig, wenn die Mindereinnahmen des Staates infolge geringerer Steueraufkommen mit Mehrausgaben für vielfältige und höhere Sozialleistungen zusammentreffen. Und obwohl die Garantien sozialer Sicherheit eigentlich in Notzeiten um so unentbehrlicher sind, zeigt sich, daß „der Sozialstaat nicht eine gesonderte und autonome Quelle von Wohlstand (ist), die Einkommen und Dienstleistungen als Bürgerrecht bereitstellt, sondern selbst höchst abhängig von der Prosperität und fortgesetzten Profitabilität der Wirtschaft."[1]

Der Sozialstaatskompromiß ist dabei aus zwei entgegengesetzten Richtungen in Mißkredit geraten. Die Rechten – die am neoklassischen Paradigma der Wirtschaftstheorie orientierten Konservativen – rechnen vor, daß der Sozialstaat zu teuer sei. Die wohlfahrtsstaatlichen Interventionen sowie das hohe Lohnniveau, insbesondere aber die „überzogenen" Ansprüche, hätten die Krise überhaupt erst heraufbeschworen und behinderten durch die für Investitionen fehlenden Mittel auch ihre Überwindung. Linke und Sozialdemokraten sehen gerade jedoch in der nicht hinreichenden staatlichen Beschränkung marktkapitalistischen Eigennutzes zugunsten der Klasse der Arbeitnehmer und der sozial Schwachen die eigentliche politische Ursache der Krise.

Aber so uneinheitlich und gebrochen die Positionen auf beiden Seiten im einzelnen auch sein mögen, steht fest, daß es sich bei den Kritikern beider Lager um die Agenten und Träger genau jenes historischen Kompromisses handelt, der ihnen heute selbst suspekt, mindestens aber revisionsbedürftig erscheint: um die Vertreter der beiden Klassen „Lohnarbeit und Kapital", die mit dem Anspruch angetreten sind, die Klassengegensätze auszugleichen oder im Sozialstaat wenigstens eine gesamtgesellschaftliche „Friedensformel" gefunden zu haben.

Der Verdacht drängt sich auf, daß in dieser bestimmten Form der Konfliktlösung von Anbeginn ein *Konstruktionsfehler* liegt, der sich heute unter veränderten gesellschaftlichen Bedingungen nicht mehr kaschieren oder einfach reparieren läßt, vielmehr eine andere Problemsicht und neue Lösungen erheischt. Meine Analyse zielt daher darauf herauszufinden, warum in dem Gesellschaftsmodell „Sozialstaat" eine andere Konfliktlinie, die zwischen den Geschlechtern, ausgeblendet blieb oder – schärfer formuliert – warum dieser Sozialstaat bisher nur zu einem hohen Preis auf Kosten der anderen Hälfte der Menschen, der Frauen, funktionieren konnte.

Die historischen Voraussetzungen des Sozialstaatskompromisses

„Soziale Politik", Sozialpolitik ist im 19. Jahrhundert als Antwort auf die mit den sozialen Bewegungen aufgeworfene „Soziale Frage" entwickelt worden. Unter „Sozialer Frage" – „wie sie von Gelehrten und Politikern aufgefaßt wurde"[2] – aber ist immer vor allem die „Arbeiterfrage", das Aufkommen des Proletariats verstanden worden (vgl. z.B. L. v. Stein, Die Geschichte der sozialen

Bewegung in Frankreich von 1789 bis auf unsere Tage, 1850, München 1921). So heißt eine Definition bei H. Achinger: „Sozialpolitik ... bezeichnet bis zum Beginn unseres Jahrhunderts die Gesamtheit der Einwirkungen auf das Wirtschaftsleben, die zum Schutz der arbeitenden Menschen, vor allem der Lohnarbeiter vor den Gefahren der Industrialisierung für notwendig erachtet wurden."[3]

Daß die soziale Frage in der deutschen Debatte so selbstverständlich mit der „Arbeiterfrage" – in dem sehr engen Sinn als Problem industrieller Lohnarbeit – identifiziert wurde, lag und liegt an der im Vergleich zu anderen Ländern starken deutschen Arbeiterbewegung und der zeitweise mächtigen oder zumindest als bedrohlich wahrgenommenen Sozialdemokratie.[4] Ohne die Bedeutung der Arbeiterbewegung schmälern oder gar die Klassenstruktur leugnen zu wollen, geht es mir darum, auf zwei Umbruchphasen hinzuweisen, in denen die Erweiterung der Perspektive auf die andere Seite der sozialen Frage möglich schien, die Weichen jedoch in eine Richtung gestellt wurden, die bis heute den sozialpolitischen Fahrplan bestimmt. Meine in diesem Zusammenhang notwendig sehr verkürzten Hinweise beziehen sich

– auf den Beginn der organisierten Arbeiter- *und* der Frauenbewegung in den Jahren vor der Reichsgründung, um 1865, sowie

– auf den entscheidenden Schritt zur Etablierung des heutigen Sozialstaatssystems am Ende des Ersten Weltkrieges, der durch eine Vereinbarung zwischen „Lohnarbeit" und „Kapital", die sog. Zentralarbeitsgemeinschaft, ermöglicht wurde.

In beiden Fällen wurden gegen die artikulierten und organisierten Interessen von Frauen Lösungen durchgesetzt, die ihnen eindeutig zum Nachteil gereichten.

a) Die Frauenfrage als „Soziale Frage"

„In der Stellung der Frau gipfeln sich die Widersprüche, welche die gegenwärtigen, noch immer nicht geklärten socialen Zustände gezeugt haben ..."[5] Diese Aussage von Auguste Schmidt, eine der Initiatorinnen der deutschen Frauenbewegung, war im 19. Jahrhundert keineswegs eine frauenrechtlerische Einzelmeinung – ich erinnere nur an die im Anschluß an Charles Fourier unter Sozialisten übliche Redeweise, wonach die Stellung der Frau in einer Gesellschaft Gradmesser allgemeiner Freiheit und Gleichheit sei.

Doch abgesehen von so utopischen Erkenntnissen, die sich vorerst von der politischen Tagesordnung streichen ließen, zeigt eine gründliche Aufarbeitung der zeitgenössischen Publizistik und sozialreformerischen Literatur, daß in dem Jahrzehnt vor der Reichsgründung – mit dem gleichzeitigen organisatorischen Neubeginn von Arbeiter- und Frauenbewegung – die Frauenfrage sehr wohl als zentraler Bestandteil der „Sozialen Frage" begriffen wurde. H.-U. Bussemer kommt in ihrer „Sozialgeschichte der deutschen Frauenbewegung" zu dem Schluß, daß die Einbeziehung der Frauenbestrebungen in das Bündel gesellschafts- und sozialpolitischer Probleme nicht nur eine Erweiterung bedeutet, sondern auch im Verständnis der Zeitgenossen einen zentralen Nerv der bürgerlichen Gesellschaft betraf, weil damit die bürgerliche Familie, bürgerliche Verhaltensmuster und Werte in Gefahr gerieten.

Als kurzer Beleg für diesen Zeitgeist mag ein anschauliches Zitat aus der „Schlesischen Zeitung" vom 18.3.1868 dienen: „Drohend aber hinter allen nur von Zeit zu Zeit in dumpf rollendem Donner seine Existenz laut verkündend, steht am grauen Horizonte die unheilschwangere Wolke der Arbeiterfrage ... Alle socialen Fragen, die heute in der Arena der öffentlichen Diskussion aufgeworfen werden, basieren auf dem Postulat des vollen und ganzen Rechts der freien Persönlichkeit, das wir als eine der Fundamentsäulen des modernen Staatsleben anerkennen ... Zu den Fragen dieser Art gehört auch die *wirtschaftliche Stellung des weiblichen Geschlechts* in der Gegenwart, und wenn der Schmerzensschrei der Bedrängten hier weniger vernehmbar an unser Ohr dringt, so liegts vielleicht daran, daß die bedrängte Klasse (!) nicht Fäuste hat, mit denen sie wie das männliche Proletariat die Gesellschaft bedrohen kann ..."[6]

Wenn also in der Geschichtsschreibung das sozialpolitische Interesse des liberalen Bürgertums an der „Sozialen Frage" üblicherweise als Reaktion auf die Bedrohung „von unten" interpretiert wird, die sich im Auftreten der sich organisierenden Arbeiterbewegung manifestierte, so trifft dies zumindest für die Zeit vor 1870 doch nur die halbe gesellschaftliche Wirklichkeit.

Die Frauenfrage stellte sich von Anbeginn quer zum Klassenproblem, d.h. sie war vor allem *auch* ein innerbürgerliches Problem. Doch nicht zuletzt wegen der Klassenunterschiede gelang es, die Fraueninteressen zu spalten und jeweils klassenweise zu „bewältigen". Denn tatsächlich stand für die Sozialpolitiker jener Zeit die Arbeiter*innen*frage nicht zur Debatte, wurde allenfalls zur Minderung weiblicher Konkurrenz durch einen besonderen Frauenarbeitsschutz in familiäre und damit diskriminierende Bahnen gelenkt. Die Emanzipationsbestrebungen der bürgerlichen Frauen ließen sich dagegen mit vereinten männlichen Kräften auf ein Berufsproblem nur der unverheirateten und damit „unversorgten" „Mädchen und Frauen der mittleren und höheren Stände"(so die Zielgruppe des sog. Lette-Vereins) reduzieren. „Die Ausklammerung der Ehefrauen aus der ‚Frauenfrage' verdrängte jede Kritik an patriarchalischen Machtverhältnissen" in die Privatsphäre, wo sie nach 1870 „der allgemeinen Diskreditierung liberaler, sozialreformerischer und emanzipatorischer Strömungen zum Opfer fiel."[7]

b) Die Zentralarbeitsgemeinschaft zwischen Arbeitgeber und Gewerkschaften von 1918: Klassenübergreifender Kompromiß auf Kosten von Frauen

Nach der vorwiegend pazifierenden und disziplinierenden Phase der frühen Sozialpolitik im wilhelminischen Kaiserreich wird durch die staatliche Intervention in den Arbeitsmarkt[8] und durch die zunehmende „Absicherung lohnabhängiger Existenz" in der Arbeitslosenversicherung[9] ein qualitativer Sprung zur Sozialstaatlichkeit vollzogen. Von nun an ist der Sozialstaat als Steuerstaat in Wirtschaftskrisen involviert, wird „Wirtschaftspolitik als arbeitsmarktorientierte Krisenvermeidungs-/Krisenkompensationspolitik für den Staat unabdingbar."[10]

Das Abkommen vom 15.11.1918, in dem die beiden Spitzenvertreter von Arbeitgebern und Gewerkschaften, H. Stinnes und C. Legien, ihre gegenseitige Anerkennung als Tarifpartner, die paritätische Mitbestimmung bei den Arbeitsnachweisen, in Schlichtungs- und Arbeiterausschüssen sowie die Einführung des Achtstundentages vereinbarten, einigten sich die Bündnispartner auch und vor allem darauf, wie die Wiedereinstellung der männlichen Kriegsteilnehmer (etwa 6 Mill. Soldaten und 3 Mill. Rüstungsarbeiter) zu bewerkstelligen sei, nämlich durch Demobilisierung aller Personen, die „weder auf den Erwerb angewiesen sind, noch bei Kriegsausbruch einen auf Erwerb gerichteten Beruf hatten."[11] Diese Regelung aber betraf Millionen erwerbstätiger Frauen, die im Ersten

Weltkrieg überall sichtbar auch in typische Männerindustrien und -domänen eingedrungen waren. Ihr Anteil an den Beschäftigten betrug dort bis zu 60 %. [12]

Mit den Demobilmachungsverordnungen waren rechtsförmige Formeln gefunden – „auf Erwerb angewiesen", „arbeitswillig" oder „arbeitsfähig", später werden sie anscheinend neutraler: „dem Arbeitsmarkt zur Verfügung stehen" heißen –, mit denen nicht nur in extremen Ausnahmesituationen wie nach Krieg und Revolution, sondern auch unter dem Vorzeichen demokratischer und sozialer Verfassungen Frauen bei Bedarf wieder vom Arbeitsmarkt verdrängt werden konnten. Denn dieses Muster der Ausgrenzung bewährte sich nicht nur im Kampf um Arbeitsplätze, z.B. gegen sog. Doppelverdiener, sondern lieferte auch die Kriterien bzw. Tatbestandsvoraussetzungen für alle Rechtsansprüche und Errungenschaften sozialer Sicherung, die nun diesen Sozialstaat kennzeichneten: die wenigstens temporäre Befreiung vom Zwang, seine Arbeitskraft unter allen Bedingungen zu verkaufen.

Die historische Übereinkunft zwischen Lohnarbeit und Kapital, die als „gewerkschaftlicher Sieg von seltener Größe"[13], als „Triumpf der Demokratie" oder als „Sieg des Paritätsgedanken"[14] gefeiert und je nach Standort als Schritt von der Revolution zur Reform verklärt oder bedauert wird, hatte also einen nur zu oft verschwiegenen Preis. Sie entpuppte sich aus frauenpolitischer Perspektive als „fauler" Kompromiß.[15] Um seine Tragweite und geschlechtsspezifische Intention ermessen zu können, ist u.a. zu bedenken, daß die Dachorganisation der organisierten Frauenbewegung, der Bund Deutscher Frauenvereine (BDF), der im Weltkrieg in allen Bereichen der Kriegswirtschaft und Kriegsfürsorge seine Unentbehrlichkeit unter Beweis gestellt hatte, 1919 über ca. 1 Million Mitglieder verfügte. D.h. die Frauenbewegung war zu dieser Zeit so stark, daß man ihr auch das gleiche Wahlrecht nun nicht mehr versagen konnte. Selbst die sonst so moderate Abgeordnete der DDP, Dr. Marie Baum, warnte in einer Rede vor der Nationalversammlung im Jahr 1919 davor, daß „auf dem Markt der Arbeit anstelle des Klassenkampfes ein Kampf der Geschlechter um die Arbeitsplätze erwachse."[16] Schließlich wird in der Geschichte der Sozialpolitik grundsätzlich übersehen, daß die Frauenbewegung von Anbeginn, und verstärkt seit dem Ende des 19. Jahrhunderts, durch ein weitverzweigtes Netz von Arbeitsnachweisen (seit 1911 durch den Aufbau eines Frauenberufsamtes) wesentliche Vorarbeiten für die zukünftige Gestaltung der Arbeitsmarktverwaltung geleistet hat. Die Frauen gingen selbstverständlich davon aus, auch in Friedenszeiten paritätisch beteiligt zu werden.[17] Doch bei der zwischen Arbeitgebern und Gewerkschaften ausgehandelten Parität war von Frauen nicht mehr die Rede.[18] Ein winziges Zugeständnis, das man den Frauenorganisationen 1927 bei der Verabschiedung des AVAVG machte, war die Regelung, daß Frauen auf dem Arbeitsamt nur von Frauen und nur in besonderen Frauenabteilungen zu vermitteln und zu beraten seien, § 50 AVAVG, eine Bestimmung, die 1969 bei der Verabschiedung des Arbeitsförderungsgesetzes (AFG) niemand mehr so recht verstand, ja, als diskriminierend empfunden und fallengelassen wurde.

„Für die Sozialpolitik", resümierte L. Preller in seiner Geschichte der Weimarer Republik, „blieben die Klassenorganisationen Träger der beiderseitigen wirtschaftlichen Macht, einer Macht, die sich außerhalb der demokratischen Institutionen festigte, bald aber mit Hilfe eben dieser Institutionen außerordentlichen Einfluß auf die Staatsführung erlangte. Die klassengebundene Sozialpolitik der Nachkriegszeit", betont der Autor ganz ungeachtet der Frauenfrage, „ist ohne die Erkenntnis dieser entscheidenden Entwicklung nicht zu verstehen."[19]

Ich breche meinen historischen Rekurs hier ab, obgleich er bis in die Gegenwart fortzuschreiben wäre als Sozialpolitik auf Kosten der Frauen (andere Stichworte sind: Weltwirtschaftskrise und Doppelverdienerkampagne; Lohnpolitik und Tarifverträge, die sich wie „patriarchalische Zunftordnungen"[20] lesen; konzertierte Aktionen und Spargesetze der jüngsten Vergangenheit); ich beschränke mich darauf, einige theoretische und systematische Schlußfolgerungen zu ziehen.

Das theoretische Vorverständnis der Sozialpolitik und seine systematischen Folgen

Aus der historischen Verankerung in der „Arbeiterfrage" ist Sozialpolitik speziell in Deutschland mit einer besonderen „Voreingenommenheit" und Einseitigkeit behaftet, die bis heute praktisch wird und in vielen Definitionen zum Ausdruck kommt. Die bereits erwähnte lautet: Sozialpolitik ist „die Gesamtheit der Einwirkungen auf das Wirtschaftsleben, die zum Schutz der arbeitenden Menschen, vor allem der Lohnarbeiter, vor den Gefahren der Industrialisierung für notwendig erachtet wurden."[21] Ein anderes Mal heißt es: Sozialpolitik „hat den arbeitenden Menschen im Auge" und versucht, „das Sozialgefüge im Hinblick auf das Arbeitsleben zu ordnen."[22] Auch in einer neueren Definition, die den vorigen an Präzision nicht nachsteht, ist „Sozialpolitik ... die staatliche Bearbeitung des Problems der dauerhaften Transformation von *Nicht-Lohnarbeitern in Lohnarbeiter*, der alle übrigen Sozialleistungen als „flankierende Subsysteme" untergeordnet werden."[23] Alle diese Gegenstandsbeschreibungen beziehen sich auf die „Arbeitsgesellschaft", d.h. setzen den Vorrang der Erwerbsarbeit voraus. Obgleich es vorrangig darum geht, mit Hilfe sozialpolitischer Maßnahmen und Gesetze „die vom Kapital nicht berücksichtigte, aber notwendige Reproduktion von Arbeitskraft zu sichern"[23], wird doch *die* Arbeit, die zu dieser Reproduktion, der Herstellung und Wiederherstellung der Arbeitskraft gesellschaftlich unentbehrlich ist, nämlich die private Alltagsarbeit, d.h. *Hausarbeit* ausgeblendet, bzw. als selbstverständlich vorausgesetzt. Unter „Arbeit", „Arbeitsleben" wird nur Lohnarbeit verstanden, die vorwiegend von Männern geleistet wird und bezahlte Arbeit ist.

Das Insistieren auf diesem Tatbestand, den die neuere Frauenforschung aufgedeckt und mittlerweile in vielen Arbeiten untersucht und aufs Korn genommen hat, ist auch in der sozialpolitischen Analyse nicht zu vermeiden. Sie wird vielmehr notwendig, weil der Vorrang der Erwerbsarbeit und die Nichtachtung der Hausarbeit die Ursache aller Diskriminierungen von Frauen auch im Sozialrecht ist, und weil das bestehende System sozialer Sicherheit nicht ausgleicht, sondern die ungleichen Machtverhältnisse stützt und verstärkt.

Denn alle wichtigen sozialen Errungenschaften, Rechtsansprüche des einzelnen auf diese sogenannte soziale Sicherheit, setzen Lohnarbeit, möglichst kontinuierliche Erwerbsarbeit voraus. Anspruchshöhe und Durchsetzungsfähigkeit richten sich nach einer Leistung, die nur in Lohn zu messen ist. Sozialleistungen zugunsten anderer Gesellschaftsmitglieder, Nicht-Lohnarbeiter, sind entweder nur abgeleitete Ansprüche (für Familienangehörige der Lohnarbeiter) oder subsidiär, hilfsweise vorgesehen (z.B. als Sozialhilfe). Frauen kommen deshalb in der Sozialpolitik entweder nur als Angehörige von Männern und damit allenfalls als Zuverdienerinnen vor, oder sie werden als Personen minderen Rechts behandelt, denen, weil sie Mütter sind oder keinen „Ernährer" haben, aushilfsweise und individuell, nach sorgfältiger Prüfung ein Existenzminimum gewährt wird.

Es ist daher keineswegs zufällig, daß die von verschiedenen Autoren diagnostizierte *Zweiteilung des Sozialstaates*[24] vor allem anderen geschlechtsspezifische Züge trägt. In dieser Zweiteilung des Sicherungssystems, in dem sich im oberen Netz vorwiegend Männer, im unteren die Frauen wiederfinden, kommt eine systematisch angelegte Spaltung des Sozialstaates zum Ausdruck, die sich auf zwei verschiedene Ordnungsprinzipien gründet und in Deutschland im Gegensatz zu anderen Ländern über zwei Kriege und Katastrophen hinweg eine „erstaunliche Kontinuität" bewahrt hat.[25] Es ist die Spaltung in eine Arbeiter- und eine Armutspolitik: Für die Bessergestellten, die lebenslang gutverdienenden männlichen Lohnarbeiter, gilt das Versicherungsprinzip. Bei Krankheit, Invalidität, Alter haben sie Rechtsansprüche aufgrund eigener Leistungen entsprechend ihren Beiträgen. Ihre soziale Sicherheit wird von einer eigenen Anstalt des öffentlichen Rechts unter Beteiligung der Tarifvertragsparteien in Organen der Selbstverwaltung kontrolliert und garantiert. Dagegen sind alle Sozialleistungen an Nicht-Lohnarbeiter Teil einer ehemals Wohlfahrts- bzw. Armenpolitik geblieben, die nach dem Fürsorgeprinzip organisiert ist, d.h. nur bei Bedürftigkeit und nach Prüfung des Einzelfalles und aufgrund einer hoheitlichen und bürokratischen Entscheidung gewährt wird. Obgleich die Sozialgesetze, insbesondere auch das Sozialhilferecht, die Voraussetzungen solcher Hilfegewährungen neuerdings als gesetzlich verbürgte Rechtsansprüche formulieren, bleibt ihre Zuteilungsweise diskriminierend und disziplinierend. Auch sind die Leistungen gerade so niedrig bemessen, daß der Nicht-Lohnarbeiterstatus keineswegs attraktiv wird.

Neben diesen beiden Polen traditioneller Sozialpolitik gibt es andere Bereiche staatlicher Transfers und flankierender Maßnahmen, die die Arbeiter- und Armutspolitik ergänzen und mit dem Aufkommen neuer sozialer Probleme und Notlagen verändert haben. Aber die Zweiteilung wird auch hier durchgehalten, z.B. in der Arbeitslosenversicherung durch die Unterschiede zwischen Arbeitslosengeld und -hilfe, in der Arbeitsmarktpolitik, in der die Hürden für Frauen je nach Bedarf an Arbeitskräften erhöht oder weggeräumt werden. Sozialpolitik „versteckt" sich auch oft genug als Familienpolitik, z.B. in den besonderen Arbeitsschutzbestimmungen für Frauen, aber auch in den Gratifikationen, die der sozialversicherte Lohnarbeiter für seine Familienangehörigen erhält in Form der Krankenversicherung und Altersrente. Doch auch dabei handelt es sich um abgeleitete, verspätete (für die Arbeiterwitwe erst als unbedingte Hinterbliebenenrente seit 1949 bzw. 1957) und um sorgfältig geschichtete Ansprüche der Angehörigen (z.B. nur 60 % im Vergleich zu 100 % auch des allein überlebenden Hauptversicherten usf.).

Im Gegensatz zu Frankreich und England aber haben Familienbeihilfen, ein „Familienlohn" oder Kindergeldzuschläge in Deutschland erst spät — erstmalig im Nationalsozialismus in den Ehestandsdarlehen mit der Möglichkeit des „Abkinderns" — eine Rolle gespielt. Kindergeldzuschläge wurden in der BRD zuerst 1954 eingeführt, sind aber heute durch ein doppeltes, nach dem Einkommen geschichtetes System des Familienlastenausgleichs einerseits, in Form von Kinderfreibeträgen im Steuerrecht sowie die immer wieder veränderten Kindergeldzahlungen andererseits unübersichtlich und sozial ungerecht. Ihre bevölkerungspolitische Motivation und Wirkung sind umstritten.[26] Das seit dem 1.1.1986 ausgegebene Erziehungsgeld ist unzulänglich und hat allenfalls das Edukationsziel, Frauen vom Arbeitsmarkt fernzuhalten.

Schließlich schafft die Steuerpolitik die Mittel für eine distributive Sozialpolitik; sie ist aber seit der Begünstigung von Verheirateten durch das Ehegattensplitting und die hohe Besteuerung der erwerbstätigen Ehefrau ein nicht zu unterschätzendes Steuerungsinstrument gegen die Verwirklichung von Gleichberechtigung.

In all diesen Politikbereichen werden die politischen und rechtlichen Rahmenbedingungen für das Funktionieren der „Arbeiterpolitik" in jedem Fall gewahrt. In dieser auf die Lohnarbeitsfrage zentrierten Sicht werden alle anderen Problembereiche wie Familie, Schule und Einrichtungen der Gesundheitsfürsorge zu „funktional unverzichtbaren Subsystemen", die dem Ziel untergeordnet werden, „den Verkaufszwang auf den Arbeitsmärkten" zu organisieren und zu kontrollieren.[27] „Viele spätere Formen", meint H. Achinger kritisch, „werden in das alte Schema hineinkonstruiert ... Nur in Gestalt der ‚Angehörigen' des Haupversicherten und erst nachträglich, ja, als unliebsame Störung der versicherungsmathematischen Rechnung, tritt die Familie in die soziale Sicherung ein."[28] Das bisher Gesagte ist in einer These zusammenzufassen, die ich anschließend mit Hilfe einiger ausgewählter Daten empirisch belegen möchte:
Wichtigste Ursache der Ungleichheit von Frauen im Sozialstaat ist die Nichtachtung und Minderbewertung der Arbeit von Frauen. Ebenso wie die Politik und Ökonomie und die politische Theorie nur *die* Arbeit in ihrem Wertsystem berücksichtigt, die in der Erwerbssphäre einen Lohn erzielt und auf dem Markt als bezahlte oder bezahlbare Arbeit auftaucht, setzt Sozialpolitik selbstverständlich die unbezahlte und in der Hausarbeit versteckte Arbeit von Frauen einfach voraus. Obgleich es in der Sozialpolitik um staatliche Leistungen zur Erhaltung und Wiederherstellung „arbeitsfähiger" Menschen geht, berechtigt die Reproduktionsarbeit der Frauen nicht zu eigenständigen Sozialleistungen. Obgleich die von allen geteilte, wichtigste Funktion des Sozialstaats im Ausgleich sozialer und politischer Konflikte besteht, ignoriert die Sozialstaatstheorie bisher ein anderes, ebenso gravierendes Konfliktfeld: das der strukturellen Gewalt familiärer Abhängigkeitsverhältnisse und der sozialen Ungleichheit zwischen Männern und Frauen.[29]

Was ist und wer bezahlt den Preis?

Im folgenden stütze ich mich auf die Ergebnisse eigener Untersuchungen sowie auf Expertisen über die soziale Situation von Frauen in der BRD, die in dem von mir geleiteten Forschungsprojekt „Frauenrechte im Sozialstaat" am Hamburger Institut for Sozialforschung durchgeführt wurden. Aus Platzgründen muß ich mich in der Darstellung jedoch auf wenige strukturierende Belege beschränken.

Die Armut der alten Frauen, der Rentnerinnen

Armut im Alter ist mehr noch als in allen anderen Lebenslagen ein Frauenschicksal.

Das Ausmaß der Rentnerinnennot ist seit langem bekannt und auch nachzulesen.[30] Doch es ändert sich nichts, auch nicht durch die so lange vorbereitete und verfassungsrechtlich gebotene Rentenreform 1985, im Gegenteil: Sie hat lediglich die Gleichstellung der Witwer zu Lasten der etwas besser gestellten Rentnerinnen gebracht. Trotzdem, meine ich,, könnte das Rentenunrecht für viele Frauen langfristig zu einem Politikum werden, da soziale Sicherheit im Alter ein allgemein akzeptiertes Rechtsgut ist.

— 2/3 aller versicherten Rentnerinnen in der Arbeiter-Renten-Versicherung erhielten 1985 eine Rente von weniger als DM 500.— monatlich, 40 % sogar nur eine Rente von bis zu DM 300.—.

—1/3 aller Versichertenrenten an Frauen in der Angestelltenversicherung lagen unter DM 500.—, 55 % unter DM 800.—[31] Das bedeutet, insgesamt 2,5 Mio. Frauen bezogen 1985 nur eine Versicherten-Rente in Höhe von bis zu DM 500.—.

— Aber auch die durchschnittliche monatliche Witwenrente aller am 1.7.1985 gezahlten Witwenrenten betrug in der Arbeiterrentenversicherung nur DM 699,20 (im Vergleich zur durchschnittlichen Männerrente von DM 1240,40 in der ArV) und in der Angestelltenversicherung DM 982.— (im Vergleich zu einer männlichen Angestelltenrente von monatlich DM 1709,80).[32]

—Selbst bei den angeblich „überversorgten" Doppelrentnerinnen, den Bezieherinnen einer Versicherten- als auch einer Hinterbliebenen-Rente, erhalten 47 %, somit knapp die Hälfte, ein Gesamteinkommen von unter DM 1000.—.[33] Also auch diese Doppelrenten liegen noch unter den vergleichbaren Männerrenten.

Die niedrigen Renten von Frauen sind das Ergebnis vielfältiger und lebenslanger Benachteiligungen im Erwerbsleben und als Hausfrauen. Mehr noch als die wegen Familienarbeit unterbrochene Erwerbstätigkeit, also die fehlenden Versicherungszeiten, schlägt die Lohnungleichheit der Frauen im Ergebnis ihrer Renten negativ zu Buche — da trotz Art. 3 II GG die *Lohnschere zwischen Männern und Frauen* in den letzten Jahren wieder *größer geworden ist.*[34] Die durchschnittliche Entgeltrelation der Frauen in der Arbeiter-Renten-Versicherung (Stand Juli 1984) betrug 0,49, die der Männer 1,01. In der Angestellten-Versicherung ist das Verhältnis der Frauenentgelte zu denen der Männer durchschnittlich 0,77 zu 1,41.[35] Da sich im ganzen Sozialversicherungsrecht der Teufel bekanntlich im Detail versteckt, sei noch auf eine Folge dieser geschlechtsspezifischen Entgeltunterschiede hingewiesen, die tatsächlich nur Experten aufzuspüren vermögen: Bei der Berechnung der Rente ergibt sich die persönliche Bemessungsgrundlage aus dem Verhältnis von eigenem Verdienst zum durchschnittlichen Einkommen aller Versicherten. Daraus folgt, daß die Lohndiskriminierung von Frauen im Ergebnis rentenerhöhend auf die Männerrenten wirkt, weil Männer mit ihrem höheren Durchschnittslohn vom niedrigeren Lohn der Frauen profitieren.

Auch mit zunehmender Erwerbsbeteiligung werden Frauen im Alter also noch lange nicht aus eigenem Recht sozial gesichert sein. Denn ihre gesellschaftlich und für alle Beteiligten unentbehrliche Hausarbeit, die unentgeltliche Familienarbeit der Frauen, zahlt sich nicht aus, im Gegenteil, mindert die Rentenansprüche auch dort, wo wegen der Betreuung von Kindern als frauenspezifischer Kompromiß eine nur gering bezahlte Teilarbeit gewählt wird. Auch das „Babyjahr" als „Einstieg" in die rentenrechtliche Anerkennung von Erziehungszeiten, für zukünftige

Rentnerinnen errungen, ist mit gegenwärtig DM 25,- Rente pro Kind monatlich als Trostpflaster zur Kompensation geschlechtsspezifischer Benachteiligung ganz und gar ungenügend.

Weil das Rentenrecht als Lohnersatzsystem organisiert ist, das die Lebens- und Erwerbsbiographie eines männlichen Lohnarbeiters honoriert, sind Frauen, die „nur" Hausarbeit gemacht haben, im Alter notwendigerweise arm, in jedem Fall ärmer als Männer. Bemerkenswert ist auch, daß Rentenanpassungen und Reformen seit Bestehen der BRD (ausgenommen lediglich kurzfristig die sogenannte Rente nach Mindesteinkommen von 1972) die geschlechtsspezifischen Unterschiede vergrößert haben. Die eigenständige soziale Sicherung der Frauen aber ist in der Sachverständigenkommission am gemeinsamen Widerstand der Männer in Parteien und Gewerkschaften unter Berufung auf die sogenannte 100%-Garantie der selbst erworbenen Rentenansprüche gescheitert. *Das Rentenunrecht gegenüber Frauen bleibt so das Ergebnis sogenannter Beitragsgerechtigkeit.*

Das besondere Sozialhilferisiko von Frauen

Renten, die unter Sozialhilfeniveau liegen, sind folglich das Risiko, mit dem alle Frauen im Rentenalter rechnen müssen. Mehr als ein Drittel aller alleinstehenden Sozialhilfeempfängerinnen sind über 65 Jahre alt. Auch bei Berücksichtigung des Frauenüberschusses bei älteren Menschen ist der „Sozialhilfedruck" bei *Frauen im Alter* doppelt so hoch wie bei gleichaltrigen Männern.[36]

Die andere große Gruppe von Frauen, die in der BRD an und unter der Armutsgrenze leben muß, sind die *Alleinerziehenden, also die alleinstehenden Frauen mit Kindern*. Je mehr Kinder alleinerziehende Frauen versorgen, um so größer ist ihr Sozialhilferisiko:

Von den alleinerziehenden Frauen mit drei Kindern und mehr sind über 36% Sozialhilfeempfängerinnen. Dies ist nicht weniger ein gesellschaftlicher Skandal als die bekannte oder versteckte Armut der alten Frauen, zeigt sich doch, daß dieser Sozialstaat nur unter disziplinierenden, kontrollierenden und beschämenden Bedingungen bereit ist, das Existenzminimum von Frauen zu sichern, die ihre Kinder nicht in einer „normalen Familie" großziehen. Auf Kosten dieser Frauen also werden Ehe und Familie geschützt und mit einem Steuersplittingvorteil auch bei kinderloser Ehe prämiert, obwohl Art. 6 IV GG auch bestimmt: „Jede Mutter hat Anspruch auf den Schutz und die Fürsorge der Gemeinschaft" – und damit nicht nur der Mutterschutz gemeint sein kann.

Die Ausgrenzung der Frauen vom Arbeitsmarkt mit Hilfe des AFG

Die Aufrechterhaltung der geschlechtsspezifischen Arbeitsteilung mit all ihren für Frauen diskriminierenden Folgen wird seit Beginn der Wirtschaftskrise wieder verstärkt über die staatliche Arbeitsmarktpolitik organisiert. Das Instrument, mit dem diese Politik gesetzlich ermöglicht wird, ist das Arbeitsförderungsgesetz (AFG), vor allem auch zum Nachteil von Frauen restringiert durch die sogenannten Spargesetze seit 1981.

Frauen sind nicht nur von Arbeitslosigkeit überproportional betroffen, sie schneiden im Vergleich zu Männern bei allen von der Arbeitsverwaltung gewährten Maßnahmen und Leitungen sehr viel schlechter ab. Dabei gelten alle Daten offizieller und registrierter Arbeitslosigkeit vor dem Hintergrund von zwei bis drei Millionen Frauen, die in sogenannten *ungeschützten Arbeitsverhältnissen* stehen[37] und einer „Stillen Reserve", die auch amtlich inzwischen höher geschätzt wird[38] und aufgrund von empirischen Untersuchungen allein für Frauen mit 3,3 Millionen angegeben wird.[39]

Eindeutig aber ist auch die Zahl der registrierten erwerbslosen Frauen, die überhaupt Bezüge vom Arbeitsamt bekommen, in den vergangenen Jahren erheblich zurückgegangen. Im Durchschnitt des vergangenen Jahres (1986) bekamen nur noch 52,1% der arbeitslos gemeldeten Frauen Arbeitslosengeld oder Arbeitslosenhilfe – der Rest, d.h. fast jede zweite, ging leer aus. Bei den männlichen Arbeitslosen betrug der Anteil der Nichtleistungsempfänger zur gleichen Zeit 28,3%. Bei den verheirateten Frauen, die im September 1985 seit über einem Jahr als arbeitslos registriert waren, erhielten sogar 79% gar keine Leistungen mehr vom Arbeitsamt.[40] Eine zwangsläufige Folge der Lohndiskriminierung ist schließlich die Tatsache, daß auch das durchschnittliche Arbeitslosengeld der Frauen immer erheblich niedriger ist als das der Männer. Im Oktober 1985 wurden an Frauen durchschnittlich DM 719.–, an Männer DM 1117.– (Angabe für 1983) gezahlt. Mit Leistungen, die unter DM 700.– liegen, mußten Ende Februar 1986 59% der weiblichen Arbeitslosengeldempfänger mit Kind auskommen.[41]

Durch die Beschränkung aller Maßnahmen und Ansprüche auf Arbeitslose, die kontinuierlich und ausreichende beitragspflichtige Beschäftigungszeiten nachweisen können, ist wiederum nur die „normale" männliche Arbeits- und Lebensweise gegen die Risiken des Arbeitsmarktes geschützt. Die Rechtspraxis zur „Verfügbarkeit" ist der Hebel, mit dem Frauen aus der Arbeitslosenstatistik ausgegrenzt und möglicher gleicher Rechtsansprüche beraubt werden, da nur Frauen – entgegen dem neuen Ehe- und Familienrecht – unter dem Verdacht stehen, zur Kinderbetreuung und aus Familienrücksichten dem Arbeitsmarkt nicht „zur Verfügung" zu stehen.

Ein Einkommensteuerrecht für reiche Patriarchen

Selten wohl ist der enge Zusammenhang zwischen Finanz- und Steuerpolitik und der Höhe der Sozialleistungen dem öffentlichen Bewußtsein so durchsichtig geworden, wie in den jüngsten Auseinandersetzungen um die Senkung des Spitzen-Steuersatzes. Wie willkürlich im übrigen die Grenzziehungen sind, wird deutlich, wenn man das System der Steuerbegünstigungen und Subventionen unter geschlechtsspezifischer Perspektive untersucht. Auch hier besteht die Systematik der Benachteiligung in einem doppelten Boden, weil Frauenbelange in dem Bereich öffentlicher Aufgaben und Ausgaben, in dem subventionierten Wirtschaft- und Kapitalbereich, nicht vorkommen, vielmehr grundsätzlich dem Sozialbereich zugeordnet sind. Widersprüchlich ist etwa eine Aufteilung, wonach Subventionen für Landwirte oder mittelständische Unternehmen zu den Geldleistungen des Bundes gehören, da sie dazu dienen, „Produktion oder Leistungen in Betrieben oder Wirtschaftszweigen zu erhalten oder ... den Produktivitätsfortschritt zu fördern."[42] Dagegen werden berufliche Förderungsmaßnahmen für Frauen (z.B. AB-Maßnahmen), wenn es sie denn gibt, selbstverständlich dem Sozialbereich zugeordnet.

Doch auch im Steuerrecht ist der Anknüpfungspunkt der Benachteiligung wiederum die Erwerbsarbeit, d.h. hier die Arbeit, die Gewinne und Erträge erzielt. Nur ist sie Anlaß für Steuerermäßigungen, während die private Haus- und Familienarbeit steuerlich einem „Hobby" gleichgestellt ist, für die Aufwendungen nicht absetzbar sind. Um so widersinniger, aber eben für Männer vorteilhafter, ist das Ehegattensplitting, das die Hausfrauen-Ehe subventioniert. Die Steuerrechtsexpertin A. Mennel spricht deshalb von einer „Heiratsprämie für Männer, die sich eine Hausfrau leisten können", oder von einer „Steuerbegünstigung der reichen Patriarchen."[43] Denn der Steuervorteil ist in Anbetracht der progressiven Steuersätze um so höher, je mehr ein Ehepartner, i.d.R. der Mann, verdient und je weniger eine Frau dazuverdient. Demgegenüber wird die gleichberechtigte Ehe mit beruflich gleichen Einkommen steuerlich bestraft. So fördert das Steuerrecht zwar die patriarchalische Ehe, ist aber gleichzeitig familien-, insbesondere kinderfeindlich. Denn die Kinder- und Haushaltsfreibeträge für Einelternfamilien, insbesondere Alleinerziehende, sind im Vergleich zum Splittingvorteil der Hausfrauenehe so geringfügig, daß sie weder die Kosten für die Kindererziehung decken noch als Familienlastenausgleich zu bezeichnen sind. Die politischen Prioritäten, die dieser Rangordnung der Begünstigungen zugrunde liegen, sind offensichtlich. Immerhin handelt es sich bei den Steuerausfällen für das Ehegattensplitting um Summen in einer Größenordnung von DM 34,2 Mrd. (für 1987), weit mehr als der gesamte Aufwand des Staats für Kinder durch Steuerermäßigungen, Kindergeld und Erziehungsgeld beträgt.

Erst die Zusammenschau der verschiedenen Sozialpolitikfelder – Sozial-, Familien-, Steuer- und Armutspolitik – gibt also den Blick frei für das ganze Ausmaß an Nachteilen und verschwiegenen Kosten, die die bisherigen Kompromißformeln des Sozialstaates den Frauen aufbürden oder selbstverständlich voraussetzen. Deutlich geworden ist, daß diese Nachteile nicht zufällig sind, sondern „System" haben.[44] Unbefriedigend ist hingegen eine Diagnose, die die „Armut der Frau" mit der „Armut der Familie" zu erklären meint, eine traditionelle Gleichung, die weder die Probleme oder Aspirationen der Frauen heute trifft, noch die Armut der alleinstehenden Frauen und die Begünstigungen der patriarchalischen Ehe zu erklären vermag.[45] Wenn also die klassengebundene Sozialpolitik die Konfliktlinie zwischen den Geschlechtern bisher ignoriert hat, bleibt zu fragen, welche Konsequenzen die geschlechtsspezifische Erweiterung der Perspektive für möglicherweise bessere Lösungen der gegenwärtigen Krise des Sozialstaats hat.

Die „Soziale Frage" neu gestellt: Politische Antworten

Über alle parteipolitischen Lager hinweg herrscht Einverständnis darüber, daß das überkommene Sozialversicherungssystem, abgesehen von den ökonomischen Ursachen in ihrer weltweiten Verflechtung, zur Zeit vor allem aus drei Gründen überfordert ist: Aufgrund der demographischen Entwicklung, wegen einer Krise des bürgerlichen Familienleitbildes und weil unserer „Arbeitsgesellschaft" angeblich die Arbeit ausgeht. Alle drei Ursachen sind miteinander verbunden und treffen auf Bewußtseins- und Verhaltensänderungen, die unter dem Stichwort „Wertewandel" diskutiert werden.[46] Bei diesen strukturellen Veränderungen bewirkt der Anspruch auf gleichberechtigte Teilhabe der Frauen rein rechnerisch eine Verdoppelung der Probleme. Insbesondere das hartnäckige Nachdrängen der Frauen auf den Arbeitsmarkt – trotz hoher Arbeitslosigkeit, ist ein lästiger Nebeneffekt, den man noch am ehesten meint beeinflussen und steuern zu können.

Das *veränderte Erwerbsverhalten* der Frauen drückt sich aus in einer stetigen Zunahme der absoluten Zahl erwerbstätiger Frauen (seit 1979/80 über 10 Mio.) und in der erheblich angestiegenen Erwerbsquote der Männer. Hinter dem anscheinend kontinuierlichen Anstieg verbergen sich dramatische Entwicklungen: Die berufstätige Frau von heute ist durchschnittlich älter und qualifizierter als die Generation ihrer Mütter, zudem ist sie verheiratet (60% aller erwerbstätigen Frauen), und benahe jede zweite ist Mutter.[47] Diese „widerständige Verhaltenskomponente in Richtung auf eine wachsende Erwerbsneigung"[48] bleibt dennoch ein Faktum, das diese Frauengeneration von allen früheren unterscheidet und nicht mehr wegzudiskutieren ist.

Im Krisenszenario der Konservativen spielen die Frauen eine herausragende Rolle, da das traditionelle Frauenbild all die Werte aufzubewahren scheint, die es nach ihrer Rezeptur der Krisenbewältigung zu restaurieren gilt: Verzicht, Dienen, Mitmenschlichkeit, „neue Mütterlichkeit". Wie soll sich auch „Leistung wieder lohnen", wie sollen sich die Selbstreinigungskräfte des kapitalistischen Marktes, die private Initiative entfalten, wenn es nicht mehr den (männlichen) egoistischen Menschen, den flexiblen, dynamischen und von Alltagsarbeit befreiten Unternehmer/Leistungslohnarbeiter gibt? Die von den Neokonservativen verordnete „Schlankheitskur für den Staat"[49], das Prinzip der Subsidiarität von Staatstätigkeiten und die Ermunterung zur Selbsthilfe läßt sich nur bewerkstelligen, wenn ein großer Teil der Gesellschaftsmitglieder bereit ist, den kompensierenden Part zu übernehmen, den „sozialen Kitt", Erquickung und Emotionalität, einen Schonraum menschlicher Bedürfnisse zu bieten. Die bürgerliche Gesellschaft „funktionierte nur", schreibt H. Dubiel in seiner Kritik des Neokonservatismus, „sofern sie Klassengesellschaft war, d.h. sofern ein Großteil der Bevölkerung – Arbeiter und Frauen – von der Logik der Interessenmaximierung systematisch ausgeschlossen blieb."[50]

In Anbetracht der politischen Praxis dieser Regierung (z.B. des Erziehungsgeldes, des „Babyjahres" oder eines Beschäftigungsförderungsgesetzes, das wesentliche Errungenschaften des Arbeitsrechts vor allem zu ungunsten von Frauen untergräbt) erweisen sich die Partnerschaftsideologie der Familienministerin, die moralische Aufwertung der Mutterschaft nach dem Motto „Mutterschaft ist mehr als Erwerbsarbeit"[51] oder auch die nur rhetorische Anerkennung der Hausarbeit als leere Phrasen. Ebenso wie Heiner Geißler vorher in seiner Version der „Neuen Sozialen Frage" den Konflikt „Kapital/Arbeit" aus der Welt schaffen wollte, weil er „zur Erklärung unserer gesellschaftlichen Wirklichkeit nicht mehr tauge"[52], verspricht Rita Süssmuth, die Frauen zufriedenzustellen mit etwas mehr Gleichberechtigung – wohlweislich unter der Voraussetzung einer zweifelhaften Wahlfreiheit – jedoch *im Rahmen bestehender ungerechter Verhältnisse.*

Die mit so großem Aufwand inszenierte Familien- und Frauenpolitik der CDU aber konnte m.E. nur deshalb so von sich reden machen, weil auf der anderen Seite die Linken, konkret die SPD, nicht nur im Hinblick auf die Frauen sozialpolitisch in die Defensive geriet. Das etatistische Konzept des sozialen Fortschritts, das sich wirtschaftspolitisch auf die Theorie J.M.Keynes' und sein Rezept des Staatsintervenismus zur antizyklischen Überwindung ökonomischer Krisen stützte, verfängt nicht mehr, seitdem mit zunehmender Rationalisierung auch erhöhte Gewinne keine Vollbeschäftigung mehr garantieren. Trotzdem verabschieden sich die Interessenvertreter und „Wirtschaftsexperten" nur zögernd vom sogenannten Keynesianischen Konsens, der vorgab, daß kapitalistischer Profit mit der Verbesserung der Lage der Lohnarbeiter, ja auch mit demokratischer Legitimierung vereinbar sei.[53] Deshalb muten auch die in der Sozialstaatsliteratur weitertransportierten Argumente besonders im Hinblick auf Frauen eher altmodisch an. Durch alle sozialdemokratischen Programme lugt nach wie vor das alte patriarchalische Ehebild von der Ernährerfamilie.[54] Und es rächt sich, daß die Frauenfrage bei den Sozialisten zu lange nur als Nebenwiderspruch galt. Einäugigkeit bleibt da trotz A.Bebel Tradition. Etwa wenn die Gewerkschaften in ihrem Kampf um Arbeitszeitverkürzung niemals auf die Idee kommen, die Verkürzung des „Arbeitstages" nicht nur zugunsten von Freizeit, Fortbildung usf., sondern ausdrücklich zugunsten von mehr Familienarbeit für Männer zu fordern – um gar nicht erst von ihrer Lohn- oder Rentenpolitik zu reden? Oder wenn ein Autor, der die Familienhaftigkeit des sozialen Sicherungssystems kritisiert, doch zugleich vorschlägt, in der Arbeitslosenversicherung „nicht mehr unbedingt das jeweilige Individualeinkommen, sondern nur noch das ‚Gesamteinkommen' des Ehepaares abzusichern".[55]

Einen Ansatz, den Sozialstaat neu zu denken und hierzu insbesondere den engen Zusammenhang zwischen Erwerbsarbeit und Sozialleistungen unter dem Stichwort „Entkoppelung von Arbeit und Einkommen" aufzulösen, bieten die Vorschläge für ein garantiertes Mindesteinkommen aller Bürger, entweder in der Form eines Bürgergehalts, einer negativen Einkommensteuer oder auch nur als bedarfsorientierte Grundsicherung.[56]

Allen diesen Vorschlägen, die neuerdings vor allem von den Grünen offensiv in die sozialpolitische Debatte eingebracht wurden, stellt sich abgesehen von der Finanzierung das Problem, wie sich das garantierte Grundeinkommen mit familiären Unterhaltsansprüchen verträgt, d.h. ob es auch eheunabhängig und individuell, z.B. auch an Ehefrauen zu zahlen ist. So emanzipatorisch dieser „Individualbezug statt Haushaltsbezug"[57] auch konzipiert sein mag, von feministischer Seite[58] wurde dagegen eingewandt, daß Frauen mit diesem Minimum eines Bürgergehalts verstärkt wieder aus der Erwerbsarbeit zurück an den Herd gedrängt werden können. Selbstverständlich dürfen sich Frauen ihre gleichberechtigte Teilhabe und ihr gleiches Recht auf Erwerb nicht so billig abkaufen lassen. Trotzdem frage ich, enthält eine persönlich unabhängige Existenzsicherung nicht doch eine Erweiterung gesellschaftlicher Möglichkeiten und konkreter individueller Spielräume?

In der feministischen Literatur ist mehrfach die Rede davon, daß der Sozialstaat als „ein verlängerter Arm des Patriarchats" seit dem formal egalitären Eherecht in die Fußstapfen des Ehemannes getreten sei. „Der bürgerliche Patriarchalismus alter Art", resümiert U.Beer, „stellte jedem verheirateten Mann eine dienstbare Frau zur Verfügung ... Heute nimmt dieser Patriarchalismus möglicherweise ganz neue Gestalt an: Arbeitskraft und Gratisarbeit von Ehefrauen werden nicht mehr vom Ehemann ‚verplant', sondern von der Bürokratie, geraten ins bewußte Kalkül von Sozialpolitikern."[59]

M.E. gerät die These von der Ablösung der privaten männlichen Gewalt durch die Kontrolle des Staates, vom *Sozialstaat als neuer Spielart des Patriarchats*, zu einseitig, wenn sie die zweischneidige Rolle des Staates und des Rechts verkennt. Zwar ist feministische Skepsis gegenüber Recht, Sozialrechten und Sozialstaat aufgrund der schlechten Erfahrungen von Frauen nur berechtigt. Doch Rechtsverweigerung und Rechtsverneinung laufen Gefahr, mühsam errungene Rechtspositionen aufzugeben, ihren Abbau gar nicht zu bemerken, juristische Kompetenz und Fachwissen gerade auf Spezialgebieten wie dem Sozialrecht anderen, Männern, zu überlassen und damit Chancen zu politischem Handeln, zu Protest und Widerstand zu verpassen. Anregend sind deshalb Vorarbeiten und sozialpolitische Analysen aus einer anderen, offensichtlich pragmatischen Kultur des Feminismus, wie ihn die angelsächsische oder skandinavische Frauenforschung anbietet. Hervorzuheben sind hier insbesondere die Arbeiten von H. Land und H. Rose, die das von dem englischen Klassiker der Sozialpolitiktheorie R. Titmuss entwickelte Konzept des „geteilten Sozialstaates" (the social division of welfare) für die frauenspezifische Analyse des Sozialstaates nutzbar machen.[60]

„Die Titmuss'sche Konzeption eines ‚geteilten Sozialstaates", schreibt H.Rose, „ist potentiell offen für eine Analyse der Art und Weise, wie Sozialpolitik Benachteiligung aufgrund von Rasse, Alter und Geschlecht strukturiert. Der Ansatz verkörpert eine empirische Untersuchungstradition, die sich weigert, alle Formen der Unterdrückung automatisch auf Klassenverhältnisse zu reduzieren. Er erleichtert insbesondere eine Analyse der ‚sexual division of welfare'." Rose fordert eine materialistische Bestandsaufnahme der Sozialpolitik, „die nicht länger gewillt ist, die geschlechtsspezifischen Ungleichheiten in der Gesellschaft dadurch zu reproduzieren, daß man sie theoretisch wie empirisch totschweigt."[61]

Vor skandinavischem Hintergrund stellt H. Hernes in ihrem Beitrag „Die zweigeteilte Sozialpolitik" die provokative Frage, warum feministische Staats-, Sozialstaatstheorien denn immer anti-staatlich sein müssen, und worin die feministische Herausforderung für den demokratischen Staat besteht: „Der moderne Staat ist potentiell eine der wichtigsten Arenen für politisches Handeln und politische Koalitionen zwischen Frauen. Trotz seiner Schwächen (Verrechtlichung, Eingriffe ins Privatleben) ist hier Gleichstellung von Frauen zumindest institutionalisiert. Kann es darum nicht zu einer Machtgrundlage für Frauen werden?"[62]

Auch Hernes geht davon aus, daß in Skandinavien die frühere Abhängigkeit der Frau vom Mann auf den Staat, zumindest in Norwegen, den Frauen ein erträgliches Existenzminimum garantiert, das ihnen eine Wahlmöglichkeit zwischen verschiedenen Abhängigkeiten und damit „die Gelegenheit zu einer gewissen Unabhängigkeit bietet." Hernes' Einschätzung ist keineswegs nur optimistisch, sie sieht die Gefahren der Kontrolle, der Fraktionierung von Fraueninteressen, die Gewalt patriarchalisch/staatlicher Machtverhältnisse und definiert die gegenwärtige politische Situation der Frauen lediglich als Übergang, jedoch mit der Möglichkeit, „als eine Art Sprungbrett zu Autonomie und Selbstdefinierung zu dienen."[63]

In die gleiche Richtung argumentiert Zillah R. Eisenstein. Anlaß ihrer Analyse ist die Demontage sozialer Rechte von Frauen in der Reagan-Administration. Auch nach Eisenstein ist historisch der Übergang patriarchalischer Kontrolle vom Vater/Ehemann auf den Staat zu beobachten. Jedoch sieht die Autorin gerade in dieser abstrakten, unpersönlicheren Abhängigkeit der Frauen ihre Chance zu Subvention des Wohlfahrtsstaats. Sie begründet diese Chance mit den Widersprüchen des Sozialstaats, der die Trennung von Privatsphäre und Öffentlichkeit durchbrochen habe und dessen liberale Verfassung und demokratische Ansprüche die patriarchalen Intentionen durchkreuzen.[64]

Meine Schlußfolgerung lautet: Der neue Feminismus hat zusammen mit der Frauenforschung die bestehende Form der Arbeitsteilung zwischen Männern und Frauen als Dreh- und Angelpunkt aller Frauenunterdrückung und Benachteiligung erkannt und thematisiert. Auch der Sozialstaatskompromiß auf Kosten der Frau ist – wie ich zu zeigen versuchte – Folge dieser Arbeitsteilung. Wenn tatsächlich die über den Markt vermittelte und entlohnte Arbeit so dramatisch knapper wird, die arbeitsgesellschaftliche Utopie also nicht nur ihre Überzeugungskraft (J. Habermas), sondern auch ihre materielle Basis eingebüßt hat, andererseits aufgrund der Entwicklung der Produktivkräfte der gleiche und mehr gesellschaftlicher Reichtum in kürzerer Zeit zu erarbeiten ist, so könnte das endliche Ernstnehmen der Ansprüche von Frauen auf Teilhabe den entscheidenden und kritischen Anstoß zu einer Neuverteilung der verschiedenen Arbeiten, der privaten wie der Erwerbsarbeit, führen, nicht zu Lasten der Männer, ganz im Gegenteil.

Sozialpolitik, die nicht einer überholten und nachgerade altmodischen Antwort auf die neuen sozialen Fragen aufsitzen will, wird darum auf die Erkenntnisse und artikulierten Bedürfnisse der Neuen Sozialen Bewegungen, insbesondere auch der Frauenbewegung hören müssen.

Wegen der strukturellen Veränderungen und der anhaltenden Krise des kapitalistischen Systems bedeutet die Berücksichtigung von Fraueninteressen, ihre Gleichberechtigung auch im Sozialstaat rein rechnerisch eine Verdoppelung der Probleme. Doch da die alte Kompromißformel auch zur Befriedigung der alten Probleme offensichtlich nicht mehr taugt, könnte die Verschärfung der Optik durch die Frauenfrage richtungsweisend für bessere Lösungsmöglichkeiten sein.

Anmerkungen

1) C. Offe, Zu einigen Widersprüchen des modernen Sozialstaates, in: Ders., Arbeitsgesellschaft. Strukturprobleme und Zukunftsperspektiven, Frankfurt-New York 1984, S. 327
2) H. Achinger, Sozialpolitik als Gesellschaftpolitik, Frankfurt 1979, S.1
3) H. Achinger, a.a.O., S.1
4) Vgl. hierzu G. Ritter, Sozialversicherung in Deutschland und England, München 1983, S. 103f
5) Zit. n. H.-U. Bussemer, Frauenemanzipation und Bildungsbürgertum, Weinheim und Basel 1985, S. 11
6) Zit. n. H.-U. Bussemer, a.a.O., S.11
7) Zit. n. H.-U. Bussemer, a.a.O., S. 23 u.S. 15
8) Gesetzlich zum erstenmal geregelt in dem „Gesetz über den vaterländischen Hilfsdienst" vom 5.12.1916
9) Gesetzlich geregelt in den Verordnungen über eine Erwerbslosenfürsorge von 1918 ff seit 1927 durch das Gesetz über Arbeitslosenversicherung und Arbeitslosenvermittlung vom 1.10.1927, AVAVG
10) G. Vobruba, Politik mit dem Wohlfahrtsstaat, Frankfurt 1983, S.55
11) So die vom Rat der Volksbeauftragten in Ausführung dieser Vereinbarung erlassenen Demobilmachungsverordnung, RGBl. 1919, S.355 f; vgl. hierzu ausführlich L. Preller, Sozialpolitik in der Weimarer Republik, Düsseldorf 1978, S.52 ff, S.265 ff
12) Vgl. im einzelnen S. Bajohr, Die Hälfte der Fabrik, Marburg 1979, S. 119 f, u. A. Geyer, Die Frauenerwerbsarbeit in Deutschland, Jena 1924, S.13: 1918 waren 51,2% aller versicherungspflichtig Beschäftigten Frauen, 1923 nur noch 34,6%.
13) Zit. in V. Hentschel, Geschichte der deutschen Sozialpolitik, 1880-1980, Frankfurt 1983, S.67
14) F.L. Neumann, Wirtschaft, Staat, Demokratie, Frankfurt 1978, S. 161 f
15) Vgl. auch R. Bessel, Eine nicht allzu große Beunruhigung des Arbeitsmarktes, in: Geschichte und Gesellschaft 1983, S. 211 ff und S. Rouette, (hg.), Unter allen Umständen, Berlin 1986, S. 159 ff
16) RT-Protokoll 1919, 84. Sitzung, S. 2709
17) Vgl. E. Altmann-Gottheiner (Hg.), Jahrbuch des Bundes Deutscher Frauenvereine 1917, Leipzig u. Berlin 1917
18) Vgl. F.L. Neumann, a.a.O., S. 164: der „Parität" sehr wohl nur als „reduzierte ... Gleichheit" interpretierte.
19) Preller, a.a.O., S. 181
20) I. Kurz-Scherf, Von der Emanzipation des Brunnenmädchens in Heilbädern, in: WSI-Mitteilungen, Ausg. 1986, S.539
21) H. Achinger, a.a.O., S.1
22) L. Preller, a.a.O., S. XVIII
23) C.G. Lenhardt/C. Offe, Staatstheorie und Sozialpolitik, in: C.v.Ferber u.F.X. Kaufmann (Hg.), Soziologie und Sozialpolitik, in: Leviathan 1975, S.49
24) Vgl. St. Leibfried/F. Tennstedt (Hg.), Politik der Armut und Die Spaltung des Sozialstaats, Frankfurt 1985
25) G. Ritter, a.a.O., S. 103 f

26) Vgl. H. Schultz, Der neue Familienlastenausgleich – ungerecht, unverständlich, unzumutbar, in: Informationen für die Frau, Nov./Dez. 1984, S. 6 f
27) G. Lenhardt/C. Offe, a.a.O., S. 103
28) H. Achinger, a.a.O., S. 42 u. 29
29) Die bisher einzige, mir bekannte Ausnahme bildet Th. Schillers noch sehr vorsichtiger Versuch der Perspektiverweiterung auf „familiäre" Abhängigkeitsverhältnisse, vgl. Th. Schiller, Probleme einer Sozialstaatstheorie, in: M.Th. Greven/R. Prätorius/Th. Schiller, Sozialstaat und Sozialpolitik. Krise und Perspektiven, Neuwied-Darmstadt, S. 50
30) Vgl. z.B. S. Koeppinghoff, Einkommenssicherung von Frauen im Alter, Frankfurt/New York 1982; sowie Chr. Herrmann, Gleichstellung der Frau im Rentenrecht, Berlin 1984
31) Vgl. BT-Drucks. 10/2235, S. 65; sowie A. Wichert, Expertise zu „Frauenrechte im Sozialstaat"
32) Bundestags-Drucks. 10/4550, S. 70
33) Vgl. S. Jonas/H.W. Müller/W. Steeger, Erste Ergebnisse der Stichprobenerhebung zur Reform 1982, Teil II in: DRV 1982, Übersicht 27
34) Vgl. Frauen in der Bundesrepublik, Hsg. v. BMJFG, Bonn 1984, S. 23
35) BT-Drucks 10/2235, S. 58
36) Vgl. P. Schallhöfer, Expertise zu „Frauenrechte im Sozialstaat", S. 26, eigene Berechnungen auf der Grundlage von „Statistisches Bundesamt" (Hg.) Sozialhilfe 1982, Fachserie 13, Reihe 2, 1984
37) Vgl. C. Müller, in: Vorgänge 73, 1985, S. 72 f
38) Vgl. W. Klauder/G. Kühlewind (Hg.), in: Beitr. AG 56/1981; sowie H.H. Noll, in: MittAB 4/1978
39) Vgl. Böckler-Studie, W. Balsen u.a. 1983, S. 89 f
40) W. Adamy, Arbeitslose Frauen – Benachteiligung mit System in: Soziale Sicherheit, 1/1987, S. 22 f (23)
41) W. Adamy, a.a.O., u.
42) Bundesminister der Finanzen, Hg. 9., Subventionsbericht, Bonn 1983, S. 6 f
43) A. Mennel, Expertise zu „Frauenrechte im Sozialstaat"
44) So auch W. Adamy, a.a.O.
45) So aber B. Riedmüller, Armutspolitik und Familienpolitik. Die Armut der Familie ist die Armut der Frau, in S. Leifried/F. Tennstedt (Hg.), Politik der Armut, a.a.O., S. 311 ff, anders im Ansatz: I. Kickbusch/B. Riedmüller, Die armen Frauen. Frauen und Sozialpolitik, Frankfurt 1984; in: Dies. (Hg.): Theoretische Perspektiven einer Sozialpolitikanalyse
46) Vgl. beispielhaft J. Matthes, Krise der Arbeitsgesellschaft? Verhandlungen des 21. Deutschen Soziologentages in Bamberg 1982, Frankfurt 1983

47) 1982 = 44%, vgl. Der BMJFG, Hg. Frauen in der BRD, 1984, S. 21
48) So der bürokratische Jargon (ANBA 3/1986, S. 203)
49) So der Titel eines sozialpolitischen Rezeptbuches mit Beiträgen von L. Späth u.a., Stuttgart 1979
50) H. Dubiel, Was ist Neokonservatismus? Frankfurt 1985, S. 41
51) Sozialausschüsse der Christlich-Demokratischen Arbeitnehmerschaft (Hg.); Die sanfte Macht der Familie, Leitsätze, Mannheim 1981, Nr. 14
52) Heiner Geißler, Die Neue Soziale Frage, Freiburg 1976, S. 14
53) Vgl. hierzu ausführlich G. Vobruba, a.a.O., S. 129 f
54) Vgl. „Die Zukunft sozial gestalten", Entwurf. Arbeitsgruppe sozialpolitisches Programm und Kommission Sozialpolitik beim SPD-Parteivorstand, Bonn 1986, S. 5 u. 6
55) Dieter Schäfer, Anpassung des Systems der sozialen Sicherung an Rezession und Unterbeschäftigung, in: Sozialer Fortschritt, Heft 6, 1983, S.121 ff (132)
56) Vgl. zur umfangreichen Literatur zu diesem Punkt stellvertretend: Thomas Schmidt (Hg.), Befreiung von falscher Arbeit. Thesen zum garantierten Mindesteinkommen, Berlin 1984, sowie Michael Opielka (Hg.), Die ökosoziale Frage. Entwürfe zum Sozialstaat, Frankfurt 1985 und Michael Opielka/Georg Vobrube (Hg.), Das garantierte Grundeinkommen. Entwicklung und Perspektiven einer Forderung, Frankfurt 1986
57) So insbesondere Michael Opielka/Heidrun Stalb, Das garantierte Grundeinkommen ist unabdingbar, aber es genügt nicht, in: M. Opielka/G.Vobruba, a.a.O., S. 73 f (82)
58) Z.B. Ilona Ostner, Kurzfristige Vorschläge auf dem Weg zum garantierten Grundeinkommen – Notizen aus der Perspektive von Frauen. Beitrag auf dem Hearing „Basislohn/Existenzsicherung", Wien 1985, S. 7
59) U. Beer, Marxismus in Theorien der Frauenarbeit. Plädoyer für eine Erweiterung der Reproduktionsanalyse, in: Feministische Studien 1/1983, S. 136-147 (145)
60) M. Tittmuss, The Position of Women. Essays on the Welfare State, London 1959
61) Wohlfahrt ohne Frauen, in: I. Kickbusch/B. Riedmüller (Hg.), a.a.O., S. 17
62) H. Hernes, Die zweigeteilte Sozialpolitik: Eine Polemik, in: Karin Hansen/Helga Nowotny (Hg.), Wie männlich ist die Wissenschaft?, Frankfurt 1986, S. 167
63) H.Hernes, a.a.O., S. 169 u.S.171
64) Z. Eisenstein, The Patriarchal Relations of the Reagan-State, in: Signs 1984, No. 2, S. 329-337 (330)

Auf der Suche nach einer Variante, die die Erwerbsarbeit den Lebensbedürfnissen unterordnet.

Ulrich Mückenberger

Erwerbsarbeit *oder* Hausarbeit?
Zur Überwindung einer verfehlten Alternative

Nachfolgend wird ein Regelungsmodell vorgestellt, das Männern und Frauen – unter gegebenen sozialen Bedingungen vor allem Frauen – ermöglichen soll, Erwerbsarbeit und nicht-erwerbliche Arbeit in freier, selbstbestimmter, den Lebensbedürfnissen angepaßter Weise miteinander vereinbaren zu können, ohne daß der zeitweilige Ausstieg aus dem Erwerbsleben zu sozialer Diskriminierung führt. Gesucht wird damit nach einer sozialverträglichen Variante der Flexibilisierung der Arbeit – also einer Variante, die die Erwerbsarbeit den Lebensbedürfnissen unterordnet, nicht umgekehrt. Ich kann dieses Modell allerdings nicht vorstellen, ohne zuvor einige Rahmenbedingungen – gerade auch zum Verhältnis von Frauen und Erwerbsarbeit – umrissen zu haben, auf die meine Überlegungen zugeschnitten sind.

Die Schwierigkeit, Erwerbstätigkeit mit Lebensbedürfnissen vereinbar zu machen

Nach wie vor bestimmt bei uns in hohem Maße die berufliche Stellung zugleich die gesellschaftliche. Wer nicht oder nur randständig erwerbstätig ist, ist diskriminiert oder muß mit Diskriminierung rechnen. Nicht-erwerbstätige Frauen bekommen dies spätestens bei Konflikten in der Beziehung, bei Ehescheidung, bei eigenen Weiterqualifizierungsbedürfnissen oder Veränderungen in den Lebensentwürfen zu spüren.

Andererseits setzt sich zunehmend die Einsicht durch, daß Erwerbsarbeit nicht der Dreh- und Angelpunkt des Lebens ist, zu dem sie die kapitalistische Industriekultur gemacht hat. Selbst die traditionellsten Vertreterinnen der Frauenbewegung sagen heute nicht mehr, daß es der einzige Weg zur Befreiung und Gleichberechtigung der Frau sei, in der Erwerbsarbeit ihre materielle Absicherung und ihre Erfüllung zu finden. Nicht zuletzt die Kritik der bestehenden Formen von Industrie- und Verwaltungsarbeit hat zu der Forderung geführt, die Erwerbsarbeit Lebensbedürfnissen unterzuordnen, Freiräume zu schaffen für Tätigkeiten, die den Rhythmen des häuslichen und familiären wie auch des gesellschaftlichen Lebens entsprechen.

Nach wie vor haben Männer bei uns eine dominierende Stellung in der Berufswelt. Frauen nehmen – wenn auch zunehmend – nur unterdurchschnittlich am Erwerbsleben teil und sind nach wie vor hauptsächlich mit häuslicher und familiärer Arbeit belastet. Aus dieser Rollenzuweisung resultiert zwangsläufig Diskriminierung von Fauen.

Wenn man Freiräume für außerberufliche

Tätigkeit zu schaffen versucht, so besteht — selbst wenn diese Freiräume für Männer und Frauen gedacht sind, aber faktisch nur von Frauen wahrgenommen werden — die Gefahr, daß deren Diskriminierung aufrechterhalten oder gar vertieft wird. Vermieden werden kann sie nur, wenn es einen diskriminierungsfreien Zugang zum Erwerbsleben gibt, der beiden Geschlechtern gleichermaßen als realisierbare Möglichkeit, als „Option", zur Verfügung steht.

Muß ein zeitweiliger Berufsausstieg ein dauerhafter werden?

Die Schwierigkeit, in der gegenwärtigen gesellschaftlichen Situation Räume für selbstbestimmte Auflockerung der Erwerbsbiographie zu schaffen, ergibt sich aus folgendem. Wer überhaupt Zugang zu einem Arbeitsplatz findet, steht meist vor der Alternative, sich entweder der beruflichen Tätigkeit voll und auf Dauer zu verschreiben oder in mehr oder minder randständige Tätigkeiten abgedrängt zu werden. Es gibt keine gut abgesicherte Form der Berufstätigkeit, die genügend zeitlichen Freiraum gibt, um daneben häusliche, familiäre und andere nicht bezahlte gesellschaftliche Tätigkeiten zu verrichten. Wer im Berufsleben nicht frühzeitig hat Fuß fassen können, steht in der Gefahr, dies auch in der Zukunft nie tun zu können. Wer für gewisse Lebensphasen — Kindererziehung ist sicher das häufigste Beispiel — ganz oder teilweise aus dem Erwerbsleben ausscheidet, muß damit rechnen, daß dies ein unfreiwilliger Ausstieg auf Dauer ist. „Brüche" in der Erwerbsbiographie — so weist uns die Statistik nach — ziehen regelmäßig weitere „brüchige", ungeschützte Erwerbsrollen nach sich. Daß dieser Tatbestand unter gegenwärtigen Bedingungen vor allem Frauen trifft, weil sie den Großteil der Arbeit im Haushalt und in der Familie verrichten, ist bekannt. Solange dies unverändert bleibt, ist ihre Situation von dem Dilemma gezeichnet, *entweder* vom Arbeitsmarkt gänzlich oder teilweise abgedrängt und auf diese Weise von fremdem Unterhalt und fremder sozialer Sicherung abhängig gemacht zu werden *oder* sich zwar durch volle kontinuierliche Erwerbstätigkeit unabhängig zu machen, sich aber dann in der Doppelbelastung und in ungeheurem Zeitmangel zu verschleißen.

Eigentlich ist das umschriebene Problem — daß ein als zeitweilig gedachter Berufsausstieg zu einem „way of no return" wird — genauso als Männerproblem zu formulieren. Schließlich begründet es den Zwang zu lebenslanger ununterbrochener Vollzeitarbeit und verhindert umgekehrt — wie Claudia Pinl es genannt hat — die „vollständige Integration der Männer in die Familienwelt". Aber da bislang nur eine Minderheit von Männern solche Ausstiegserfahrungen gemacht hat, ist bei ihnen Leidensdruck und entsprechender Lösungsbedarf noch kaum vorhanden. Dies wiederum verschärft noch das Problem der Frauen, weil so zu den strukturellen Arbeitsmarktproblemen noch der Widerstand von Männern gegen eine Neugestaltung der Rollen im Berufsleben und in der Familie hinzutritt.

Ansätze, IHN in die Familienwelt, SIE in die Arbeitswelt zu integrieren

Die umschriebene Problemkonstellation erfordert eine Kette von Lösungswegen. Erstrebenswert ist *erstens* — zumindest im Sinne einer realisierbaren Chance — die Integration von Frauen in die Arbeitswelt — und zwar auf mit Männern gleichberechtigtem Niveau. Dafür aber ist *zweitens* eine Neuverteilung der Arbeiten im reproduktiven Bereich notwendig. Dies wiederum erfordert *drittens* eine sozialverträglichere Ausgestaltung der Berufsrollen *beider* Geschlechter in der Weise, daß die Erwerbsbeteiligung den Lebensbedürfnissen flexibler angepaßt werden kann und daß sie insgesamt zugunsten der Freizeit verkürzt wird. Vermutlich ist die Neuverteilung der Arbeiten und Rollen im reproduktiven Bereich das Wichtigste der drei Erfordernisse. Im Gegensatz zu den beiden übrigen ist es aber mit Mitteln staatlicher Arbeits- und Sozialpolitik kaum direkt zu beeinflussen. Die direkte staatliche Reglementierung von Lebensweisen und Beziehungsgestaltungen wäre auch alles andere als wünschenswert. Für realistisch und wünschenswert halte ich aber, durch veränderte staatliche Arbeits- und Sozialpolitik positive Anreize zu schaffen, die häusliche und erwerbliche Arbeit zwischen Männern und Frauen neu – und zwar *gleich* – zu verteilen. Soweit ich sehe, gibt es unter denen, die dieses Problem seriös zu lösen versuchen, drei Ansätze, die sich teilweise auch schon auf praktische Erfahrungen bei uns oder in anderen Ländern beziehen können. – Auf dem Gebiet der Arbeitszeitpolitik werden fortschrittliche Modelle entwickelt, die eine selbstbestimmte Flexibilisierung der täglichen, wöchentlichen, jährlichen und Lebensarbeitszeit anstreben – mit dem Ziel, auch für Vollerwerbstätige ohne Preisgabe ihres Arbeitsplatzes Freiräume für nicht-erwerbliche Arbeiten zu schaffen.

– In Schweden wird seit längerem das sogenannte „Schwedische Modell" praktiziert (mit einer Annahmequote immerhin von 17%), das Eltern bis zu einem bestimmten Alter ihrer Kinder die Option einräumt, für beide eine verkürzte Wochenarbeitszeit beanspruchen zu können. – Zunehmend (und dies ist der Schwerpunkt meines Beitrages) wird gefordert, Personen, die wegen häuslicher oder familiärer Tätigkeiten nicht erwerbstätig geworden sind oder ihre Erwerbstätigkeit aufgegeben haben (das werden heute regelmäßig Frauen sein, doch dies muß nicht so bleiben), mit arbeits- und sozialpolitischen Mitteln den Zugang (ggf. Wiederzugang) zur Berufstätigkeit zu eröffnen.

Nimmt man die derzeitige geschlechtliche Arbeitsteilung zum Ausgangspunkt, so zielen die beiden erstgenannten Wege auf die Verringerung der Erwerbsarbeit von Männern – sie zielen also auf deren Integration in die Familienwelt. Der letztgenannte Weg zielt darauf, Frauen von Zugangsbarrieren zum Beruf zu befreien und dadurch gesellschaftlich unabhängiger, freier in der Wahl ihrer Lebensgestaltung zu machen. Paradoxerweise haben aber alle drei Wege zum Ziel *wie* zur Voraussetzung, daß bei einer nennenswerten Zahl von Männern und Frauen heute Bereitschaften zu veränderten beruflichen und privaten Rollen bestehen, denen durch ein solches Anreizsystem Raum gegeben werden kann.

Wahlfreiheit setzt realisierbare Alternativen voraus

Ich halte den zuletzt genannten Weg – den Zugang zur beruflichen Tätigkeit zu eröffnen – für den wichtigsten. Unter Zugang verstehe ich dabei (wie ich noch erläutern werde) nicht nur die erste Aufnahme einer Berufstätigkeit, sondern auch die Berufsausbildung und die Rückkehr in die Berufstätigkeit nach Phasen nicht-erwerblicher Tätigkeiten. Wäre der Zugang zur Berufstätigkeit in diesem Sinne gewährleistet, so könnten bestimmte Lebensphasen risikolos ganz oder teilweise nicht-erwerblichen Tätigkeiten gewidmet werden. Ich rede damit nicht einem „Recht auf Arbeit" im Sinne der traditionellen Sozialdemokratie das Wort. Es geht mir gerade umgekehrt um die Eröffnung einer wirklichen *Wahlfreiheit* zugunsten außerberuflicher Tätigkeit, die aber eben nur dann wirkliche *Wahlfreiheit* ist, wenn auch die umgekehrte Entscheidung für eine angemessene Berufstätigkeit offensteht. Die Entscheidung, nicht oder nur teilweise erwerbstätig zu sein, ist nur dann frei, wenn – und dies genau ist eben heute bei dem Heer der an den Rand des Arbeitsmarktes gedrängten Frauen nicht der Fall – *auch* die Entscheidung für volle Berufstätigkeit möglich und realistisch wäre. Vor allem drei Schwellen sind es, an denen sich das Problem des Zugangs zur Berufstätigkeit stellt:

– Überhaupt einen den eigenen Fähigkeiten und Bedürfnissen entsprechenden Beruf erlernen zu können,

– eine der eigenen beruflichen Bildung entsprechende Erstbeschäftigung erlangen zu können,

– nach Phasen vollständigen oder teilweisen Ausstiegs aus der Erwerbstätigkeit eine Requalifizierung und den (vollen) Wiedereintritt in das Erwerbsleben erlangen zu können.

Nur wenn für diese drei Schwellen Lösungen bestehen, ist die Entscheidung, etwa familiäre Arbeit der beruflichen vorzuziehen, nicht mit dem Risiko dauerhafter Ausgrenzung aus dem Berufsleben behaftet. Die Lösungen müssen dabei ein doppeltes Ziel verfolgen. Einmal müssen sie den spezifischen Zugangsschwierigkeiten von Frauen zum Beruf Rechnung tragen – insofern also antidiskriminierend wirken. Zum anderen sollen sie aber Männern *wie* Frauen das Modell gleicher Teilhabe an beruflicher wie häuslicher Tätigkeit anbieten – dies erfordert geschlechtsneutrale, also auch Männern zugute kommende Ausgestaltungen.

Als Mindestbedingung: Das Drei-Schwellen-Modell

a) Die erste Schwelle – der Zugang zur Berufsausbildung – wird heute vielfach als bewältigt dargestellt. Ausgegangen wird dabei von einem rein quantifizierenden Vergleich zwischen Ausbildungsplatzangebot und -nachfrage. Übersehen wird, daß das derzeitige Berufsbildungssystem zu zahllosen Diskriminierungen und Fehlqualifikationen führt. Gerade Mädchen werden oft in völlig perspektivlosen Berufen ausgebildet oder in staatlichen Bildungsgängen auf tradierte weibliche Lebensentwürfe festgelegt. Solche „Ausbildungen" machen sie eben gerade nicht zu einem qualifizierten Berufszugang fähig. Vielmehr ist hier schon ihre diskriminierte Rolle auf einem segmentierten Arbeitsmarkt – damit aber auch die Unfreiwilligkeit der Übernahme „frauentypischer" Rollen – vorprogrammiert.

Das geltende Recht steht konkreten Ausbildungspflichten von Unternehmen jedenfalls dort, wo diese unterproportional ausbilden und später überproportional Ausbildungsabsolventen beschäftigen, nicht entgegen. Zulässig sind auch geschlechtsspezifische Ausbildungsquoten; denn es handelt sich hierbei lediglich um den Zugang zu Qualifizierungsprozessen, bei dem ein Qualifikationsvergleich der Bewerber beiderlei Geschlechts eben gerade nicht erforderlich ist.

b) Angesichts der immer noch überproportional hohen Jugendarbeitslosigkeit wird oft der Gedanke diskutiert, Jugendlichen nach der Berufsausbildung einen Ersteinstieg in das Beschäftigungssystem zu sichern. Denn von diesem Ersteinstieg hängt ab, ob junge Menschen überhaupt den Zugang zu beruflichen Rollen – einschließlich der dort gegebenen Wahlfreiheit zwischen Erwerbs- und nicht-erwerblicher Tätigkeit – wie auch zu allen sozialen Sicherungssystemen erlangen.

In Frankreich wurde während der Reformwelle zwischen 1979 und 1982 eine Regelung eingeführt, derzufolge Ausgebildete einen positiv-rechtlichen Anspruch darauf haben, wenn überhaupt, dann unbefristet beschäftigt zu werden. Dies ist mittlerweile – schon unter der sozialistischen Regierung – wieder liquidiert worden. Ein Abglanz eines Anspruchs auf Erstbeschäftigung findet sich (wenn auch marktradikal deformiert) im Beschäftigungsförderungsgesetz 1985, wo sich eine Privilegierung befristeter Beschäftigung von Ausgebildeten im Ausbildungsbetrieb findet.

Man müßte an diesen Ansätzen anknüpfen und einen Anspruch auf Erstbeschäftigung thematisieren. Will man allerdings hierbei nicht sofort wieder den Zwang zu kontinuierlichen Berufskarrieren aufbauen, so müßte ein solcher Ersteinstellungsanspruch von dem unmittelbaren zeitlichen Zusammenhang mit dem Berufsausbildungsverhältnis gelöst werden. Zu überlegen wäre auch, inwieweit ein solcher Anspruch an den Ausbildungsbetrieb gekoppelt bleiben muß oder auf andere Betriebe übertragbar gestaltet werden kann. Gerade beim Zugang zur Erstbeschäftigung reichen generelle Einflußnahmen nicht aus, denn gerade hier greifen aller Erfahrungen nach die schärfsten geschlechtsspezifischen Diskriminierungen. Deshalb bedarf es hier einer bewußten Gegensteuerung in Gestalt positiver Diskriminierung von Frauen, d. h. der Bevorzugung von Frauen, soweit diese *ohne* solche positive Diskriminierung benachteiligt werden. Positiv-rechtlicher Anknüpfungspunkt wäre hier § 611 a BGB, der – freilich unzulänglich – europäisch-rechtliche und grundgesetzliche Gleichbehandlungsgebote hinsichtlich des Beschäftigungszugangs konkretisiert. Dieser Anknüpfungspunkt müßte zu einem Instrument ausgebaut werden, das wirklichen Arbeitsplatzzugang gewährleistet, und müßte um Instrumentarien ergänzt werden, die die Diskriminierungsabwehr auch institutionell (z. B. durch Quotenregelungen und Frauenförderpläne) verankern.

c) Vielgestaltiger – weil vielfältigeren Problemkonstellationen entsprechend – müßten Regelungen sein, die den Wiederzugang zur Erwerbstätigkeit nach Phasen außerberuflicher Tätigkeit betreffen. Solche Rückkehransprüche können mehrfach und aus verschiedenen Anlässen – es muß ja nicht Kindererziehung, sondern kann auch Weiterbildung, kulturelle Tätigkeit, Herumvagabundieren sein – auftreten. Es kann sich auch um die Rückkehr aus frei gewählter Teilzeitarbeit in Vollzeitarbeit handeln. Und immer wird mit längeren Ausstiegsphasen aus der Berufstätigkeit ein Requalifizierungsbedarf bei dem Wiedereinstieg auftreten, dem Rechnung zu tragen ist. Es kommt mir hier aber nur auf den Grundgedanken der dritten Schwelle an. Ansprüche auf Rückkehr in die Erwerbstätigkeit nach einer Phase außerberuflicher Tätigkeit finden sich bereits in bestimmten gesellschaftlichen Teilbereichen. Nur sind die Tätigkeiten, die eine solche Rückkehroption zulassen, eng begrenzt – etwa die Ableistung des Wehrdienstes oder des Zivildienstes, die Tätigkeit als Abgeordneter. Zu denken ist hier aber auch an den Kündigungsschutz, den – von den Mängeln ist hier nicht zu sprechen – das Bundeserziehungsgeldgesetz den zu Erziehungsurlaub berechtigten Elternteilen bietet. In all diesen Fällen knüpfen Gesetze an fest umrissene Tatbestände, die zu einem Ruhen des Arbeitsverhältnisses führen, die Option, die Rechte und Pflichten aus dem Arbeitsverhältnis wieder aufleben zu lassen.

Freilich erfahren all diese Beispiele heute erhebliche Beeinträchtigungen durch die Tendenz zur Erleichterung des Abschlusses befristeter Arbeitsverhältnisse: Die Befristung beseitigt nämlich definitiv die Rückkehroption.

An den bislang vorgetragenen Überlegungen ist unbefriedigend, daß die Rückkehroption immer an das jeweilige Ausgangsarbeitsverhältnis gebunden bleibt. Dies setzt nicht nur den Fortbestand des früheren Betriebes voraus, sondern verhindert auch eine von den Arbeitenden selbst bestimmte Mobilität, die man ja auch als einen Freiheitsgrad ansehen kann. Wieweit mit dem bestehenden oder weiterzuentwickelnden rechtlichen Instrumentarium allerdings eine „Übertragbarkeit" des Wiederbeschäftigungsanspruches von Betrieb zu Betrieb vereinbar zu machen wäre, ist noch eine offene Frage. Bei dieser dritten Schwelle stellt sich das Diskriminierungsproblem anders als bei den zuvor genannten. Gewiß ist ein Fortschritt, daß das Bundeserziehungsgeldgesetz geschlechtsneutral ausgestaltet ist, somit nicht schon vom *Gesetz* her die tradierte familiäre Rolle der Frau verfestigt. Damit ist aber keineswegs das Problem gelöst, daß die *tatsächliche* Inanspruchnahme von Freistellungen für nicht-erwerbliche Tätigkeit den tradierten Geschlechtsrollen entsprechen kann und wird. Denkbar sind hier individuelle Lösungen — etwa daß der Anspruch auf Teilfreistellungen mit Rückkehroption und einer gewissen staatlichen Entschädigung nur dann besteht, wenn er von beiden Elternteilen gleichermaßen geltend gemacht wird. Aber auch hier wäre an den Gedanken kollektiver Regulierung anzuknüpfen — etwa daß geschlechtsspezifische Quoten hinsichtlich der Teilfreistellungen oder Vollbeurlaubung für nichtberufliche Tätigkeiten aufgestellt werden. Vielleicht werden ja auch einmal „Männerförderpläne" entwickelt, die versuchen, Arbeitsgestaltungen daraufhin zu verändern, daß Ausstiegswillige zeitweilig ausscheiden und nach einer institutionalisierten Requalifizierungsphase wieder in den Beruf eintreten können.

Und weiter?

Das soeben umrissene Modell wird — seine konkrete Ausgestaltung sowie seine Durchsetzung vorausgesetzt — natürlich das Problem der tradierten geschlechtsspezifischen Rollen und der ihnen entsprechenden Diskriminierung nicht lösen. Die Überlegungen konfrontieren auch ständig mit dem Unbehagen daran, mit rechtlichen und sozialpolitischen Maßnahmen Werthaltungen, kulturelle Normen, zwischenmenschliche Beziehungen verändern zu wollen. Ein Anreizsystem der von mir umrissenen Art stößt aber wohl nicht auf diese Bedenken. Es „zwingt" keinen Mann zur Aufgabe seiner traditionellen Geschlechtersicht, es zwingt auch keine Frau zum Kampf für Emanzipation. Es gibt lediglich dort, wo Menschen ein anderes Verhältnis zu sich und dem anderen Geschlecht suchen, Spielräume, dieses andere Verhältnis praktisch zu erproben. Wie anders als so aber sollte selbst der radikalste Wandel in der Geschlechterfrage denn beginnen?

Ralf Fücks

Männer, Kinder und Karriere
Skeptische Anmerkungen zur Vereinbarkeit von Berufsorientierung und Leben mit Kindern

Daß Männer mit Kindern traditionell nichts am Hut hätten, ist ein böses Vorurteil. Auch vor dem Zeitalter (oder der Episode?) der „neuen Männer" gab es die in ihre Kinder vernarrten Väter. Allerdings: Ihre Kinderliebe basierte darauf, daß sie sich die Nachkommen über weite Strecken des Tages vom Hals hielten, also die *Arbeit* der Versorgung und Betreuung etc. den *Müttern* überließen und für sich das Vergnügen zeitlich begrenzter Begegnungen reservierten (von den hauptsächlich strafrichternden Vätern ist hier nicht die Rede).

Damit ist nicht gesagt, daß die kontinuierliche Beschäftigung mit den Kindern über alle Höhen und Tiefen des Alltags hinweg notwendig den Charakter mühseliger Pflichterfüllung annehmen müßte. Allerdings besteht ein eklatanter Unterschied im Grad der *Freiwilligkeit* respektive *Verpflichtung* von Männern und Frauen im Zusammenleben mit ihren Kindern.

Im Rahmen der traditionellen Arbeitsteilung ist der Kontakt von Vätern zu ihren Kindern auf den Bereich der „Freizeit" begrenzt, und auch dort können Männer entsprechend der eigenen Wünsche und Interessen dosieren, wie weit sie sich auf die Bedürfnisse von Kindern einlassen. Es herrscht also das Prinzip der Freiwilligkeit in der Beziehung von Mann und Kind – ein Umstand, der sich durchaus positiv auf den Umgang zwischen ihnen auswirkt.

Mütter dagegen leben in der Regel in Zwangsgemeinschaft mit ihren Kindern, nicht unbedingt zum beiderseitigen Gewinn. Eben diese exklusive Verpflichtung, rund um die Uhr „für die Kinder da zu sein", läßt manche so harsch von der „Arbeit der Kinderaufzucht" sprechen; ein Ausdruck, der nicht nur Anhängerinnen des Müttermanifests das Blut gefrieren läßt.

Tatsächlich ist leicht einsichtig, daß jede Tätigkeit, die potentiell eine *Lust* darstellt, zur *Last* werden kann, wenn sie zur unentrinnbaren Verpflichtung wird. Es ist also auch für Männer durchaus nachvollziehbar, daß Frauen die ausschließliche Zuständigkeit für das Wohl und Wehe von Kindern loswerden und die Väter in diese Tätigkeit einbinden wollen, um selbst neue Freiräume zu gewinnen. Dafür gibt es auch unabhängig von beruflichen Ambitionen gute Gründe.

Wohlmeinende Frauen wie Männer pflegen der Männerwelt diese Revolution der geschlechtsspezifischen Rollenverteilung gern mit dem Argument schmackhaft zu machen, auch die Väter könnten nur *gewinnen*, wenn sie intensiver mit ihren Kindern lebten.

Da ist viel Richtiges dran, und trotzdem wirkt der Köder nicht: *Freiwillig*, in selbst gewählten Zeiträumen und selbstbestimmtem

Ausmaß mögen sich wohl eine wachsende Zahl Männer intensiver um ihre Kinder kümmern – aber eben nicht mit der gleichen Verbindlichkeit und Priorität, mit der das Mütter tun (sollen).

Was sollte einen Mann bewegen, die Freiheit aufzugeben, seine Zeit und Energie nach eigenem Gusto zwischen Beruf, Freizeitvergnügen, Politik und Kinderbetreuung aufzuteilen? Es gibt vermutlich nur zwei Motive, die Männer dazu bringen können, sich diesem Konflikt ernsthaft zu stellen (von der fehlenden Berufsperspektive einmal abgesehen, aber da hört die Freiheit der Wahl auf):

Erstens die Notwendigkeit, sich für den Alltag mit Kindern zu entscheiden, um sich nicht von ihnen trennen zu müssen: eine Alternative, die mit der Trennung der Eltern auftauchen kann.

Zweitens die Liebe zu einer Frau, die um die Erweiterung ihrer außerhäuslichen (beruflichen, politischen, kulturellen) Möglichkeiten kämpft: wobei auch hier Fall eins als Konsequenz von zuviel männlicher Immobilität droht.

Daß die Zahl der Männer wächst, die im Fall eins nicht auf das Zusammenleben mit ihren Kindern verzichten mögen, auch wenn sie dafür viele liebgewonnene Freiheiten aufgeben müssen, ändert nichts daran, daß diese Bereitschaft auf absehbare Zeit absolut minoritär bleiben wird. Zu groß ist die Kluft zwischen dem verinnerlichten männlichen Lebensentwurf und dem Leben eines alleinerziehenden Vaters (es sei denn, er kann die Funktion der Kinderbetreuung über die größte Strecke des Tages wieder an Frauen delegieren, diesmal als bezahlte Arbeit von „Leihmüttern").

Fall zwei – die Auseinandersetzung mit einer auf Gleichberechtigung pochenden Frau – läuft in der Regel auf einen zähen, immer wieder aufbrechenden Konflikt um verfügbare Zeit und Entfaltungschancen hinaus. Wenn es gutgeht, gibt es Annäherungen in Richtung Gleichberechtigung, wenn nicht, vergrößert sich das Heer der schiffbrüchigen Beziehungen. Wie sehr inzwischen der „Geschlechterkampf", das Ringen um eine neue Rollenbalance und Arbeitsteilung zu einem Sprengsatz für Lebensgemeinschaften zwischen Frauen und Männern geworden ist, kann jede(r) an der wachsenden Zahl von Singles und Alleinerziehenden gerade im Milieu des alternativen Mittelstands ablesen. Auch die zunehmende *Absage ans Kinderkriegen* von seiten ihre Unabhängigkeit schätzender Frauen (und Männer!) ist ein deutlicher Hinweis auf die verbreitete Skepsis gegenüber dem Modell der partnerschaftlichen „Vereinbarkeit von Familie und Beruf".

Statt gleicher Rechte und Pflichten von Vätern und Müttern also der beschleunigte Zerfall der Kleinfamilie in ihre eingeschlechtlichen Atome und in letzter Konsequenz die Kinderlosigkeit als vermeintliche Basis persönlicher Entfaltung – auch diese Tendenzen gehören zur vorläufigen Bilanz des Projekts der „Aufhebung der geschlechtsspezifischen Arbeitsteilung".

Spätestens hier beginnen gewöhnlich die Schuldzuweisungen an *die Männer* und ihre zähe Weigerung, den ihnen gebührenden Anteil der Reproduktionsarbeit zu übernehmen (von ihren sonstigen schlechten Eigenschaften sei hier abgesehen).

Allerdings wird die Forderung, Beruf, gesellschaftliche Aktivität und das Leben mit Kindern unter einen Hut zu bringen, zum puren *Voluntarismus*, solange er lediglich als Anspruch an die Subjekte gerichtet wird, während die gesellschaftlichen Strukturen nach wie vor auf der traditionellen Arbeitsteilung aufbauen. Unabhängig vom guten oder schlechten Willen der Individuen ist gegenwärtig die Verantwortung für Kinder und die Wahrnehmung eines anspruchsvollen Berufs nur in Ausnahmefällen vereinbar.

Kinder, das gehört zu ihrer Natur, sperren sich grundsätzlich gegen den Grad an Verfügbarkeit, Regelmäßigkeit und Konzentration „auf die Sache", der in der durchrationalisierten Leistungswelt der Erwerbsarbeit (oder Politik) gefordert wird. Kinder berufstätiger Eltern werden immer zum „falschen" Zeitpunkt krank. Sie wachen nachts auf, wenn Papa gerade über einer Arbeit brütet, die am nächsten Morgen fertig sein muß. Sie beanspruchen die Wochenenden, an denen die interessanten Kongresse und die informellen Weichenstellungen stattfinden. Sie brauchen just dann viel Zuwendung, wenn ihre Eltern am meisten unter Streß stehen. Und sie tappen besonders gern in einen Scheißhaufen, wenn ihr Erzeuger sie schnell zur Kindergruppe bringen will, um noch rechtzeitig zu einem wichtigen Termin zu kommen. Das alles macht sie so liebenswürdig und nervenfressend zugleich. Diesen objektiven Konflikt zwischen Kindererziehung und Berufsorientierung zu ignorieren, führt notwendig zu Spannungen und Kräfteverschleiß. Voll berufstätige Eltern kleiner Kinder leben in dem Zwiespalt, keiner der beiden Welten ganz gerecht zu werden, geschweige denn ausreichend Zeit und Energie für sich selbst oder für die anderen Seiten des Lebens zu haben. So wird die Zeit, in der sich Männer und Frauen auf dem Zenit ihrer Leistungskraft befinden, unter dem Druck der emanzipatorischen Ansprüche zu einer Periode chronischer Überforderung.

Es ist diese massenhafte soziale Erfahrung, die auf der einen Seite zur Reproduktion der geschlechtsspezifischen Arbeitsteilung und auf der anderen Seite zum Verzicht auf Kinder führt.

So mündet der feministische Kampfruf „Wir wollen alles und sofort" wieder in die Alternative „entweder-oder". Ausnahmen bestätigen die Regel.

Auf dieses Dilemma werden von Frauen im Umkreis der Grünen zwei zunächst entgegengesetzte Antworten formuliert.

Der eine Denkansatz akzeptiert die vorfindliche Unvereinbarkeit von Erwerbsorientierung und Kindererziehung für Frauen und zielt auf eine Entspannung der Konfliktlage, indem *mütterspezifische Formen* von Erwerbsarbeit und Einkommenssicherung vorgeschlagen werden. In diesen Kontext gehören Teilzeitarbeit, erweiterte Möglichkeiten „informeller" Arbeit, bessere Chancen für den Wiedereinstieg in Voll-Berufstätigkeit, Lohn für Hausarbeit, finanzielle und soziale Absicherung von Kindererziehung etc.

Der andere Diskurs zielt auf die weitgehende *Anpassung der Berufswelt* an die eingeschränkten Möglichkeiten von Eltern: einschneidende Verkürzung des Normalarbeitstags, Quotierung der Arbeitsplätze für Männer und Frauen, bedarfsdeckendes Angebot an Kinderkrippen. Gleichzeitig geht es hier um die Veränderung der kulturellen Normen der Arbeitswelt: gegen die Vorherrschaft des Leistungsprinzips, der Aufstiegskonkurrenz und der auf männliche Biografien zugeschnittenen Qualifikationsprofile.

Im Kern fordert dieses Programm eine strikte quantitative und qualitative *Eingrenzung* der Berufswelt, um auch den nur bedingt verfügbaren und konkurrenzfähigen Eltern (Müttern) *gleiche Berufschancen* zu eröffnen. Nur auf den ersten Blick scheint der Trend zu immer kürzeren Arbeitszeiten diesen Forderungen entgegenzukommen. Die tariflichen Vereinbarungen sagen wenig aus über die tatsächliche Arbeitszeit und die Arbeitsintensität, die auf verschiedenen Stufen der Berufspyramide herrschen. Rechnet mensch die Überstunden, Wegezeiten und

Pausen ein, kommt die 60-Stunden Woche für die meisten Vollerwerbstätigen der Realität erheblich näher als die 30-Stunden Woche. Während unter Arbeitern regelmäßige Überstunden oft einen festen Bestandteil des Familienbudgets bilden, ist auf den höheren Etagen der Hierarchie die Bereitschaft zur Arbeit über die Tarifnorm hinaus schon fast eine normative Selbstverständlichkeit. Dafür sind nur zum Teil Karriereverhalten und Gruppenzwang verantwortlich.

Gerade unter wissenschaftlich qualifizierten Angestellten mit komplexen Tätigkeiten wächst die Identifikation mit ihrer Berufsarbeit, die eine innere Leistungsmotivation erzeugt. Für die steigende Zahl von Selbständigen gelten erst recht keine „kindergerechten" Arbeitszeiten, ebensowenig wie für die (unfreiwilligen) Vagabunden des Arbeitsmarkts, die nur mit zwei oder drei nebeneinander praktizierten Jobs Anschluß an das Normaleinkommen halten können. Der Vorschlag, eine *spezielle Arbeitszeitregelung für Eltern* zu schaffen, trägt der Tatsache Rechnung, daß eine generelle Anpassung der Erwerbsarbeit an die Lebensbedingungen von Müttern/Vätern in weiter Ferne liegt. Gefordert wird, für Männer und Frauen mit Kindern unter 12 Jahren den Normalarbeitstag auf 6 Stunden zu begrenzen, ergänzt um einen steuerfinanzierten Einkommensausgleich. Aber auch dieses Konzept hat seine Tücken. Problematisch ist schon die Vorstellung, eine im Kern kulturelle Neuorientierung per Zwangsgesetz verordnen zu wollen: Die Väter sollen gezwungen werden, ihre Berufstätigkeit zu bremsen, um Raum für die Erwerbstätigkeit von Müttern zu schaffen. Mit der Realisierung dieses Vorschlags würde außerdem der gespaltene Arbeitsmarkt zementiert: Statt die faktische Diskriminierung von praktizierenden Müttern/Vätern bei der Verteilung von Berufschancen aufzuheben, würde ihr Status als „bedingt einsatzfähig" generell festgeschrieben. Damit müßte sich zumindest für ein weites Spektrum qualifizierter Tätigkeiten der Konflikt „Kinder oder Berufsorientierung" noch verschärfen, was den Intentionen des Vorschlags glatt zuwiderläuft.

Und selbst ein sechsstündiger Arbeitstag für beide Elternteile ist (zuzüglich Wegezeiten) zumindest für das Leben mit kleinen Kindern noch zu lang, wenn nicht ein Netz von zusätzlicher Betreuung geknüpft wird. Plausibel und von vermutlich hoher Akzeptanz ist dieses Konzept nur für relativ abgesicherte, formell oder faktisch verbeamtete Berufe, in denen Konkurrenz und Leistungsprinzip ohnehin stark eingeschränkt sind — Lehrerinnen zum Beispiel (ohne jemanden diskriminieren zu wollen).

Den Königsweg zur Harmonisierung von Berufsorientierung und Leben mit Kindern sehe ich nirgendwo. Eine gesellschaftliche Minderheit wird weiter mit der „Aufhebung der geschlechtsspezifischen Arbeitsteilung" hier und jetzt experimentieren, angetrieben durch die Entfaltungswünsche von Frauen mit relativ hohen persönlichen Kosten. Ein anderer Teil der Frauen wird wie eh und je Kompromisse zwischen Beruf und Familie unterhalb der vollen Gleichberechtigung suchen. Väter und Mütter können sich im Interesse treffen, die jetzige Starrheit und Ausschließlichkeit von Berufsbahnen aufzulockern — etwa durch befristete Ausstiegs- und garantierte Wiedereinstiegsmöglichkeiten für Eltern. Der Wunsch nach erweiterten Möglichkeiten individueller Arbeitszeitverkürzung für Väter/Mütter wird ebenso zunehmen wie Forderungen nach arbeitsrechtlicher und sozialer Absicherung von Teilzeitarbeit. Möglicherweise wird der Geburtenrückgang dem Interesse an einem eltern- und kindergerechten Angebot öffentlicher Kinderbetreuung entgegenkommen, weil Nachwuchs gesellschaftlich betrachtet zu einem „knappen Gut" wird. Letztlich bleibt die generelle Verkürzung der Erwerbsarbeitszeit eine zentrale Perspektive, um die Dominanz der Erwerbsarbeit über die Lebenswelt zu überwinden.

„Holt die Väter aus ihren überlangen Arbeitstagen — sechs Stunden sind genug!"

Marieluise Beck-Oberdorf

Befreit die Väter!
Sechs Stunden sind genug

Anstelle eines Vorworts: Dies ist der fünfte oder sechste Anlauf, diesen Artikel, der nun schon seit Wochen in Rudimenten in meinem Kopf und auf dem Schreibtisch herumliegt, zusammenzuschreiben. Ein Beweis für Schreib- und Arbeitsstörungen von Frauen? Selbstverständlich – bleibt jedoch die Frage nach den objektiven und den subjektiven Faktoren.

Ich bin Mutter zweier kleiner Kinder, berufstätig und überaus privilegiert, weil ich sowohl einen sehr engagierten Vater für die Kinder als auch eine zeitlich großzügige Kinderbetreuung habe. Und dennoch: So viele Hindernisse, Unwägbarkeiten, Unberechenbarkeiten, wie sie durch das Leben mit diesen Kindern bedingt sind, verbieten es, dauerhaft, hochkonzentriert und gleichbleibend qualifiziert zu arbeiten. Ich kämpfe gegen ein Lebensmodell der allein zuständigen und ausschließlichen Mutter und Hausfrau, sowohl als eigenes wie auch als gesellschaftliches Modell. Mich ärgern Männer immer dann, wenn sie in großer Ungestörtheit ihren beruflichen Weg gehen und trotzdem die Vorzüge des Vaterseins genießen können. Aber dabei kämpfe ich immer auch ein wenig gegen mich selbst. Diesen Widerspruch zu negieren wäre schlichtweg verlogen und redete darüber hinweg, daß berufliche Ansprüche und ein Leben mit Kindern ab einem bestimmten Punkt unvereinbar sind. Für mich – wie für viele andere Frauen – gibt es nicht mehr den Weg, in die Familie zurückzukehren. Also machen wir uns daran, die Arbeitswelt dem Leben mit Kindern anzupassen! Es wäre trotzdem oft leichter und manchmal auch schöner, in Ruhe zu Hause zu bleiben. Manchmal, wohlgemerkt! Der Ehrlichkeit willen kann ich die Gedanken schwacher Stunden nicht verbergen. Dennoch: Machen wir uns daran, die Arbeitswelt dem Leben mit Kindern anzupassen.

Was ist gut für Frauen? Was wollen Mütter? Linke und Feministinnen, Gewerkschafterinnen und Mütterpolitikerinnen, grüne und sogar CDU-Frauen orakeln über der Frauen Glück. Daß es nicht mehr allein am häuslichen Herd hängt, hat sich gemeinhin durchgesetzt. Daß Erwerbsarbeit jedoch automatisch Glück und Emanzipation bedeuten, wagt wohl kaum eine/r so schlichtweg zu behaupten. Zu schlecht sind oft die Arbeitsplätze, zu mies die Bezahlung, zu hoch die Belastungen. Während sich jedoch alleinstehende Mütter und solche mit geringverdienendem oder arbeitslosem „Familienernährer" kaum den Luxus leisten können, überhaupt darüber nachzudenken, ob sie ganz, halbtags oder gar nicht erwerbstätig sein möchten, sieht das für viele andere Frauen mit Kindern anders aus. Als grüne Frauen 1986 den Entwurf eines Antidiskriminierungsgesetzes in den Bundestag einbrachten, war die Quotierung der Erwerbsarbeit eines seiner Herzstücke. 50 Prozent von allem sollte den Frauen vorbehalten bleiben, 50 Prozent von allen Hierarchie- und Qualifikationsebenen, aber eben damit auch 50 Prozent von der Arbeitszeit.

Über Teilzeitarbeit mochten sich als fortschrittlich begreifende grüne Frauen nicht gern reden. Zu offensichtlich sind die damit verbundenen Nachteile für Frauen: Der Lohn ist wesentlich geringer als bei einem vollen Job, die Aufstiegschancen sind gleich Null, und von ökonomischer Unabhängigkeit kann nicht die Rede sein. Zudem sind die Auswirkungen auf die Sozialversicherung geradezu katastrophal: Das erworbene Arbeitslosengeld liegt oft unterhalb des Sozialhilfesatzes, und die Renten bewegen sich entlang der Armutsgrenze.

Ist es also konsequent, sich gegen jede Ausweitung der Teilzeitarbeit zu wenden und als eigenes Konzept den Vollerwerbsplatz für möglichst alle Frauen zu fordern?

Vollerwerbstätigkeit bedeutet in der Regel achteinhalb bis neunstündige Präsenz am Arbeitsplatz, hinzu kommen ein bis zwei Stunden Wegezeit. Überstunden, Notdienste, Krankheitsvertretungen etc. sind da noch gar nicht berücksichtigt. Über das „Ende der Arbeitsgesellschaft" zu spekulieren, bleibt wohl vornehmlich Hochschullehrern und anderen Privilegierten des öffentlichen Dienstes vorbehalten.

Summieren wir also: Zehn Stunden Erwerbsarbeit plus acht Stunden Schlaf, bleiben sechs Stunden Rest für Mahlzeiten, Hausarbeit, Zähneputzen und Fernsehen. Schon rechnerisch scheint sich zu ergeben, daß eine Position „Kinder" in solch einen Tagesablauf kaum mehr hineinzuquetschen ist. Kinder bedeuten Arbeit, Kinder beanspruchen Zeit (zumal sie selbst keinen Zeitbegriff haben).

Ein Haushalt explodiert von Kind zu Kind, die Wäscheberge wachsen, die Einkaufs- und Küchenerfordernisse steigen, zu den Kindern gesellen sich in der Regel binnen kurzer Zeit Katzen, Hunde und Wellensittiche.

Wer aus ideologischer Gradlinigkeit ein „Emanzipations"modell für Frauen vertritt, welches ihnen zu dem Leben mit Kindern noch die Vollerwerbstätigkeit auf den Buckel bindet, der spinnt. Zu viel ist bekannt über die Doppel- und Dreifachbelastung von Frauen in Beruf und Familie. Dabei geht es nicht nur um die *Arbeit*. Zehn bis elf Stunden Entferntsein von zu Hause bedeutet zugleich, daß das Zusammen*leben* mit Kindern sich auf den Morgen- und Gutenachtkuß reduziert. Es ist deswegen auch nicht reaktionär, sondern schlichtweg vernünftig, wenn unter diesen Bedingungen viele Frauen es vorziehen, nur eingeschränkt oder gar nicht erwerbstätig zu sein, weil sie mit ihren Kindern auch *leben* wollen. Da hilft auch der Verweis auf den Erziehungsurlaub nicht. Kinder sind nicht innerhalb von zwei oder drei Jahren großgezogen oder selbständig. Sie müssen auch nach dem dritten Lebensjahr viel begleitet werden und kosten Zeit. Sie müssen zum Zahnarzt und zur Flötenstunde, sie verabreden sich mit Freundinnen und müssen gebracht und geholt werden, sie haben Geburtstag und brauchen neue Schuhe, sie haben Keuchhusten oder wollen einfach erzählen oder schmusen oder streiten.

Und ich finde es selbstverständlich, wenn die Frauen, die sich Kinder wünschen oder einfach bekommen haben, das alles mit ihren Kindern auch in Ruhe tun wollen.

Doch wo bleiben die Väter? Wo sind die Männer, die sowohl die Pflichten als auch die Freuden des Lebens mit Kindern erleben wollen?

Die Frauen sollten sich ihrer eigenen Analysen erinnern: Der „Normalarbeitstag" ist ein Konstrukt einer patriarchalen Gesellschaft, die darauf basiert, daß der Mann seinen gesamten Arbeitstag auf dem Markt verkauft, während ihm daheim sämtliche Reproduktionsarbeit für seine persönlichen Bedürfnisse von der Frau abgenommen wird. Dafür bekommt er den Familienlohn, und sie darf durch Kost und Logis daran teilhaben.

Wenn Frauen nun in dieses Erwerbsarbeitsmodell mit einem Acht- oder Zehnstundentag hineingedrängt werden, ergeben sich sehr weitgehende – und vom Lebensalltag der Männer unterschiedliche – Konsequenzen. Selbst wenn mit dem Lohn der Frau nun Dienstleistungen gekauft werden, selbst wenn es Waschmaschinen und fast food gibt – eine Reduzierung der Doppelbelastung auf ein Maß, das dem (früheren) Achtstunden-Frauenarbeitstag im Haus entspräche, wird dadurch nie und nimmer erreicht. Was bleibt, ist Streß auf allen Seiten und zu allen Zeiten. Angenommen, es gäbe durchschlagende Emanzipationserfolge auf seiten der Männer, sie bekämen ihren Arsch aus dem Fernsehsessel hoch und würden umsichtige Hausmänner und gute Väter: Ein schwer belastetes Elternpaar mit Ganztagsberuf wäre dann immer noch nicht in der Lage, die Familienarbeit ohne Wahnsinnsstreß und Kräfte-Verschleiß zu leisten. Da hilft auch nicht der Ganztagskindergarten oder Hort, da hilft auch nicht die beste Oma oder die moderne Form von Nanni, heute Kinderfrau genannt (Schwarzarbeiterin versteht sich und mies bezahlt = Modell Lehrerfamilie).

Der für den „Ernährer-Mann" gedachte Vollerwerbstag darf, so wie er heute ist, nicht auf die Frauen und Mütter übertragen werden. Und wenn Frauen ihn sich in seiner jetzigen Form erkämpfen, bestrafen sie sich selbst.

Also doch Teilzeitarbeit? Ist es ob dieser Beschreibung nicht die realistische Konsequenz, die Don Quichoterie aufzugeben und eine Gleichberechtigung zum Mond zu schicken, die vor allem Belastung und Verlust von Lebensqualität bedeutet, statt Gewinn zu sein? Nein! Wir müssen den Spieß herumdrehen, nicht wir Frauen müssen in die Teilzeitarbeit gehen, um alle kompensatorischen Funktionen erfüllen zu können, nicht wir müssen uns als Puffer im Familienleben definieren, sondern die Männer und insbesondere die Väter müssen aus den überlangen „Normalarbeitstagen" heraus. Der „Normalarbeitstag" darf nicht mehr gedacht werden als Zwilling zu einem unbezahlten Reproduktionsarbeitstag, sondern er muß so bemessen und gestaltet sein, daß Frauen auch Mütter und Väter auch Väter sein können.

Die Devise muß lauten: Holt die Väter aus ihren überlangen Arbeitstagen, sechs Stunden sind genug!

Alle Frauen, die noch an den Ausbruch aus der geschlechtsspezifischen Arbeits- und Familienwelt glauben und dafür kämpfen, können dies nicht durch den Rückzug in die Nischen der Teilzeitarbeitswelt verwirklichen.

Luft gibt es für Mütter nur dann, wenn für sie durch eine Verkürzung des „Normalarbeitstages" für Erziehende überhaupt erst die Voraussetzungen geschaffen werden, in solch ein „normales" Arbeitsverhältnis einsteigen zu können, das heißt in eine Arbeitsform, die nicht sämtliche Nachteile der Teilzeitarbeit aufweist. Zugleich bedeutet eine Arbeitszeitverkürzung für alle Erziehenden, das die Väter für die Kinder auch wirklich verfügbar sein können.

Nota bene: Hier wird nicht der Vorschlag einer *freiwilligen* Arbeitszeitreduzierung von Müttern und Vätern gemacht. Daß bei der Freiwilligkeit allein die Frauen reduzieren und die Männer wie gehabt arbeiten, ist hinlänglich bekannt. Gedacht ist an eine *gesetzliche* Initiative, die den Normalarbeitstag für alle Erziehenden, sowohl für Frauen als auch für Männer auf sechs Stunden reduziert.

Die Gesellschaft würde auf diese Weise der Tatsache Rechnung tragen, daß Kindererziehung Zeit braucht und daß Kindererziehung Aufgabe von Vätern *und* Müttern ist.

Stellen wir uns vor: Herr X bewirbt sich auf einen Abteilungsleiterposten bei der Bank. Er ist Vater und kann deswegen vom Gesetz her nicht länger als sechs Stunden pro Tag beschäftigt werden. Zwar ist er qualifiziert, aber dennoch hat er eben dieses Handicap, wie es so viele Frauen bisher schon immer hatten. Außerdem steht zu befürchten, daß er mal diesen oder jenen Tag ausfällt, weil seine Kinder gerade Masern haben oder zwecks Vorsorgeuntersuchung zum Kinderarzt müssen. Ein Karrierenachteil, werden Sie sagen? Aber selbstverständlich, eben der Karrierenachteil, den bisher in der Regel die Frauen zu schlucken haben, nun ausgedehnt auf Millionen berufstätiger Väter. Es kann erwartet werden, daß der Diskriminierungstatbestand Eltern von da an so viele Berufstätige trifft, daß er gleichsam nivelliert wird, weil eine gewisse Einschränkung der Verfügbarkeit fast zur Normalität von Erwerbstätigen wird, zumindest eine geraume Phase fast jeder Erwerbstätigenbiographie.

Nach einem großzügig bemessenen Erziehungsurlaub, wahrzunehmen zu gleichen Teilen von beiden Elternteilen, wäre so der Wiedereinstieg in den Beruf für Mann und Frau denkbar – für beide, wohlgemerkt. Unter Zuhilfenahme eines großzügigen öffentlichen Kinderbetreuungsparks sowohl im Kleinkindalter als auch für Schulkinder könnten beide Eltern vollerwerbstätig sein, und dennoch gäbe es eine gewisse Entspannung im Familienleben. Sechs Stunden sind genug!

Was tun mit dem Verdienstausfall?

Unterstellt, es herrscht Konsens darüber, daß sich die finanzielle Situation Erziehender durch eine gesetzliche Arbeitszeitverkürzung natürlich nicht verschlechtern darf, sind zwei Ansätze denkbar:

Der erste setzt darauf, daß mit dem Ende des überlangen Väter-Arbeitstages ein wesentlicher Hinderungsgrund für Frauen entfällt, vollerwerbstätig (was hier natürlich meint: 6 Stunden) zu sein. Der männliche Verdienstausfall von zwei Stunden täglich könnte also durch einen vollen Job der (anderenfalls nicht oder nur geringfügig beschäftigten) Partnerin ausreichend kompensiert werden. Falls diese jedoch keinen Vollerwerbsarbeitsplatz findet oder aus unterschiedlichen Gründen keiner Erwerbsarbeit nachgehen kann, sollte es einen über die öffentliche Hand vermittelten Kinderlastenausgleich geben, der die Arbeitszeitreduzierung in voller Höhe ersetzt. Dieses Modell hat jedoch zwei Haken:

1. Rechnen wir das (veränderte) Männer- und das Fraueneinkommen als Familieneinkommen zusammen, sind wir mittendrin in einer Familienpolitik, die die intakte Zwei-Eltern-Familie zur Voraussetzung hat. Es basiert auf der Paar-Subsidiarität, und wer diese in Ermangelung eines Partners/einer Partnerin nicht anwenden bzw. einfordern kann, hätte – wie es derzeitige Realität ist – wiederum Pech gehabt. Ein *grünes* Arbeitszeitmodell muß jedoch natürlich Alleinerziehende besonders berücksichtigen, will es nicht gleiches Recht auf ungleiche Voraussetzungen anwenden. Das heißt: Wo zwei Elternteilen je zwei Stunden täglicher Arbeitszeitverkürzung gewährt würde, müßten es für Alleinerziehende entsprechend vier Stunden plus Kinderlastenausgleich sein.

Haken Nr. 2: Ansatz eins hält einen staatlichen Lastenausgleich für nicht erforderlich, wenn beide erwerbstätig sind, mit der Argumentation, die gesetzliche Arbeitszeitverkürzung des einen ermögliche ja vielfach erst das Erwerbsverdienst der andern. Diese Rechnung würde zu der absurden und keinesfalls beabsichtigten Situation führen, daß Erwerbstätige mit Kindern unter 12 Jahren gesetzlich daran gehindert würden, so viel zu verdienen wie zwei Erwachsene, die keine Kinder haben. In den Genuß eines vollen Verdienstes (mal ganz abgesehen von den ohnehin existierenden Lohn- und Gehaltsunterschieden) kämen also bei den etwa bis zu Fünfundvierzigjährigen nur noch diejenigen, die neben ihrer Erwerbsarbeit keine Kinder zu betreuen haben. Ein absurder Gedanke!

Deshalb wäre es konsequenter, wenn Eltern durch die Sechs-Stunden-Tags-Idee endlich einmal besser — statt wiederum schlechter — gestellt werden sollen, den Kinderlastenausgleich *in jedem Fall* zu gewähren (*Ansatz 2*). Das heißt sowohl, wenn beide Elternteile sechs Stunden erwerbstätig sind, als auch dann, wenn ein Elternteil daran gehindert ist, z. B. weil er/sie keinen Arbeitsplatz bekommt. Dieses Modell ist natürlich mit Kosten verbunden. Eine Diskussion über die gesellschaftlichen Kosten eines automatischen Kinderlastenausgleichs für alle erwerbstätigen Eltern von unter Zwölfjährigen kann deshalb nur ernsthaft und sinnvoll geführt werden, wenn eine Prämisse Konsens findet: Kinder dürfen nicht wie heute üblich als reines Privatvergnügen betrachtet werden, deren Kosten fast ausschließlich dem persönlichen Budget der Eltern abgezogen werden, während Berufstätige ohne Kinder in der Regel einen ungleich höheren finanziellen Status besitzen. Betrachtet man das Kindergroßziehen als wichtigen und wertvollen Teil gesamtgesellschaftlicher Arbeit, so ist es nur folgerichtig, die finanzielle Umverteilung zugunsten der Erziehenden und ihrer Kinder aus der Gesellschaft heraus zu vertreten.

Eingedenk der Tatsache, daß bei langen Wegezeiten, ungünstiger Arbeitszeitlage oder nur einem anhaltend keuchhustenkranken Kind sich selbst das 6-plus-6-Stunden-Gefüge als untauglich entpuppen kann, möchte ich (bevor hier der triumphierende Hinweis auf die eben doch unersetzbare und bestens bewährte Frauen-Teilzeitarbeit kommt) anregen, das ganze Projekt doch gleich auch für fünf plus fünf Stunden zu diskutieren und durchzurechnen.

Nun höre ich sie schon, die Liberalen, wie sie dem feministischen „Stalinismus" entgegenschreien: „Eine gesetzliche Begrenzung des Normalarbeitstags für alle Erziehenden? Kulturrevolution kann doch nicht durch das Gesetz gemacht werden! Es gibt doch den Weg der Teilzeitarbeit, warum nehmen denn Väter diese Möglichkeit nicht heute schon wahr, statt dessen soll per Gesetz herbeigezwungen werden, was freiwillig nicht durchsetzbar war?"

Das Sitzfleisch der Patriarchen hat mich gelehrt, daß sanfte Knuten ihr Gutes haben können. Auch innerhalb der Familien erfolgt die Arbeitsumverteilung nicht ohne Kämpfe. Aber eine Gesellschaft, die durch die Gestaltung ihrer Arbeitswelt dokumentieren würde, daß sie erstens Erziehungsarbeit ernst nimmt und auch als gesellschaftlich wertvolle Aufgabe begreift und zweitens Elternarbeit als Vater- *und* Mutterschaft begreift, die beide diese Aufgabe auch ausfüllen müssen, hätte für mich wieder einen gewissen Reiz.

Ingrid Kurz-Scherf

Bausteine einer emanzipatorischen Arbeitszeitpolitik

I.

Bevor ich mit dem eigentlichen Thema, dem Stellenwert der Teilzeitarbeit in einer emanzipatorischen Arbeitszeitpolitik, beginne, will ich einige Bemerkungen voranstellen. „Schwestern zur Sonne zur Gleichheit" oder „Für eine Politik des Unterschieds" — welches Modell für welche Emanzipation? — die Alternativen, zwischen denen sich die Frauenbewegung und auch die einzelnen Frauen entscheiden sollen, sind mehrfach falsch gestellt. „Schwestern zur Sonne zur Gleichheit" meint wohl zur Gleichheit mit den Männern. Diese aber — selbst wenn sie herstellbar wäre — brächte uns eben nicht die Sonne. Wenn die Männer uns die Hälfte abgeben würden, wenn wir ihnen die Hälfte abjagen könnten oder wollten, dann hätten wir gerade nicht die Hälfte des Himmels, sondern die Hälfte von einem ziemlichen Schrotthaufen. Der Weg zur Sonne führt nicht über eine platte Gleichstellungs- oder Gleichschaltungspolitik, sondern natürlich über eine Politik des Unterschieds, des Unterschieds z. B. zwischen Lebensentwürfen, die Leben zu einer Restgröße von Beruf und Karriere degradieren, und Lebensentwürfen, in denen das nicht der Fall ist; des Unterschieds und des Widerspruchs auch von Emanzipationsansprüchen zu den Spielräumen, die die herrschenden Strukturen dafür einräumen. Ich plädiere für eine Politik des Unterschieds durchaus auch unter Frauen, ob sie Mutter werden wollen oder nicht, ob sie lesbisch, bi- oder hetero-sexuell sind, ob sie zu zweit, allein mit vielen oder wie auch immer leben wollen, wie wichtig für sie die Berufsarbeit, Faulenzen, sich Schmücken, Literatur oder Tanzen ist. Eine Politik des Unterschieds steht allerdings nicht im Widerspruch zu dem Gleichheitspostulat, wie es die Neokonservativen und wohl auch einige Strömungen innerhalb der Grünen und der Frauenbewegung zu glauben scheinen. Es ist genau umgekehrt: Gerade eine Politik des Unterschieds muß, wenn sie das Prädikat „emanzipatorisch" verdienen will, auf dem Gleichheitspostulat basieren: Wir brauchen gleiche Entwicklungschancen für unterschiedliche Lebensentwürfe, und wir brauchen gesellschaftliche Strukturen, die es ermöglichen, die vorhandenen Widersprüche solidarisch auszutragen oder auch nebeneinander stehen zu lassen, wo aber auf keinen Fall von vornherein feststeht, wer im Falle eines Konflikts am kürzeren und wer am längeren Hebel sitzt. Gerade für eine Politik des Unterschieds bedarf es also einer Renaissance, einer Wiederbelebung und Neu-Bestimmung des alten Konzepts der Chancengleichheit. Eine Politik des Unterschieds, die nicht auf dem Postulat der Chancengleichheit beruht, die sich also nicht gegen die bestehenden Herrschaftsverhältnisse wendet, ist nichts anderes als deren ideologische Legitimation und Fortsetzung und zwar unabhängig davon, ob es die Beherrschten oder die Herrscher sind, die den Mangel an Chancengleichheit für die eigene Beruhigung und Bequemlichkeit zur freigewählten Andersartigkeit umdefinieren.

Soviel zu den meines Erachtens falsch gestellten Alternativen. Die eigentliche Alternative ist einfacher und sehr viel schwieriger zugleich. Plakativ ausgedrückt lautet sie immer noch: Emanzipation oder Integration, Aufbruch zu neuen Ufern oder Arrangement mit den Verhältnissen, den privaten so gut wie den öffentlichen, den beruflichen so gut wie den politischen. Es scheint pathetisch, doch trotzdem heißt Emanzipation immer noch Befreiung von Unterdrückung, Ausbeutung, Bevormundung, Mißachtung. Die Alternative dazu ist immer noch das Sich-Fügen, das Sich-nicht-Rühren, damit man die Ketten nicht spürt. Wer nur so weit gehen „will", wie die Leine reicht, kann sich einbilden, er oder sie sei frei.

Emanzipationsbegriff erweitern statt reduzieren

Zum Müttermanifest: Es beinhaltet den Anspruch „wir wollen alles" – und nicht nur das, was mann uns freundlicherweise zugesteht, und auch nicht nur das, was die reine Gleichstellungspolitik den Frauen verspricht. In der Tat: „Eine Reduktion von Frauenperspektiven auf Quotierung und das Recht auf Abtreibung wird unseren Emanzipationsansprüchen in keiner Weise gerecht". Eine Reduktion von Frauenperspektiven auf die Mutterschaft allerdings – und sei diese noch so bunt und lebensfroh und fände sie unter noch so idealen Voraussetzungen statt, käme diesen Zielen wohl kaum näher. Es gibt in der BRD rund 30 Millionen Frauen, davon sind weit mehr als 20 Millionen entweder noch keine Mutter, weil sie noch zu jung sind oder weil sie keine Kinder wollen, oder in einer Lebenssituation, die nicht mehr durch die Mutterschaft dominiert wird, weil ihre Kinder bereits älter als 16 Jahre alt sind. Ich will mit dieser Zahlenhuberei die Relevanz der Mutterschaft für das Frauendasein nicht herunterspielen und vor allem auch nicht in Abrede stellen, daß die Kinderfeindlichkeit unseres Gesellschaftssystems eine der deutlichsten und häßlichsten Formen seiner Lebensfeindlichkeit ist.

Es kann keine Emanzipationsstrategie geben, die hier nicht ihren ganz zentralen Schwerpunkt hat – und zwar für alle Frauen, die Mütter und die Nicht-Mütter, und letztendlich auch für alle emanzipationswilligen Männer. Aber: Das Frausein läßt sich nicht auf potentielle oder reale Mutterschaft reduzieren, das Patriarchat nicht auf seine Mütterfeindlichkeit. Das Patriarchat ist frauenfeindlich, und seine Feindlichkeit gegenüber dem weiblichen Geschlecht hat mit Sexualität, Eigentum und Rassismus mindestens genausoviel zu tun wie mit der Gebärfähigkeit von Frauen.

In der Gesellschaft muß Platz geschaffen werden für Kinder und für Mütter, aber es muß auch Platz da sein für andere Lebensentwürfe von Frauen, für die Selbstverwirklichung von Frauen vor, während, nach und unabhängig von der Mutterschaft.

Ich teile sehr die Einschätzung des Müttermanifests, daß wir eine neue Debatte über „einen erweiterten, ökologischen, zukunftsweisenden Emanzipationsbegriff" brauchen. Nur das in den letzten Jahren in den

Hintergrund Getretene ist eigentlich weniger das Thema Mutterschaft als das Thema Sexualität. Die sexuelle Befreiung war einmal eine zündende Parole der Frauenbewegung, und sie ergab zusammen mit der ökonomischen Befreiung ein tragfähiges Emanzipationskonzept. Wenn von der sexuellen Befreiung nur „Motherhood is beautiful" übrig bleibt und von der ökonomischen Befreiung nur die Jagd nach den knapper werdenden Jobs, dann steht eine neue Debatte über unseren Emanzipationsbegriff auf der Tagesordnung.

Natürlich ist es ungenügend, emanzipatorische Politik „allein am Maßstab der Überwindungen der geschlechtsspezifischen Arbeitsteilung zu messen", und natürlich ist Erwerbstätigkeit noch lange nicht *die* Emanzipation. Nur ohne die Überwindung der geschlechtsspezifischen Arbeitsteilung zu Hause und in den Betrieben und ohne das eigene Geld kommt man mit der Emanzipation nicht sehr weit.

II.

Für beides, für die Überwindung der geschlechtsspezifischen Arbeitsteilung und für die „Entpatriarchalisierung" des Zugangs zum eigenen Geld, hat die Arbeitszeit eine Schlüsselfunktion. Ich stimme mit Christel Eckart (vgl. Beitrag in diesem Buch) in wesentlichen Teilen überein, ziehe daraus aber etwas andere Schlußfolgerungen.

Der arbeitspolitische Flankenschutz der Emanzipationsbewegung muß meines Erachtens vorrangig in einer drastischen Verkürzung der Normalarbeitszeit im Erwerbsbereich liegen, in zweiter Linie in einer drastischen Verkürzung der pro FamilienarbeiterIn zu leistenden Arbeitszeit in den Privathaushalten, in dritter Linie in einer Anrechnung der in den Privathaushalten verbleibenden gesellschaftlich notwendigen aber unbezahlten Arbeitszeit auf die bezahlte in den Betrieben, in vierter Linie in der tarif-vertraglichen und/oder gesetzlichen Absicherung möglichst weitgehender Autonomieräume der Beschäftigten bei der Gestaltung und Abstimmung der auf die verschiedenen Lebensbereiche entfallenden Zeitkontingente, und erst in fünfter Linie sehe ich einen allerdings einigermaßen dringlichen Handlungsbedarf im Bereich der klassischen Teilzeitarbeit.

Nur Ehefrauen putzen umsonst

Ich habe meine Überlegungen vor einigen Monaten in einem Tarifvertragsentwurf konkretisiert, den ich für durchaus nicht utopisch halte, sondern für mach- und durchsetzbar. Dies allerdings nur unter der Voraussetzung, daß sich eine breite, soziale Bewegung entwickelt für die Überwindung der gewaltsamen und dennoch fiktiven Spaltung zwischen Arbeit und Leben: Das Leben findet nicht nur außerhalb der Erwerbsarbeit statt, sondern diese ist ein Teil des Lebens, für mich z. B. ein relativ wichtiger Teil meines Lebens, weil ich mir mit meiner Arbeit nicht nur meine Brötchen verdiene, sondern sie mir auch zumindest gelegentlich Spaß macht. Da, wo das Leben angeblich pulsiert, also in der sogenannten Freizeit, findet umgekehrt ein beträchtlicher Teil der gesellschaftlich notwendigen Arbeit statt. Das Kriterium, nach dem die eine Arbeit Einkommen vermittelt und die andere nicht, ist nicht das der gesellschaftlichen Notwendigkeit, denn warum sollte die Rüstungsproduktion gesellschaftlich notwendiger sein als die Produktion von lebensfähigen und lebensfrohen

Menschen? Das Kriterium ist auch nicht, daß die eine Arbeit nur Mühe und die andere nur Freude ist, denn warum sollte Nachtarbeit in der Fabrik belastender sein als die Nachtwache am Kinderbett, das nächtliche Stillen der Säuglinge? Das Kriterium ist auch nicht die Art der Arbeit, denn Putzen gibt es nur von den Ehefrauen umsonst. Noch nicht einmal die unmittelbare Verwertbarkeit für „das Kapital" ist letztendlich entscheidend dafür, ob gesellschaftlich notwendige Arbeit Einkommen vermittelt oder nicht, denn da, wo die unmittelbare Kapitalverwertbarkeit nicht gegeben ist, springt der Staat ein.

Ich weiß nicht genau, wovon es schließlich abhängig ist, ob eine Arbeit bezahlt wird oder nicht. Ich glaube, es ist letztendlich eine Frage der gesellschaftlichen Konvention, nur ist diese in diesem, unserem Lande eben nicht das Resultat eines „herrschaftsfreien Diskurses", sondern eines doppelten Herrschaftsverhältnisses, nämlich des patriarchalischen Kapitalismus oder des kapitalistischen Patriarchats. Egal welche sprachliche Kombination man vorzieht: Ob eine gesellschaftlich notwendige Arbeit bezahlt wird oder nicht, hat viel mit der gesellschaftlichen Machtposition derer zu tun, die sie verrichten.

Welcher Zugang für Frauen zum eigenen Geld?

Ich halte viel von dem alten Spruch: „ Das Private ist politisch", doch wir sollten nicht versuchen, alle Arbeit im Privatbereich in Erwerbsarbeit zu verwandeln. Ich will das nicht näher ausführen, aber bis auf weiteres wird die Entlohnung von Arbeit verkoppelt sein mit deren Kontrolle. Es mag hartherzig klingen, aber ich sehe nicht ein, daß ich acht oder sieben oder sechs Stunden am Tag arbeiten muß, damit von meinen Steuergeldern einer Ein-Kind-Mutter lebenslang ein auskömmliches Einkommen gezahlt werden kann. Und ich sehe erst recht nicht ein, daß eine meiner Schwestern einem meiner Kollegen den Rücken freihält von der ganzen Alltagsarbeit, auf das selbiger immer ein bißchen besser drauf und dran ist als ich, und ich dafür auch noch zusätzlich zur Kasse gebeten werde. Abgesehen von diesen zugegebenermaßen eigennützigen Motiven, glaube ich auch, daß sich der Zugang von Frauen zum eigenen Geld leichter und befriedigender über eine Umgestaltung der Erwerbsarbeit als über eine Bezahlung der sogenannten Familienarbeit organisieren läßt.

Dazu bedarf es an allererster Stelle einer drastischen Herabsetzung des sogenannten „Normalarbeitsstandards" im Erwerbsbereich. Im Müttermanifest ist die Rede von gesicherten Ein- und Ausstiegs- sowie Rückkehrmöglichkeiten, von einer ausreichenden Anzahl von Teilzeitarbeitsplätzen. Das sagt sich so leicht daher. Dahinter verbirgt sich aber nichts anderes als die alte Forderung nach einem Recht auf Arbeit für alle, die ihre Existenz durch Erwerbsarbeit sichern wollen oder müssen. Es kann keine gesicherten Ein- und Ausstiegsmöglichkeiten oder Rückkehrrechte vor dem Hintergrund millionenfacher Arbeitslosigkeit geben. Es gibt zwar über 200.000 Frauen, die einen Teilzeitarbeitsplatz suchen und keinen finden, aber es gibt viermal soviel Frauen, die einen Vollzeitarbeitsplatz suchen und auch keinen finden. Es kann doch nicht unser Anliegen sein, daß 200.000 Teilzeitarbeitsplätze bereitgestellt werden und dafür an ihrer Stelle 150.000 vollzeitbeschäftigte Frauen arbeitslos werden.

Historische Chance, Leben und Arbeit zu vereinbaren

Neben dem beschäftigungspolitischen Argument geht es aber vor allem auch um die Überwindung des Eineinhalb-Personenkonzepts der Erwerbsarbeit. Wir haben historisch zum ersten Mal die Chance, die objektive Voraussetzung dafür herzustellen, daß alle, die es wollen, an der Erwerbsarbeit teilnehmen können und dies mit einem ausgefüllten „Privatleben" außerhalb der Erwerbsarbeit in ganz unterschiedlichen Formen vereinbaren können. Das setzt voraus, daß der Normalarbeitstag eben nicht mehr auf eineinhalb Personen zugeschnitten ist, sondern auf eine Person, die im sozialen Zusammenhang mit anderen in der Lage ist, das eigene Leben, den eigenen Alltag, die eigenen Kinder selbst zu bewältigen und dazu nicht mehr der häuslichen Dienstleistung der nicht oder nur teilzeitbeschäftigten Gattin bedarf.

Mir ist durchaus klar, daß Arbeitszeitverkürzung im Erwerbsbereich allein die Männer nicht aus ihrer parasitären Alltagsbewältigung heraushält. Trotzdem ist eine Überwindung der geschlechtsspezifischen Arbeitsteilung ohne allgemeine Herabsetzung des Normalarbeitsstandards im Erwerbsbereich völlig aussichtslos. Zu ergänzen ist diese Strategie der Arbeitszeitverkürzung im Erwerbsbereich allerdings durch entschiedene Anstrengungen für eine Arbeitszeitverkürzung im Privatbereich, und zwar zum einen durch den qualitativen und quantitativen Ausbau der sozialen Infrastruktur, d. h. durch Verlagerung eines Teils der zur Zeit noch unentgeltlich geleisteten Arbeit von den Privathaushalten in den Bereich der gesellschaftlich organisierten Erwerbsarbeit. Zum anderen kann die in den Privathaushalten verbleibende Arbeitszeit ganz erheblich verkürzt werden, wenn sie gleichmäßiger zwischen Frauen und Männern aufgeteilt wird.

Selbst wenn all dies realisiert würde, also eine drastische Herabsetzung des Normalarbeitsstandards im Erwerbsbereich und eine drastische Herabsetzung der pro Person in den Privathaushalten an die Alltagsarbeit gebundenen Zeit, bliebe immer noch das Problem der besonderen Lebenssituation von Eltern mit Kleinkindern. Zur Bewältigung dieses Problems schlage ich eine Anrechnung der für die Betreuung von Kleinkindern erforderlichen Arbeitszeit in den Privathaushalten auf die bezahlte Erwerbsarbeit vor. Und zwar so, daß Eltern mit Kleinkindern ein Recht zur besonderen Arbeitszeitverkürzung für einige Jahre mit einem angemessenem Lohnausgleich haben. Dies ist durchaus keine utopische Forderung, denn in Schweden wird dieses Modell auf der Basis einer allgemeinen Elternschaftsversicherung seit Jahren praktiziert.

Zeitautonomie gegen „Arbeitszeit aus der Tube"

Eine weitere Komponente meines emanzipatorischen Arbeitszeitmodells ist die Ausweitung der Zeitautonomie der ArbeitnehmerInnen bei der Abstimmung ihrer verschiedenen Lebensbereiche und -bedürfnisse, die verbunden werden muß mit der Abwehr des unter dem Etikett „Arbeitszeitflexibilisierung" betriebenen, erweiterten Zugriffs der Arbeitgeber auf die Lebenszeit der ArbeitnehmerInnen. Ich will das hier nicht weiter ausführen, aber das Konzept der „Arbeitszeit aus der Tube" ist ein gefährlicher Angriff gerade auch auf die Emanzipationsbewegung der Frauen. Gerade das, was Frauen nicht wollen und zum Teil auch nicht können, nämlich das ganze Leben dem Rhythmus und den Anforderungen der Erwerbsarbeit zu unterwerfen, wird in diesem Konzept zum Prinzip erhoben. Das Gegenkonzept kann aber nicht die tarifliche oder gesetzliche Festschreibung einer für alle immer gleichen Arbeitszeit von x bis y Uhr sein.

Das hat es nie gegeben und wird es nie geben. Die „Normalarbeitszeit" muß die normale Vielfalt und Wechselhaftigkeit der Bedürfnisse und Interessen in sich aufnehmen — und selbstverständlich sollte da auch ein Platz sein für die Realisierung von unterschiedlichen und wechselhaften Wertschätzungen von Freizeit und Einkommen. Das hat aber sehr wenig mit der bestehenden Teilzeitarbeit zu tun, denn sie vermittelt den Frauen nicht mehr Freizeit, sondern nur die notwendige Zeit für die Arbeit zu Hause. Teilzeitarbeit heißt heute für 80% der Betroffenen: Verzicht auf ein existenzsicherndes Einkommen, Verzicht auf berufliche Weiterentwicklung, Verzicht auf soziale Sicherheit. Und diese Verzichtsleistung wird nicht freiwillig erbracht.

Über Teilzeitarbeit als Instrument und Ausdruck individueller Zeitautonomie können wir erst reden, wenn allen eine Vollzeiterwerbstätigkeit zumindest theoretisch möglich ist. Das läßt sich durch Arbeitszeitverkürzung *allein* nicht bewerkstelligen, aber ohne Arbeitszeitverkürzung geht es mit Sicherheit auch nicht. Dabei geht es um Arbeitszeitverkürzung vor allem auch für Männer und vor allem auch in den qualifizierten Tätigkeitsbereichen. Erstens, damit Beschäftigungschancen für Frauen auch in den bisherigen „Männer-Domänen" entstehen und zweitens, damit die Männer genügend Zeit für die Bewältigung ihres eigenen Alltags mit oder ohne Kinder erhalten.

Es muß natürlich etwas getan werden, damit sich die Situation der jetzt Teilzeitbeschäftigten verbessert. Aber der Schlüssel zum Problem liegt in der drastischen Herabsetzung der Normalarbeitszeit und nicht in der Kosmetik an der Teilzeitarbeit.

AutorInnen

Angelika Bahl-Benker, geb. 1950, ein Kind. Studium der Erziehungs- und Sozialwissenschaften; Arbeit in der Lehrerausbildung und in der beruflichen Weiterbildung; gewerkschaftliche Bildungsarbeit. Seit 1981 Gewerkschaftssekretärin bei der IG Metall in Frankfurt mit den Arbeitsschwerpunkten Humanisierung der Büroarbeit, neue Informations- und Kommunikationstechniken, Frauenarbeit und neue Techniken.

Marieluise Beck-Oberdorf, geb.1952, Lehrerin, MdB Die Grünen, zwei Kinder.

Barbara Bussfeld, geb.1949, Lektorin, bis 1987 wiss. Mitarbeiterin im Arbeitskreis Frauenpolitik der Grünen im Bundestag, jetzt Referat Öffentlichkeitsarbeit.

Christel Eckart, Dr.phil., geb.1945. Mitbegründerin des Frankfurter „Weiberrates" 1969; seit 1972 Mitarbeiterin am Institut für Sozialforschung, Frankfurt; Forschung und Lehre v.a. zur historischen Entwicklung der Frauenarbeit, zu der Art, wie Frauen ihre Biographien unter widersprüchlichen Anforderungen gestalten und wie ihre Bewältigungsstrategien selbst das soziale Geschlechterverhältnis beeinflussen; zum Einfluß der Frauenbewegung auf die öffentlichen Diskurse. Mitbegründerin und Mitherausgeberin der Zeitschrift „Feministische Studien".

Ralf Fücks, geb.1951, Sozialwissenschaftler, Mitglied der Bremischen Bürgerschaft, zwei Kinder.

Ute Gerhard, geb.1939, Dr.phil., Mitglied der Forschungsgruppe „Bürgertum – Bürgerlichkeit" am Zentrum für interdisziplinäre Forschung der Universität Bielefeld.

Annemarie Gerzer, geb.1948, verheiratet, zwei Kinder. Historikerin/ Sozialwissenschaftlerin; wiss. Mitarbeiterin im Deutschen Jugendinstitut, Projektgruppe Familienpolitik; Arbeitsschwerpunkte: Familienpolitische Maßnahmen; Untersuchungen (u.a.): Verbindung Familie – Arbeitswelt, Studien zur Arbeitszeitgestaltung aus der Sicht der Familienbelange; wiss. Begleitung von Initiativ-Projekten in der Familienselbsthilfe - Mütterselbsthilfe.

Karin Gottschall, geb.1955, Studium der Sozialwissenschaften in Göttingen, seit 1980 wiss.

Mitarbeiterin am Soziologischen Forschungsinstitut (SOFI) Göttingen. Arbeitsschwerpunkte: Struktur und Entwicklung der Frauenerwerbsarbeit, geschlechtsspezifische Arbeitsmarktstrukturen, Angestelltensoziologie, Rationalisierung im Dienstleistungssektor.

Ingrid Kurz-Scherf, geb.1949, Dr.rer.pol., wiss. Referentin im Wirtschafts- und Sozialwissenschaftlichen Institut des DGB, zuständig für Tarifpolitik.

Birgit Meiners, geb.1956, Dipl.Psychologin, Mitarbeiterin der Grünen im Bundestag für Frauenpolitik.

Ulrich Mückenberger, geb.1944, Professor für Arbeitsrecht/ Hochschule für Politik Hamburg; keine Kinder, trotzdem viel Arbeit und Streß im Haushalt...

Christa Nickels, geb.1952, Krankenschwester, zwei Kinder; MdB Die Grünen.

Elionore Pabst, geb.1932, keine Schul- und Berufsausbildung, seit zwölf Jahren im Gebäudereinigerhandwerk beschäftigt, seit elf Jahren Mitglied der IG Bau, Steine, Erden; Fachgruppenvorsitzende im Bezirksverband Dortmund und im Landesverband Westfalen des Gebäudereinigerhandwerks.

Jutta Weil-Tischler, geb.1948, verheiratet, ein Kind; Sachbearbeiterin des Betriebsrats und stellvertretende Betriebsratsvorsitzende, Mitglied der HBV, seit zehn Jahren in Teilzeit beschäftigt.

Anhang

Müttermanifest

Leben mit Kindern — Mütter werden laut

I.

— Es ist an der Zeit für eine neue Frauenbewegung, eine Bewegung, die die Wirklichkeit, die Wünsche und Hoffnungen von Müttern mit Kindern ebenso konsequent und nachdrücklich vertritt wie die Interessen kinderloser Frauen.

— Es ist an der Zeit, daß die Mehrheit der Frauen, die Mütter, sich selbst vertreten.

— Es ist an der Zeit, daß nicht mehr andere Frauen oder auch Männer den Müttern vorschreiben, wie ihre Lebensplanung, ihre Gefühle für Kinder und Männer, ihre Einstellung zu Beruf, Karriere, Haushalt, Gesellschaft und Kindererziehung auszusehen haben.

— Es ist an der Zeit, daß die Frauenbewegung, die Grünen, die Linke und die konservativen Kräfte sich damit auseinandersetzen, daß Mütter ganz und gar grundsätzliche Veränderungswünsche an die Strukturen von Familie, Nachbarschaft, Beruf, Öffentlichkeit und Politik haben.

So wahr es ist, daß es Mütter gibt, die die bisherigen Entwürfe und Ansätze der Frauenbewegung und der politischen Kräfte als hinreichenden Einstieg in eine mütter-, kinder-, menschenfreundliche Gesellschaft betrachten, so offensichtlich teilt die große Mehrheit von Müttern diese Haltung nicht — für sie steht die Diskussion über ein insgesamt tragfähiges, sinnvolles Emanzipations- und Lebensmodell noch aus.

— Es ist an der Zeit zu verstehen, daß Mütter ausserhalb ihrer vier Wände nicht nur als Arbeitskräfte, Ehefrauen, Politikerinnen anwesend sein möchten, sondern auch Raum für ihre Kinder fordern. Eine Gesellschaft, die Kinder an der Hand zulassen soll., bedeutet eine ganz grundsätzliche Herausforderung an alle vorgegebenen Strukturen. Umdenken tut not — und Mütter sind allenthalben dabei, so wie vor zwanzig Jahren die jungen Frauen der Frauenbewegung, alles noch einmal neu zu hinterfragen und dabei ganz neue Dimensionen zu entdecken.

Sie sind immer weniger bereit, sich damit abzufinden, daß Berufsleben, Terminplanung, Veranstaltungen, jede Form von Öffentlichkeit, de facto davon ausgehen, Mütter hätten kein Recht, zu sein oder wären selbst dafür verantwortlich, sich die Möglichkeiten zur Teilnahme zu schaffen. Sie wünschen endlich aktiver Teil jener Öffentlichkeit zu werden, — aber nicht zu den rigorosen Bedingungen, die viele progressive Dauerpolitiker/innen oder rückwärtsgewandte „Familienfreunde" ihnen aufzwingen möchten.

— Was ansteht, ist nicht mehr und nicht weniger als die Schaffung einer mütter- und kinderfreundlichen Öffentlichkeit, einer öffentlichen Wohnstube, eines nachbarschaftlichen Kinderzimmers, einer Überwindung der engen Familiengrenzen — ohne daß die Logik der Kneipe, des Betriebs oder gar der traditionellen Politik alles Leben durchdringt.

Im Rahmen einer solchen grundsätzlichen Umorientierung muß Platz sein für verschiedene Lebensentwürfe von Müttern, für Beruf und/oder Hausarbeit, Nachbarschaftsarbeit, große und kleine Politik. Wenn endlich Bedingungen geschaffen sind, die es zulassen, daß Mütter und Kinder sich wohlfühlen, einbringen und entlastet werden, dann werden auch kinderlose Frauen und vielleicht auch Männer Lust und Laune haben, teilzuhaben an dieser bunten und lebensfrohen Welt, die ihre Lebendigkeit auf alle Institutionen ausstrahlen kann.

— Die Zeit der Klage, des Rückzugs, des Lamentierens und Sich-Infragestellens ist vorbei. Mütter lassen sich nicht mehr fragen, ob und warum sie Kinder haben dürfen, sondern sie fragen die Welt, warum sie ihnen und ihren Kindern nicht den legitimen, notwendigen, sinnvollen Raum gibt — wo doch die Zukunft von ihnen abhängt und die Grundlagen des psychischen und physischen Wohlbefindens letzlich der gesamten Gesellschaft von ihnen geschaffen werden.

Raum für Mütter und Kinder zu fordern, heißt nicht etwa, die Frauenbewegung zu schwächen oder zu spalten. Es heißt auch nicht, Männer auszuschließen. Im Gegenteil: nur starke lebenslustige Mütter und selbstbewußte Kinder, die spüren, daß für sie auch Platz ist, sind Partnerinnen für die Frauen, die sich für einen Lebensentwurf ohne Kinder entschieden haben und für die Männer, die Väter sind oder auch nicht. „Black is beautiful", war der Ausgangsslogan für die Bewegung der Schwarzen in den USA, „smal is beautiful",stärkte die ökologische Bewegung, „motherhood is beautiful", könnte die Grundlage für ein neues Selbstbewußtsein von Müttern werden, das den Durchbruch für eine Rückkehr von Müttern und Kindern in die Gesellschaft schafft.

Erst ein sicherer Umgang mit den Stärken und Befriedigungen, die im Muttersein auch liegen, ergibt eine klare Grundlage für die Auseinandersetzung mit all den Mißständen, Verkürzungen und Deformationen, unter denen Mutterschaft heute auch gelebt wird.

Erstunterzeichnerinnen des Müttermanifestes:

Dorothea Calabrese, Köln; Gisela Erler, Kelheim; Margit Marx Bonn; Jutta Schlepütz-Schroeder, Bonn; Patricia Langen Aachen; Eva Kandler, Bonn; Dorothee Paß-Weingartz, Bonn; Inge Meta-Hülbusch, Kassel; Gisela Klausmann, Bonn; Hannelore Weskamp, Hamburg; Gaby Potthast, Bochum; Barbara Köster Frankfurt; Renate Jirmann, Bonn; Christa Nickels,MdB, Bonn

Ursula Rieger Eva-Maria Epple, Frau & Schule, Berlin; Hildegard Schooß, Mütterzentrum, Salzgitter; Barbara Köster, Autonome Frauen, Frankfurt; Monika Jaeckel Greta Tüllmann, München; Hedwig Ortmann, Hochschullehrerin, Uni Bremen;

II.

Auf der gemeinsamen Grundlage eines solchen starken, aber auch ungeduldigen Lebensgefühls fand am 22./23. November 1986 in Bonn-Beuel ein Kongress von ca. 500 Müttern und 200 Kindern statt. Die Grünen hatten sich bereiterklärt, den Kongress praktisch und finanziell zu unterstützen und das möglich gemacht, was für eine neue Frauenpolitik entscheidend ist: Offenheit für Frauen aus verschiedenen Bereichen und Erfahrungshorizonten, kein Versuch, sie auf vorgegebene Parteilinie oder in eine Parteienstruktur hineinzuzwingen oder zu manövrieren.

Der Kongress war ein ganz außerordentliches politisches Ereignis, denn erstmalig in der Kultur dieser Republik war eine Organisationsstruktur mit Kinderbetreuung angeboten, die so umfassend, liebevoll und kompetent war, daß tatsächlich die meisten Mütter nicht zwischen den Kindern und ihren eigenen öffentlichen Diskussionswünschen hin- und hergerissen und zerrieben wurden — wiewohl an den Formen einer geglückten Integration von Erwachsenen und Kindern, an dafür geeigneten Räumlichkeiten und Konzepten in den nächsten Jahren noch viel experimentiert und gelernt werden muß.

Eine bestimmte Öffentlichkeit progressiver Journalistinnen und kritischer Frauen begleitete das Treiben in dieser neuen Form von Öffentlichkeit teilweise mit Unbehagen, teilweise mit Angst und Frustration. Nicht nur die äußere Form, Unterbrechungen durch Kinderzirkus, hin und wieder Kindergeschrei, nicht nur die Tatsache, daß manche Mütter ihre öffentlichen Beiträge ganz unschamhaft damit eröffneten, daß sie eins, zwei, ja vier Kinder oder behinderte Kinder hätten, führten zu dieser Irritation. Dahinter stand vielmehr die tiefe und gegenwärtig noch ungelöste Spannung zwischen verschiedenen Lebensentwürfen, die Betroffenheit von Karrierefrauen mit und ohne Kinder darüber, daß hier eine Grundstimmung zum Ausdruck kam, wo eine vielfältig strukturierte Gruppe von Frauen artikulierte:

„Wir sind in unserer jetzigen Lebensphase, in unserer Identität hauptsächlich Mütter und gerne Mütter — aber wir fordern Bedingungen, diesen Inhalt ohne Ausgrenzung, Abwertung und ständige Unsicherheit leben zu können. Wir sind gerade durch das Leben als Mütter für die Schwächen, aber auch für die Umgestaltungsmöglichkeiten vieler gesellschaftlicher Orte und Prozesse sensibilisiert und haben die Kompetenz, angemessene Änderungsmodelle zu entwickeln. Unser Sachverstand fehlt in einer auf Mütter-, Kinder- und Naturferne eingerichteten Welt allenthalben. Wir betreiben seine Einkehr in die von anderen Perspektiven bestimmte Expertenkultur, sei sie männlich oder weiblich."

In der eher kritischen oder begriffslosen Öffentlichkeit, die — Ausdruck genereller Mütterfeindlichkeit — diesen Kongreß überwiegend nach außen dokumentierte, war viel von Mutterideologie, von „rechten" Tendenzen, von perspektivlosem Herumgewurstel an oberflächlichen Scheinlösungen die Rede. Das zeigt, wie sehr sich ein eng begrenzter Politikbegriff in den Köpfen vieler Frauen festgesetzt hat, wie wenig die tiefe Dimension einer anderen Art zu kooperieren und dabei wichtige programmatische Perspektiven zu entwickeln, von vielen Männern und Frauen noch verstanden wird, obwohl auch sie ja einmal mit ganz anderen Ansprüchen angetreten sind.

Gerade in der Auseinandersetzung mit traditionellem Politikverständnis hat die Frauenbewegung viele Anstöße für einen neuen Umgang mit den Fragen von Privatheit und Öffentlichkeit, von Macht und Ohnmacht gegeben; doch ist heute klar: Mütter, als größte Gruppe der Frauen, haben noch einmal ganz andere Impulse, Zeitrhythmen, Organisationsformen, Fragestellungen, in denen sich ihre Bedürfnisse ausdrücken. Es wird die Aufgabe der nächsten Jahre sein, das Ghetto der Nichtmütter wie auch das Aquarium der Karrierefrauen zu verlassen und eine neue Debatte über einen erweiterten, ökologischen, zukunftsweisenden Emanzipationsbegriff zu führen. Eine Reduktion von Frauenperspektiven auf Quotierung und das Recht auf Abtreibung wird diesen Dimensionen und Erfordernissen in keiner Weise gerecht.

Ebenso ungenügend ist es, Politik für Mütter allein am Maßstab der Überwindung der geschlechtsspezifischen Arbeitsteilung zu messen. Da diese sich nur zäh verschiebt, ist zumindestens ein dialektisches Verständnis notwendig: erst eine Stärkung von Müttern in ihrer Ausgangsposition kann eine Basis für konstruktive Annäherung der Geschlechter sein.

Letztlich geht es darum, ein Emanzipationsbild zu entwickeln, in dem die Inhalte traditioneller Frauenarbeit, d.h. die Versorgung von Personen, Wahrnehmung sozialer Bezüge, Hinterfragung von sogenannten „Sachzwängen" als legitime Werte integriert sind und entsprechend wertemäßig sozial, politisch, finanziell anerkannt werden. Die Grundfrage der Wertigkeit von Arbeit, d.h. welche Arbeit in der Gesellschaft zu welchem Status, welchen Sicherungen verhilft, ist neu zu stellen.

Diese Grundaussagen bestimmten letztlich Klima und Inhalt der meisten Arbeitsgruppen auf dem Kongreß „Leben mit Kindern — Mütter werden laut". Am Schluß wurde ganz bewußt auf die übereilte Verabschiedung eines zu schnell zusammengezimmerten pressewirksamen Forderungskatalogs verzichtet. Die politische Wirksamkeit von Müttern, auch wenn manche grüne und feministische Geister dies als Schwäche und ungeschickte politische Taktik einordnen mögen, wird gerade dadurch stark werden, daß die vordergründige politische Hektik, das Taktieren mit plakativen Formeln und unnötige Ausgrenzung entfallen. Vielmehr wird, angestossen von diesem Kongreß, auf lokaler, regionaler und Bundesebene das Diskussionsgeflecht über Müttern weiter ausgebaut, werden die jetzt noch vorläufigen Forderungen und Denkanstösse in Ruhe weiterentwickelt. Es wird darum gehen, Grundsatzüberlegungen und Perspektiven nicht in einer Flut eng gefasster Forderungen zu ersticken und dennoch die Vision einer mütterfreundlichen Frauenbewegung und Gesellschaft Stück für Stück voranzutreiben. Reale Schritte und ganz und gar grundsätzliche Veränderungsabsichten werden in einer neuen Mütterpolitik nicht auseinanderzudividieren sein. Mütterpolitik ist so fundamental wie absolut real. Sie liegt neben dem klassischen Schema der Rechts/Links-Zuweisungen und sie wird und muß in den nächsten Jahren als neue Dimension in den Programmen der Grünen wie auch in eigenen autonomen Ansätzen niederschlagen.

III.

Im folgenden seien nun einige zentrale Aspekte aufgeführt, die in den verschiedenen Arbeitsgruppen immer wieder auftauchten als Zielvorstellungen – und die als Ausgangsbasis für weitere Entwicklungen dienen können:

1) Grundsätzlich als Anspruch dick unterstrichen:

Wir wollen alles!
Wir Mütter wollen mitgestalten!
Wir wollen mitentscheiden – überall!

2) Dazu brauchen wir:

Eine ausreichende und unabhängige finanzielle Sicherung für die Betreuungsarbeit, die wir leisten, während wir sie tun und später. Um eine Mindestrente zu erlangen, muß eine Frau gegenwärtig 35 Kinder gebären und erziehen!

Nur wenn solche ausreichenden Sicherungen da sind, kann und wird langfristig auch ein größerer Teil der Männer verantwortliche Betreuungsarbeit übernehmen. Über die Formen der Sicherung als Mindesteinkommen, Rente, Erziehungsgeld für viele Jahre o. dgl. muß in den nächsten Jahren ausführlich diskutiert werden und dann werden wir sie mit Nachdruck einfordern.

3) Wir brauchen außerdem eine lebendige Infrastruktur für Mütter, die vorübergehend oder langfristig hauptsächlich Mütter und Hausfrauen sind! wir brauchen maßgeschneiderte Kinderbetreuung für alle Kinder und Mütter, die sie in Anspruch nehmen wollen – an jeder Straßenecke, in Kaufhäusern, Behörden, Parlamenten, offen, nach unseren eigenen zeitlichen Erfordernissen. Wir fordern, daß Mütter für solche Betreuungsarbeit im öffentlichen Bereich bezahlt werden können, daß nicht nur formale Qualifikationen gelten. Männer, die eine solche hauptsächlich von Frauen und Kindern geprägte Öffentlichkeit ertragen und mittragen, sind überall herzlich willkommen.

4) Wir brauchen im Rahmen dieser Infrastruktur Nachbarschaftszentren, Mütterzentren, geöffnet den ganzen Tag, Eßkasinos, gemeinsame Mittagstische und noch vieles mehr. Es geht darum, Berührungspunkte zu schaffen, wo Mütter sich gegenseitig in der Vielfalt ihrer Lebensstile und Erfahrungen wahrnehmen, sich in ihren Fähigkeiten unterstützen können. Wo heute das stereotypische Bild herrscht, alle Mütter führten eine gleichförmige, eingeengte langweilige Existenz, sind viele unterschiedliche Erfahrungen, Familienformen, Kenntnisse, Optionen vorhanden, die in kreativen Austausch eine enorme Impulskraft für die Gesellschaft entwickeln können. Eine solche Öffentlichkeit ist nicht institutionell und anonym, sondern individuell und gemeinschaftlich zugleich. Für ihre Entwicklung brauchen wir Räume, Geld und Ermutigung. Und vor allem ein Klima, das nicht in jeder Selbstfindung von Müttern ein Ghetto sieht, sondern selbstbewußte Gemeinsamkeit als Voraussetzung für die Bildung von weiteren Öffentlichkeiten mit anderen Frauen und mit Männern. Schließlich sind sowohl Männer als auch Nicht-Mütter in viel größerem Ausmaß in der Lage, eigene Begegnungsformen herzustellen – es geht um die Schaffung einer gleichwertigen Ausgangssituation für Mütter.

5) Wir brauchen eine Arbeitswelt, die von einer völlig neuen Offenheit geprägt ist. Die kommenden wirtschaftlichen Probleme sollten vorrangig Anlaß sein zu drastischen Arbeitszeitkürzungen, aber auch zu ausgedehnten Experimenten mit qualifizierter Teilzeitarbeit und flexibler Arbeitszeit. Wir brauchen Rückkehrmöglichkeiten in alle Berufe und ganz vordringlich eine Aufhebung aller Altersgrenzen bei der Zulassung zu Fortbildungswegen und Berufswegen aller Art. Der Zynismus von Institutionen, die jungen kompetenten kreativen Frauen ab 35 aus Altersgründen den Zutritt verweigern, ist gerade unbeschreiblich angesichts etwa von politischen Altersdespoten, die hemmungslos auf erworbenen Machtpositionen beharren – und angesichts der schönen Slogans vom ‚lebenslangen Lernen', die die Bildungsindustrie heute verbreitet.

Wir brauchen einen angemessenen Grundlohn für Frauen, denn die Mehrheit berufstätiger Frauen verdient nicht genug, um sich und ihre Kinder zu ernähren. Gleicher Lohn für gleichwertige Arbeit, d.h. für Frauenarbeit, Umbau der Kriterien, die Zugang zu höheren Einkommen ermöglichen. Ein offenes und flexibles Leben heißt, daß wir, die wir die unsichtbare und unersetzbare Fürsorgearbeit leisten, gesicherte Ein- und Ausstiege brauchen. Im Familien- und Nachbarschaftsbereich erworbene Qualifikationen müssen endlich für spätere Berufe als reale Kompetenzen anerkannt und angerechnet werden. Familienarbeit wirkt sich nicht dequalifizierend auf Frauen aus! Selbstverständlich sind solche Perspektiven auch für Männer und Nichtmütter interessant, für uns und unsere Kinder, für die Lebensqualität unserer Gesellschaft aber sind sie lebenswichtig.

6) Im Arbeitsleben haben wir tiefe Zweifel an einer Quotierung, die lediglich kinderlose Frauen gegenüber Müttern bevorzugt. Wir fordern zusätzliche Kinderbetreuung am Arbeitsplatz oder in der Nähe, geeignete Arbeitszeitformen, ausreichenden Lohn für Frauenarbeitsplätze und vor allem, wenn schon Quoten, dann solche, die den Anteil der Mütter an den Frauen mitausdrücken: z.B. 50 – 70 % der qualifizierten Frauenarbeitsplätze für Mütter! Der aktiven Spaltung zwischen leicht vom Kapital verwertbaren Frauen und Müttern kann nur durch offensive Platzschaffung für Mütter entgegengetreten werden. Das gilt auch in der Politik!

Selbstverständlich erwarten wir, daß alle individuellen Arbeitszeitverkürzungen, qualifizierte Teilzeitarbeit etc. auch für Männer ausgebaut und angeboten, gesetzlich verankert werden. Aber wir können nicht auf Männer warten, uns nicht von ihrem Schneckentempo abhängig machen, was die Einforderung von Spielräumen für Familienarbeit angeht.

7) Im Bereich des politischen Lebens, der großen Worte und Programme, vor allem auch der Grünen Partei, heißt dies: Arbeitsformen müssen endlich Müttern angepaßt werden! Drastische Arbeitszeitverkürzungen im Funktionärsbereich, Teilung von Stellen, auch Mandaten, z.B. im Bundesvorstand. Der Frauen- und Mütterbereich hat Vorreiter- und Nachzüglerfunktion. Keine Beschlüsse nach 23 Uhr, Ende für das Meinungsmonopol von studentischer Lebenskultur, Übernahme von Kinderbetreuungskosten für allen, auch lokalen Ebenen. Eine neue Sitzungskultur, weniger Formalien, mehr Inhalt, weniger Treffen und Kongresse an ganzen Wochenenden würden der programmatischen Arbeit ohnehin mehr nützen als schaden. Politikfreie Wochenenden!

Wir brauchen keine politischen Übermenschen(männer) mit Dauereinsatz, die keinen Blick, keine Zeit mehr für die gesellschaftliche Realität haben, die sie doch positiv gestalten wollen.

8) Wir verlangen das Recht, daß Frauen ihre Kinderwünsche leben können – nicht nur das Recht auf Abtreibung. In Industriegesellschaften, wo das Leben in Strukturen, die noch etwas mit Natur, spontanen Lebensrhythmen, langfristiger Verantwortlichkeit zu tun haben, immer mehr erschwert wird, wo Männer zunehmend ihre Pubertät bis 45 verlängern und sich weigern, mit einer Frau zusammen die Verantwortung für ein Kind zu übernehmen, ist es vordringlich, den Kinderwunsch von Frauen endlich wieder ernst zu nehmen und zuzulassen, statt ihn so grausam zu diskriminieren, wie dies zunehmend der Fall ist. Dies tangiert nicht das fundamentale Recht von Frauen auf Entscheidungs- und Straffreiheit bei Abtreibungen, es ist unantastbar.

9) Es ist vordringlich, daß wir, die wir in späteren Lebensjahren den Großteil, über 80 % der Pflege alter Menschen leisten, auch dafür finanzielle Unterstützung, geeignete Wohnformen, aber auch berufliche Sicherungen und Rückkehrmöglichkeiten bekommen.

10) Es gibt eine große Zahl von Müttern mit behinderten Kindern – für sie alle ist die bessere Unterstützung durch Betreuungseinrichtungen und die Integration von behinderten und gesunden Kindern besonders wichtig. Ebenso wie die Frage von akzeptablen, familienähnlichen Betreuungsformen für erwachsene Behinderte, denn Mütter können sich nicht ihr ganzes Leben für diese Aufgabe einsetzen.

11) Wir möchten mit Männern, den Vätern unserer Kinder – soweit wir nicht getrennt von ihnen leben, und auch dann noch – vernünftige und faire Formen der Kooperation. Aber wir wissen, wie schwer es ist, hier gelungene Balancen herzustellen. Viele lesbische Frauen und kinderlose Frauen werfen uns vor, die Väter nicht genügend in die Pflicht zu nehmen. Wir weisen diesen Vorwurf von uns und geben ihn zurück: wir sind es, die täglich die Auseinandersetzung mit Männern über ihre Unterstützung im Alltag führen, und hartnäckig ihren Anteil einfordern. Manche Männer sind kooperativ, ohne sie wäre unsere Teilnahme am öffentlichen Leben nicht möglich. Andere setzen Grenzen, über die wir nicht hinwegkommen, und dennoch möchten wir die Liebesbeziehung leben. Andere mißhandeln und verachten uns, so daß wir den Trennungsstrich ziehen. Es ist aber das Recht von uns Frauen, sofern wir mit Männern zusammenleben, Form und Inhalt wie auch Grenzen selber zu bestimmen. Wir würden es begrüßen, wenn Männer, Frauen, namentlich auch kinderlose Frauen uns Mütter bei unserer gesellschaftlich wichtigen Arbeit unterstützten. Die enge Fixierung auf partnerschaftliche Lösungen im Privatbereich ist eine gesellschaftliche Scheinperspektive. Zu viele Mütter leben allein, zu viele Beziehungen enden, als daß dies als Lösung ausreichen würde. Außerdem werden Elternbeziehungen gerade dadurch unterminiert, daß sie privat ein Aufgabenbündel bewältigen sollen, das auch für zwei Personen nicht tragbar ist.

12) Wir wisssen, daß u.a. durch die Automation eine Schrumpfung des industriellen Arbeitsmarkts und eine Ausweitung des Dienstleistungssektors ansteht. Wir möchten aber kein gesellschaftliches Zukunftsmodell, das Frauen massenhaft zu Mac-Donald-Verkäuferinnen und dequalifizierten Bürokräften macht. Wir möchten vielmehr unsere Phantasie darauf richten, daß bei entsprechender sozialer Sicherung von Frauen (und bereitwilligen Männern), nicht jeder Liebesdienst, alle Versorgung, dem Markt ausgeliefert werden. Wir wollen eine lebenswerte und liebenswerte Mischung aus Hauswirtschaft, Nachbarschaft, aus qualifizierten Berufen, aus eigenem Geldverdienen und der Möglichkeit, anderen zu helfen.

Wir weigern uns, die Reduktion von Personen auf ihre verwertbare Arbeitskraft als einzig wichtige Dimension zu sehen – und möchten dennoch eine vollwertige und eingreifende Existenz als nicht nur familienzentrierte Erwachsene leben.

Wir hoffen, daß die Transformation zur Dienstleistungsgesellschaft nicht Kälte, Entfremdung und Isolation vorantreibt, sondern daß Kreativität, Wärme und Verantwortungsbereitschaft unterstützt und verstärkt werden. Dabei ist jedoch entscheidend, daß auch wir Mütter ein Hinterland bekommen, in dem wir entlastet, unterstützt, aufgebaut, umsorgt werden. Mütter sind nicht mehr bereit und letztlich nicht mehr fähig, ohne ‚input' in ihre eigenen Reseven, die Grundlagen für alles andere zu schaffen. Ein weiterer Raubbau an der gesellschaftlichen Mütterlichkeit hat aber ebenso bedrohliche Konsequenzen wie der Raubbau an den natürlichen Grundlagen. Unsere Bereitschaft zur Verantwortung hat also in Zukunft nicht nur einen Wert – sie hat auch einen Preis. Wir sind zutiefst überzeugt, daß dazu eine echte Umverteilung von Männereinkommen und Bezahlung oder Sicherung all derer nötig ist, die die reale Dienstleistungsgesellschaft herstellen. Und das sind mehrheitlich Mütter.

IV.

Es gibt eine lange Liste weiterer Anliegen, die in den Arbeitsgruppen des Kongresses wie auch Gesprächen unter Müttern herausgearbeitet wurden. Dennoch geht es uns gegenwärtig nicht um einen geschlossenen Forderungskatalog ohne Widersprüche. Es geht darum, daß Mütter ohne Leistungsdruck ihrer Phantasie freien Lauf lassen und eine gemeinsame Theorie und Praxis sichtbar werden lassen, wie dies in den fast 100 Initiativen der Mütterzentrumsbewegung und vielen anderen Gruppen der Fall ist. Es geht darum, die Interessen verheirateter und alleinstehender, berufstätiger und nicht erwerbstätiger Mütter zueinander in bezug zu setzen und zu einem klaren Bündel zu ordnen.

Für die Grünen bedeutet das gegenwärtig, daß sie die Selbstorganisation der Mütter regional und bundesweit, durch Seminare Workshops, Kongresse und Publikationen genauso unterstützen sollten wie andere wichtige Gruppierungen. Eine Bundesarbeitsgemeinschaft Mütter wäre das geeignete Kristallisationsgremium für diese Perspektive – wobei Offenheit über die Grünen hinaus zentrale Vorbedingung ist und bleibt.

Der Anfang für eine Mütterbewegung ist längst gemacht. Jetzt geht es darum, die tiefe Angst einer mütterfeindlichen Gesellschaft abzubauen, den Dialog zwischen Frauen zu eröffnen, Männer für unsere Stärke zu begeistern und dabei ganz tief zu verstehen, daß vorab die Selbstorganisation einer bestimmten Gruppierung mit so zentralen und bisher systematisch ausgegrenzten Interessen ein unverzichtbarer Schritt für die Befolgung einer wichtigen Grünen Maxime ist: Einheit in der Vielfalt.

Stellungnahme grüner Frauen zum Müttermanifest

I.

Die Veröffentlichung des Müttermanifests rief unter den grünen Frauen eine heftige Diskussion hervor. Einige stimmten dem Manifest spontan zu, andere lehnten es entschieden ab.

Viele der im Müttermanifest geschilderten Probleme sind zweifellos richtig, z.B. wenn es darum geht, daß »typisch weibliche« Tätigkeiten im Haushalt und im Erwerbsleben gering bewertet werden, oder darum, daß Frauen mit Kindern im Erwerbsleben massiv benachteiligt sind. Einige der im Müttermanifest entwickelten Vorstellungen sind unbedingt zu unterstützen.

Wir stimmen auch darin überein, daß nicht nur der Erwerbsleben, sondern der gesamte Bereich des Öffentlichen derzeit so strukturiert ist, daß eine Teilnahme daran und gleichzeitige Betreuung von Kindern oder Alten und Kranken nur sehr schwer möglich ist.

Es ist auch richtig, daß eine allgemeine, breite Diskussion innerhalb der GRÜNEN über zukünftige und gegenwärtige Lebensformen noch aussteht.

Der bisherige Konsens innerhalb der GRÜNEN besteht darin, daß wir im Unterschied zu anderen Parteien nicht nur die Familie als einzig legitime und 'richtige' Lebensform unterstützenswert finden, sondern auch Akzeptanz und Räume für andere Lebens- und Wohnformen schaffen wollen. Schließlich war ein wesentlicher Ausgangspunkt der neuen Frauenbewegung die Kritik an den repressiven Strukturen der Kleinfamilie, die für viele Frauen eine Fessel ist. Mit dieser Sicht ging der Versuch einher, Kindererziehung, Hausarbeit und Zusammenleben anders zu organisieren als in der traditionellen Kleinfamilie üblich.

DIE GRÜNEN haben dies von Anfang an aufgenommen und Vorstellungen zur Gleichstellung verschiedener Lebensformen in programmatischen Aussagen wie Bundesprogramm, Europaprogramm, Antidiskriminierungsgesetz und Umbauprogramm festgehalten.

Da es für die meisten Frauen ein ungeheures Problem ist, daß sie keine Erwerbsarbeitsplätze, oder nur ungeschützte, unqualifizierte Arbeit bekommen und ihnen damit eine wesentliche Voraussetzung für ein selbstbestimmtes, unabhängiges Leben fehlt, haben wir die Quotierung aller Erwerbsarbeitsplätze gefordert.

Auch wenn die Quotierung nicht alle Bereiche weiblicher Realität erfassen kann — welche Forderung allein könnte das schon (?) —, so ist sie für uns doch eine wesentliche Voraussetzung für ein eigenständiges Leben. Ob wir es wollen oder nicht: Finanzielle Unabhängigkeit war und ist für Frauen der Dreh- und Angelpunkt für selbstbestimmte Entscheidungen.

Natürlich ändert die Quotierung allein noch nichts an der Art der gegenwärtigen Erwerbsarbeit, an den frauen- und kinderfeindlichen Bedingungen. Was wir brauchen sind Strukturen, bei denen der Erwerbsbereich an den Notwendigkeiten des sogenannten 'Privatbereichs' orientiert ist. Das bedeutet z.B. Kinderhorte und Kindergärten in der Nähe der Erwerbsarbeitsplätze und Arbeitszeitregelungen, die Männern und Frauen ein Leben mit Kindern ermöglichen.

Wer, wenn nicht die Frauen, sollte diese Strukturen einfordern, denn sie müssen aufgrund der aktuellen Situation das größte Interesse daran haben.

Die gleichberechtigte Repräsentation der Frauen in allen Bereichen und auf allen Ebenen der Erwerbsarbeit bietet sicherlich keine Garantie für eine solche Veränderung, aber ohne Beteiligung der Frauen wird sich gar nichts bewegen. Auch wenn dieser Prozeß lange dauern wird und niemand das Ergebnis vorhersagen kann, so wird mit der Umsetzung der Quotierung auf jeden Fall eines erreicht: qualifizierte Erwerbsarbeitsplätze für Frauen — und das ist für viele nicht mehr und nicht weniger als existenznotwendig.

Deshalb fordern wir, daß bei **ausreichender** Qualifikation so lange Frauen eingestellt werden, bis sie zu mindestens 50% in allen Bereichen und auf allen Ebenen vertreten sind.

Da hiermit viele Probleme von Frauen mit Kindern noch nicht gelöst sind, haben wir in den letzten Jahren eine Reihe von Forderungen gestellt, die ein Leben mit Kindern erleichtern sollen:

»DIE GRÜNEN fordern:
- Quotierung aller Ausbildungs- und Erwerbsarbeitsplätze, d.h. bevorzugte Einstellung von Frauen in allen Bereichen und auf allen Ebenen, bis mindestens eine 50%-Quote in den Bereichen, in denen Frauen bisher unterrepräsentiert sind, erreicht ist;
- radikale Verkürzung der täglichen Erwerbsarbeitszeit, dabei voller Lohnausgleich für untere und mittlere Einkommen,
- gesetzlich festgelegter existenzsichernder Mindestlohn
- gleicher Lohn für gleichwertige Arbeit,
- Verbot von Job-Sharing, »Kapovaz« (kapazitätsorientierte variable Arbeitszeit) und Heimarbeit,
- arbeits- und tarifrechtliche Absicherung, Sozialversicherungspflicht von Teilzeitarbeit ab der ersten Arbeitsstunde,
- ein den Leistungen für Erwerbstätige entsprechendes System von Sozial- und Krankenversicherung, auch für Hausfrauen und Frauen, die in »ungesicherten Beschäftigungsverhältnissen« ihrer Erwerbsarbeit nachgehen müssen,
- gleicher Anspruch der Teilzeitbeschäftigten auf alle Umschulungs-, Förderungs- und Ausbildungsmaßnahmen wie für Vollzeitbeschäftigte.

Im Bildungsbereich:
- Vergabe von mindestens 50% aller Ausbildungsstellen an Frauen oder Mädchen,
- Aufhebung der Höchstaltersgrenze für Frauen bei Ausbildungsförderung, Einstellung und Beförderung,
- Fort- und Weiterbildungsmaßnahmen für Frauen, die längere Zeit aus dem Erwerbsleben ausgeschieden waren.

Für Menschen, die Kinder erziehen:
- Erziehungsgeld und Garantie des Erwerbsarbeitsplatzes für diejenigen, die ein Kind in den ersten Jahren nach der Geburt betreuen,
- genügend Kindergärten, Kindertagesstätten und Kinderhorte und deren qualitative Verbesserung,
- Finanzierung von Tagesvätern oder -müttern,
- bezahlte Freistellung, wenn Kinder erkranken, für die gesamte Dauer der Krankheit,
- Mindestabsicherung im Alter für alle und Anrechnung von Erziehungszeiten in der Rentenversicherung.
(...)

DIE GRÜNEN treten ein für:
- die Wahlfreiheit der Lebensform. Alle Lebensformen sind schützenswert, nicht nur Ehe und Familie.
- die Abschaffung des Ehegatten-Splittings, weil es allein die Hausfrauenehe begünstigt. Steuer- und Sozialrecht müssen gegen-

über allen Formen des Zusammenlebens **neutral** sein. Öffentliche Unterstützung für Kinder und die sie betreuenden Personen. (...)«

aus: Farbe bekennen — Bundestagswahlprogramm 1987 der GRÜNEN

»§ 9 Maßnahmen zur Vereinbarkeit von Erwerbs- und Familienarbeit

(1) Um der Tatsache Rechnung zu tragen, daß Arbeitnehmer/innen in der Regel neben der Erwerbsarbeit gesellschaftlich notwendige unbezahlte Arbeit in Hausarbeit und Familie leisten, haben Arbeitgeber/innen Maßnahmen zu ergreifen, die auf Dauer sicherstellen, daß für alle Arbeitnehmer/innen Erwerbs- und Familienarbeit zu vereinbaren sind.

(2) Zu diesem Zweck haben Arbeitgeber/innen (...) einen Plan vorzulegen, der sicherstellt, daß
— die tägliche Arbeitszeit an die Bedürfnisse von Arbeitnehmer/innen mit Kindern angepaßt wird,
— eine Arbeitszeitverkürzung von mindestens vier Wochenstunden aus familiären Gründen eingeführt wird,
— die wöchentliche Arbeitszeit auf allen Ebenen des Betriebs oder der Behörde auf Antrag von Arbeitnehmer/innen aus familiären Gründen zeitweise bis auf 20 Wochenstunden ermäßigt werden kann, bei gleichzeitigem Erhalt eines Anspruchs auf einen Vollerwerbsarbeitsplatz.«

aus: Antidiskriminierungsgesetz (Artikel 2: Quotierungsgesetz)

Im Programm »Umbau der Industriegesellschaft« vorgesehen sind eine am Mindestbedarf von Kindern orientierte Kindergeldreform sowie ein Erziehungsgeld mit Lohnersatzfunktion (90 % des Nettoeinkommens für mindestens 15 Monate), Arbeitsplatzgarantie und Beibehaltung der sozialen Sicherung.

Sicher sind diese Forderungen nicht ausreichend, und wir brauchen noch viele Diskussionen, bis wir verbesserte Bedingungen für ein Leben mit Kindern durchsetzen können. Einige der im Müttermanifest formulierten Forderungen wie z. B. nach Eßkasinos und Kinderbetreuungsmöglichkeiten an allen Orten finden wir gut, die Forderung nach Mütterzentren allerdings problematisch.

II.

So viele Gemeinsamkeiten es auf der Ebene konkreter Forderungen zwischen den Unterzeichnerinnen des Müttermanifests und uns gibt, so wenig kann doch übersehen werden, daß wir sowohl die dahinterstehende Utopie einer künftigen Gesellschaft als auch das Frauenbild selbst in wesentlichen Punkten nicht teilen können.
Dabei kann es nicht um die Frage gehen, **welche** Konzeption radikaler, umwälzender ist als die andere.
Sowohl im Müttermanifest als auch im grünen Frauenprogramm mischen sich langfristig-utopische Ziele und kurzfristige Forderungen, die hier und jetzt durchsetzbar erscheinen. Von der Aufhebung der geschlechtsspezifischen Arbeitsteilung sind wir genauso weit entfernt wie von der »*Gesellschaft, die Kinder an der Hand zulassen soll*« (Müttermanifest). Beiden Zielen stehen sowohl gegebene gesellschaftliche Verhältnisse entgegen, als auch ganz massiv jahrhundertealte verinnerlichte kulturelle männliche Werte.
Die Unterzeichnerinnen des Müttermanifests nehmen für sich in Anspruch, realistischere Forderungen zu stellen als das grüne Frauenprogramm. Wir bezweifeln das. Wir sehen nicht, warum einerseits die Suche nach »*partnerschaftliche(n) Lösungen im Privatbereich eine gesellschaftliche Scheinperspektive*« (Müttermanifest) sein soll, andererseits die Hoffnung auf die irgendwann eintretende »*Lust und Laune*« (Müttermanifest) der Männer an der Teilhabe am Leben mit Kindern aber als realistischer eingeschätzt wird.

Sicher dürften die im Müttermanifest geforderten Mütterzentren leichter durchsetzbar sein als die Quotierung in allen gesellschaftlichen Bereichen. Sie sind jedoch nur deshalb »realistischer«, weil sie besser in die politische Landschaft passen. So begründet eine Initiative für ein Mütterzentrum in Braunschweig ihren Antrag 'Mütterzentrum — Mütter im Zentrum' damit, daß gerade die durch ein Mütterzentrum angesprochenen Frauen von Arbeitslosigkeit betroffen sind und durch das Mütterzentrumskonzept »diese Lücke positiv geschlossen werden soll« (Antrag). Daß »selbstverdientes Geld ein Stück Unabhängigkeit darstellt« (Antrag), sehen auch diese Verfechter/innen der Mütterzentrumsidee: der Stundenlohn für Haareschneiden, Hilfe bei behördlichen Angelegenheiten und Organisierung von Party- und Familienfeiern (aus Initiativen-Antrag) beträgt ganze 5,- DM.

Demgegenüber erscheinen die grünen Frauenforderungen vielleicht schwerer durchsetzbar (z. B. Arbeitszeitverkürzung), allerdings nicht, weil sie nicht machbar wären, sondern weil sie eben nicht den bestehenden Machtverhältnissen und den Zielen konservativer Regierungspolitik entsprechen. (Dies gilt für viele andere grüne Forderungen übrigens ebenso.)

Als langfristige Perspektive mag sich unser Ziel nach Aufhebung der geschlechtsspezifischen Arbeitsteilung inzwischen abgedroschen anhören; für uns ist es doch immer noch ein wesentliches Stück Utopie:

Alle Menschen, Männer und Frauen, sollen die Möglichkeit haben, Geld für sich selbst zu verdienen, um von keinem Menschen abhängig zu sein. Männer und Frauen sollen genügend Zeit haben, sich intensiv der Betreuung von Kindern und/oder alten Menschen zu widmen; deshalb radikale Verkürzung der täglichen Arbeitszeit.

Wir möchten, daß auch Männer den Kindern nicht nur am Samstag gehören, daß sie die Pflege ihrer Eltern nicht mehr aus der Ferne erleben. Von der verbindlichen Einbeziehung der Männer in diesen zwischenmenschlichen Bereich versprechen wir uns Veränderungen, die weit über Gleichstellungspolitik hinausgehen:

Wir wollen Väter und Liebhaber, die durch ihre tägliche Verantwortung im zwischenmenschlichen Bereich nicht mehr bereit sind, lebensverneinende Entscheidungen in Beruf und Politik zuzulassen. Ein verbindliches Leben von Vätern mit ihren Kindern würde das Ende bedeuten für männliche Berufskarrieren, die nur durch jahrelange Abend- und Wochenendtermine aufgebaut und gepflegt werden können. Es würde vielleicht auch das Ende bedeuten von konkurrieren müssen, gewinnen müssen, Menschen unterbuttern müssen.

So wie wir den Männern Räume wünschen, in denen sie z. B. im Kontakt mit ihren Kindern ihr in Jahrhunderten ansozialisiertes Kämpferverhalten überwinden können, so gönnen wir uns Frauen ebenfalls die Chance, aus der bestehenden Frauenrolle auszubrechen und uns offensiv alle Lebensbereiche zu erobern.

Wir halten uns nicht per se für die besseren, friedlicheren, sozialeren, humaneren Menschen — sind doch auch wir oft genug mit den Grenzen unserer selbst erlebten, auf Anpassung, Friedfertigkeit und Bescheidenheit angelegten Mädchen-Erziehung konfrontiert. Auch heute noch sind es Frauen, die die kleinen Machos und bescheidenen, harmoniebedürftigen Mädchen von morgen erziehen. Es ist auch kein Geheimnis, daß mütterliche Liebe — besonders, wenn sie zum einzigen Lebensinhalt erstarrt — auch repressiv und einengend für die Kinder werden kann.

Als mütterlich geltende Eigenschaften wie die Fähigkeit, sich in andere hineinzuversetzen, wie die Bereitschaft, den Zeitrhythmus auf menschliche Bedürfnisse einzustellen, Alte, Kranke und

Kinder zu pflegen, Rücksicht auf Schwächere zu nehmen, um nur einige zu nennen, halten wir für lebensnotwendig und unerläßlich im Umgang miteinander. Deshalb sollten alle Menschen, Männer und Frauen, diese Eigenschaften haben.
Was wir ablehnen ist jedoch eine pauschale, unkritische Aufwertung der Mütterlichkeit. Neben den positiven Aspekten, die viele mit Mütterlichkeit in Verbindung bringen, können wir nicht übersehen, daß Mütterlichkeit für Frauen immer bedeutete, auf Mutterschaft **festgelegt** zu sein, sich aufopfern zu müssen, die gesellschaftliche Rollenverteilung zu akzeptieren. Mütterlichkeit beinhaltete immer mehr als eine positiv gemeinte Eigenschaft, sie war immer zugleich der Begriff für die traditionelle Frauenrolle.
Mütterlichkeit als Konzept ist für Frauen genauso einengend wie für Männer die geforderte Härte, die erwartete Orientierung an Sachzwängen, an Effizienz und Kosten-Nutzen-Verhältnissen. Beides wollen wir so nicht, weder für Frauen noch für Männer.
Wir stimmen mit den Unterzeichnerinnen des Müttermanifests darin überein, daß es hinsichtlich der geforderten Beteiligung der Väter *»schwer (...) ist, hier gelungene Balancen herzustellen«* (Müttermanifest). Wir teilen aber nicht die hieraus von den Unterzeichnerinnen gezogene Konsequenz, dieses Ziel deshalb aufzugeben und stattdessen die zweifellos notwendige Solidarität nur unter uns Frauen auszumachen.
Männer, die mit Frauen leben wollen, können sich einem Leben mit Kindern nicht völlig entziehen. Selbst wenn sie eine Frau und das gemeinsame Kind verlassen, leben sie oft nicht allein weiter, sondern suchen sich eine andere Frau mit (anderen oder zukünftigen) Kindern. Warum sollten wir sie aus der Realität des Lebens mit Kindern entlassen, der sie sich doch immer wieder stellen müssen? Wir wissen, daß sich gesellschaftliche Veränderungen nicht von heute auf morgen vollziehen und auch nicht in fünfzehn Jahren. Wir sind aber nicht bereit, deshalb zu resignieren und nun die Verantwortung für Kindererziehung in erster Linie von allen **Frauen** einzufordern, während die Väter nurmehr »herzlich willkommen« (Müttermanifest) geheißen werden. Das hieße, das mühsam Erreichte der letzten fünfzehn Jahre preiszugeben.

III.

Der durchgängige Appell an die kinder**losen** Frauen, die »Karrierefrauen«, die »Nicht-Mütter« ist nicht nur diffamierend, weil er Frauen ohne Kinder als defizitär charakterisiert, sondern verschleiert zudem die wahren Konfliktlinien und Ausbeutungsverhältnisse in unserer Gesellschaft.
Zwar ist es zweifellos richtig, daß die Chancen auf dem Arbeitsmarkt für Frauen mit kleinen Kindern um ein Vielfaches schlechter sind als für diejenigen ohne oder mit größeren Kindern; die Schuld hieran trifft aber nicht die kinderlosen Frauen, weil sie den Müttern kleinerer Kinder die Arbeitsplätze wegnehmen würden. Die Ursache für die schlechten Berufschancen von Müttern liegt eben nach wie vor darin, daß sie als reiner »Risikofaktor« für den Arbeitgeber zählen, daß der Betriebswirt nur gelernt hat, die unverzichtbare Arbeit der Kinderbetreuung als »lohnkostentreibend« zu verbuchen. Dieselbe brutale Kalkulation ist es umgekehrt auch, die heute viele Frauen zu der Entscheidung gegen Kinder veranlaßt:
Einer Frau, die in den 70er Jahren den Chancengleichheitstönen Glauben geschenkt und sich hat ausbilden lassen und die heute immer noch darauf beharrt, längerfristig selbstverständlich in ihrem Beruf zu arbeiten, bleibt vielfach nichts anderes übrig (allem Gerede von der »Vereinbarkeit von Familie und Beruf« zum Trotz), als sich gegen eigene Kinder zu entscheiden.
Daß diese Entweder-Oder-Entscheidung (die Männer übrigens so nicht kennen) sehr ambivalent und schmerzhaft sein kann, daß die »kinderlosen« Frauen eben genau die **andere** Kehrseite der Frauen-Medaille in unserer Gesellschaft zu tragen haben, den **umgekehrten** Preis zu zahlen haben – dies wird von den Unterzeichnerinnen des Manifestes erstaunlicherweise nicht gesehen.
Und dennoch gibt es auch Gemeinsamkeiten für beide Frauengruppen: Z.B. werden Bewerberinnen von vielen Betrieben unterschiedslos wegen ihrer Gebähr**fähigkeit** abgewiesen, unabhängig davon, ob sie bereits Kinder haben oder nicht, ob sie Kinder wollen oder nicht. Und diese Gemeinsamkeit in der — möglichen — Diskriminierung als **Frauen** sollte uns dringend wieder zu Gemeinsamkeiten in der Stoßrichtung unserer frauenpolitischen Zielsetzung bringen:
Die Einstellung von Frauen mit Kindern wäre in dem Augenblick kein »Kostenrisiko« mehr, in dem auch Väter wegen Masern ihrer Kinder selbstverständlich zu Hause bleiben, wo auch sie sich der rund-um-die-Uhr-Verfügbarkeit für den Chef aus Verantwortung und Liebe zu ihren Kindern genauso entziehen würden wie die Frauen.
Quotierung im Erwerbsleben hätte eben nicht nur zur Voraussetzung, daß wegen der Teilnahme von **Müttern** die Strukturen und die Leistungsanforderungen auf dem Arbeitsmarkt verändert werden müßten, sondern wegen der Teilhabe von **Eltern** am Erwerbsleben.
Kapitalistische Produktionsverhältnisse beinhalten die Notwendigkeit, immer auf Hochtouren zu laufen. Deshalb sind sie bemüht, alle Unwägbarkeiten, jede Unberechenbarkeit auszugrenzen. Darum werden Arbeitgeber immer versuchen, Kinder – ob sie nun vermittelt durch Mütter oder Väter als »Störfaktoren« auf den Arbeitsprozeß einwirken – als Privatsache abzutun. (Insofern spielen Mütter und Behinderte hier strukturell ähnliche Rollen.)
Hier einen anderen gesellschaftlichen Boden zu bereiten ist letztlich im Interesse **aller** Frauen und auch der Männer.
Von den Vätern, die beharrlich Rotznasen putzen und aufgeschlagene Knie säubern, sind wir allerdings weit entfernt:
Die derzeit in den Industrieländern in großem Umfang stattfindende Umstrukturierung der Erwerbsarbeit läßt für beide Geschlechter nichts Gutes erwarten. Grob vereinfacht zeichnet sich folgende Entwicklung ab:
Die in der Regel männlichen, qualifizierten Kernbelegschaften werden verkleinert; Flexibilisierung der Arbeitszeiten für sie soll bedeuten, wieder **länger** als die erkämpfte 5-Tage-Woche zu arbeiten. Für den anderen Teil der Arbeitskräfte, hierunter fällt auch die Mehrzahl der Frauen, soll Flexibilisierung **kürzere** Arbeitszeiten bedeuten – aber eben nicht zur Schaffung von größeren Freiräumen, sondern um intensiv ausbeutbare, billige, abrufbereite Arbeitskräfte in ungeschützten Arbeitsverhältnissen zu haben.
Wenn sich diese Tendenzen, ermöglicht durch die anhaltende Massenerwerbslosigkeit mit den entsprechenden Kräfteverhältnissen in Arbeitskämpfen, in vollem Umfang durchsetzen (lassen), sind wir von einer Aufteilung der Hausarbeit, von einer verantwortlichen Beteiligung der Väter und einer finanziellen Unabhängigkeit der Frauen wieder um Lichtjahre entfernt. Deshalb muß es nach unserer Einschätzung jetzt darum gehen, daß wir als Frauen die Beteiligung von Männern so lautstark ein-

zuzufordern, daß eine Verlängerung des Arbeitstages bzw. der Wochenarbeitszeit nicht mehr durchsetzbar ist. Es kann uns ganz und gar nicht darum gehen, ausgerechnet in dieser Situation durch die Übernahme der Verantwortung für »traditionelle Frauenarbeit« den Männern (wieder) den Rücken freizuhalten für 10, 11-Stunden-Jobs.

Dieser Entwurf von Arbeitszuweisung, der Anfang der 80er Jahre seinen ideologischen Ausdruck fand in den Blüm-Thesen von der »Sanften Macht der Familie«, wurde vor wenigen Jahren noch von einer jungen Frauengeneration (beileibe nicht nur grünen Wählerinnen) so einhellig empört zurückgewiesen, daß die Aufrechterhaltung dieser Ideologie der CDU nicht opportun erschien, stattdessen Frau Süssmuth als Symbol der Vereinbarkeit von Beruf und Familie präsentiert wurde.

Wenn nun die Unterzeichnerinnen des Müttermanifests ihrerseits mehr Teilzeit-Arbeitsplätze und Flexibilisierung der Arbeitszeit fordern, so sehen wir die große Gefahr, daß hier scheinbar kurzfristige Erleichterungen gewollt werden, die um den Preis einer langfristigen Verschärfung der Spaltung von Arbeitsplätzen, Arbeitsinhalten und Einkommen zwischen Männern und Frauen zu haben sind.

Und wenn es den Unterzeichnerinnen »*letztlich (...) darum (geht), ein Emanzipationsbild zu entwickeln, in dem die Inhalte traditioneller Frauenarbeit, d.h. die Versorgung von Personen, Wahrnehmung sozialer Bezüge, Hinterfragung von sogenannten 'Sachzwängen' als legitime Werte integriert sind und entsprechend wertemäßig sozial, politisch, finanziell anerkannt werden*« (Müttermanifest), so paßt dieses »Emanzipationsbild« durchaus in ein Konzept gesellschaftlicher Arbeitsteilung, wie es von der konservativen Regierung der westlichen Industrienationen angestrebt (und bisher gerade von Frauen rigoros abgelehnt) wird — allerdings mit einer kleinen, aber entscheidenden Ausnahme:

Während die Forderung nach politischer Aufwertung von traditioneller Frauenarbeit sicherlich schnell und wohlfeil zu erfüllen ist, sieht es mit der Forderung nach »*ausreichende(r) und unabhängige(r) finanzielle(r) Sicherung für die Betreuungsarbeit*« (Müttermanifest) schon anders aus.

Wenn wir davon ausgehen, daß die Unterzeichnerinnen des Müttermanifests hierunter weder 600 DM Erziehungsgeld monatlich noch 5 DM Stunden-Honorar im Mütterzentrum verstehen, sondern von Absicherung erst die Rede sein kann ab einer Höhe von etwa 1200 DM im Monat, so stellen sich hier — genauso wie in der grünen Diskussion um ein Mindesteinkommen — erst die interessanten Fragen:

- wird angesichts des seit Jahren andauernden Sozialabbaus die Durchsetzung einer solchen Finanzierung in wirklich interessanter Höhe für realistisch gehalten, oder
- wäre es nicht viel wahrscheinlicher, daß (wenn überhaupt) letztlich finanzielle Leistungen für Betreuungsarbeit durchsetzbar wären in einer Höhe, die zwar soeben ausreichte, Frauen weiter vom Erwerbsarbeitsmarkt zu verdrängen, aber eben nicht ausreichen würde, unabhängig und menschenwürdig zu leben?

Kritiker / innen des Mindesteinkommens sehen die große Gefahr, daß hiermit u.a. ein Einfallstor geschaffen würde, Frauen auf relativ niedrigem Niveau (Modell Biedenkopf) für den Verzicht auf Erwerbsarbeit abzuspeisen. Dieser Problematik können sich diejenigen, die die Bezahlung der häuslichen Arbeit fordern, nicht — wie im Müttermanifest geschehen — entziehen.

IV.

So wichtig wir es finden, daß diejenigen, die als Frauen mit Kindern massiv unter diesen gesellschaftlichen Bedingungen zu leiden haben, sich selbstbewußt zu Wort melden, so sehen wir doch, daß es neben dieser gemeinsamen Erfahrung auch massive Unterschiede gibt, die wesentlich die Handlungsspielräume von Frauen mitbestimmen: eine sozial abgesicherte Mutter hat andere Handlungsspielräume als eine kinderlose Sozialhilfeempfängerin, berufstätige Mütter haben oft mehr Sozialkontakte, als Mütter, die keiner Berufstätigkeit nachgehen, kämpfen dafür aber mit den Problemen der Doppelbelastung. Eine gut verdienende Mutter, die sich eine Kinderfrau leisten kann, hat wiederum andere Möglichkeiten.

Deshalb lehnen wir es ab, von den Müttern zu sprechen, oder Frauen gar in die zwei Gruppen 'Mütter' und 'Nichtmütter / Karrierefrauen' einzuteilen und zu diffamieren. Dies geschieht im Müttermanifest allein dadurch, daß Frauen, die — aus welchen Gründen auch immer — keine Kinder haben, quasi als Mängelwesen bezeichnet werden, als 'Nicht-Mütter (wo bleiben eigentlich die Väter und Nicht-Väter?). Diejenigen, die als Mütter berufstätig sind, werden in dem Müttermanifest sogleich als Karrierefrauen bezeichnet. Angesichts des Wunsches und auch der Notwendigkeit vieler Frauen, berufstätig sein zu wollen — ob mit oder ohne Kinder —, angesichts der andauernden Angriffe der konservativen Öffentlichkeit auf berufstätige Frauen (»Doppelverdienertum«) können wir nicht verstehen, daß dem nun ausgerechnet von grüner Seite noch ein weiterer Stempel hinzugefügt werden soll, nämlich der der 'Karrierefrau'.

Wir glauben nicht, daß dies ein rein sprachliches Problem ist, sondern vermuten, daß sich dahinter eine ganz bestimmte Vorstellung gesellschaftlicher Realität verbirgt. Nur wer Erwerbstätigkeit von Frauen nicht als ihr selbstverständliches Recht ansieht, nur wer nicht sieht, daß es in dieser Gesellschaft große soziale Unterschiede gibt, die die Handlungsspielräume von Frauen wesentlich mitbestimmen, und nur wer übersieht, daß die meisten Frauen in dieser Gesellschaft von dem, was unter 'Karriere' verstanden wird, meilenweit entfernt sind, der / die kann sich zu solchen Begriffen hinreißen lassen.

Wir bedauern es, daß die berechtigten Anliegen von Müttern in dem Müttermanifest mit einem Frauenbild verknüpft werden, das wir seit Jahren bekämpfen.

Erstunterzeichnerinnen:
Marieluise Beck-Oberndorf, MdB, Bremen; Verena Krieger, MdB, Witten; Marie-Theres Knäpper, Bonn; Birgit Meiners, Bonn; Dagmar Görling-Schulze, Bad Zwischenahn; Christa Merkel, Bundesvorstand, Marburg; Eva Schaaber, Bonn; Dorothe Piermont, Ex-MdEP, Bonn; Maria Spieker, Frauenreferentin, Bremen; Luise Teubner, MdB, Lahr; Regula Schmidt-Bott, MdB, Hamburg; Sigrid Oberle, Villingen; Hannegret Hönes, Ex-MdB, Oberjosbach; Trude Unruh, MdB, Graue Panther, Wuppertal; Lisette Milde, Graue Panther, Bergisch Gladbach; Maria Brosch, Bochum; Prof. Dr. Petra Milhofer, Uni Bremen; Siggi Ploog, Frauenreferentin Schleswig-Holstein, Kiel; Gaby Patek-Irrgang, Villingen; Gisela Wuttke, Bonn; Brigitte Breindl-Schumacher, Bad Dürrheim; Margaritha Zander, Bonn; Lydia M. Beininger, Bochum; Barbara Unmüßig, Bonn; Jutta Trentmann, Donaueschingen; Cornelia Borgmann, Bochum; Anke Saebetzki, LaVo SchleswigHolstein, Pinneberg; Kirsten Heinsohn, Pinneberg; Anneliese Pieper, Coesfeld; Margret Reymers, Ulm; Marianne Schwan, Solingen; Inke Böhrnsen, Düsseldorf; Jutta Hansen, Kiel; Anne Neugebauer, Münster; Helma Hein, Coesfeld; Hedi Schmid, Wegeberg; Lilli Ascher, Dülmen; Dorothea Strodtmann, Pinneberg; Ellen Svoboda, Bielefeld; Ortrud Specker-Nieschalk, Pforzheim; Sigrid Rodermann, Villingen; Maria Heider, Bonn; Ingrid Wüllscheidt, Gelsenkirchen; Steffi Engert, Köln; Angelika Beer, MdB Neumünster; Imma Hillerich, MdB, NRW; Brigitte Stelten-Busch, Hagen; Ingeborg Voss, Hagen; Monika Murche, Hagen; Rosa Lichte, Hagen; Gisela Lommer, Bielefeld; Christiane Tillner, Berlin; Inge Leffhalm, Frauenreferentin der Grünen BaWü; Birgit Bender, Frauenreferentin der Grünen im Landtag BaWü; Landesarbeitsgemeinschaft Frauen der Grünen in Niedersachsen; Arbeitskreis feministische Landtagspolitik in Niedersachsen; Lore Deppe, MdL, frauenpolitische Sprecherin der Fraktion der Grünen im niedersächsischen Landtag; Marion Olthoff, Frauenreferentin Niedersachsen; Christa Karras, Frauenreferentin der Landtagsfraktion Niedersachsen

Quotierungsgesetz *

I. Quotierung

§ 1 Quotierung

Alle ArbeitgeberInnen der Privatwirtschaft und des öffentlichen Dienstes sind verpflichtet, bei der Vergabe von Ausbildungsplätzen, bei Einstellung, Beförderung, Umschulung, Fortbildung oder sonstigen vergleichbaren Maßnahmen Frauen auf allen Ebenen in allen Bereichen, auf/in bzw. denen sie unterrepräsentiert sind, solange zu bevorzugen, bis sie mindestens zu 50 vom Hundert vertreten sind.

§ 2 Konkrete Durchführung

(1) In der Privatwirtschaft müssen in jedem Betrieb bei der Besetzung von Stellen, bei der Beförderung und Übertragung von Leitungsfunktionen Frauen solange bevorzugt werden, bis sie in jeder Lohn- und Gehaltsgruppe und auf allen Funktionsebenen der jeweiligen Abteilung mindestens zu 50 vom Hundert vertreten sind.

(2) Im öffentlichen Dienst müssen in jeder Behörde, Dienststelle und Verwaltung bei der Besetzung von Stellen und Laufbahnen, bei der Beförderung und Übertragung von Leitungsfunktionen Frauen solange bevorzugt werden, bis sie in jeder Lohn-, Gehalts- und Besoldungsgruppe und auf allen Funktionsebenen der jeweiligen Abteilung mindestens zu 50 vom Hundert vertreten sind.

(3) Entsprechendes gilt für alle Anstalten und Körperschaften des öffentlichen Rechts.

(4) Alle inner- und überbetrieblichen/-behördlichen Ausbildungsplätze müssen solange bevorzugt an Mädchen und Frauen vergeben werden, bis sie in jedem Ausbildungsgang zu mindestens 50 vom Hundert vertreten sind.
Bei neugeschaffenen oder wiedereingerichteten Ausbildungsgängen sind die Ausbildungsplätze zu mindestens 50 vom Hundert an Mädchen bzw. Frauen zu vergeben.
Gleiches gilt für die Zulassung zum Vorbereitungsdienst für alle Laufbahnen im öffentlichen Dienst.

§ 3 Voraussetzungen der Bewerberinnen

(1) Bewerberinnen sind gemäß §§ 1 und 2 zu bevorzugen, wenn sie die formal notwendige Qualifikation, d.h. den betrieblichen, schulischen oder akademischen Bildungsabschluß nachweisen, der für den Ausbildungsplatz oder die Erwerbsarbeitsstelle, für die Laufbahn oder Funktion gefordert ist.

Unterbrechung der Berufsausübung aufgrund
- von Kinderbetreuung oder der Betreuung Pflegebedürftiger,
- des Erwerbs von schulischen Abschlüssen im zweiten oder dritten Bildungsweg,
- von Teilzeitbeschäftigung

dürfen nicht zum Nachteil der Bewerberin geraten.

(2) Bei der Besetzung von Stellen, die an keinen oder an keinen bestimmten Bildungsabschluß gebunden sind, sind Bewerberinnen gemäß §§ 1 und 2 zu bevorzugen, wenn sie dem in der Stellenausschreibung umrissenen Stellenprofil entsprechen.

§ 4 Stellenausschreibung

(1) Alle Ausbildungsplätze und Erwerbsarbeitsstellen sind von dem/der ArbeitgeberIn grundsätzlich öffentlich auszuschreiben und in der weiblichen und männlichen Form abzufassen.

(2) Ausschreibungen für Stellen, die gemäß §§ 1 und 2 bevorzugt mit Frauen zu besetzen sind, sind zunächst - zweimal nacheinander - ausschließlich an Frauen zu richten.

(3) In Betrieben/Behörden, in denen Vereinbarungen über interne Stellenausschreibungen existieren, ist bei Ausschreibungen für Bereiche, in denen Frauen unterrepräsentiert sind, folgendes Verfahren anzuwenden:
Die Stellenausschreibung ist zunächst intern, gegebenenfalls danach öffentlich ausschließlich an Frauen zu richten. Sind weitere Ausschreibungen erforderlich, sind diese zunächst intern, gegebenenfalls danach öffentlich an beide Geschlechter zu richten.

(4) Höherwertige Stellen, die gemäß §§ 1 und 2 bevorzugt mit Frauen zu besetzen sind, sind - sofern in dem jeweiligen Betrieb/der jeweiligen Behörde keine geeignete Bewerberin vorhanden ist, überörtlich auszuschreiben, wobei Absatz 2 Anwendung findet.

- 3 -

(5) Im Streitfall trägt der/die ArbeitgeberIn die Beweislast ~~dafür~~, daß kein Verstoß gegen Absätze 1,2, 3 ~~~~ oder 4 vorliegt. Von dem/der ArbeitgeberIn nachgeschobene Gründe werden im gerichtlichen Verfahren nicht berücksichtigt.

§ 5 Ombudsfrau

(1) In allen Betrieben und Dienststellen mit/mehr [in der Regel] als fünf [und bis zu 100] weiblichen Beschäftigten wird von allen weiblichen Beschäftigten eine Ombudsfrau gewählt. Die §§ 7, 8, 13 bis 25 des Betriebsverfassungsgesetzes (BetrVG) bzw. §§ 12 bis 14 und §§ 19 bis 30 des Bundespersonalvertretungsgesetzes (BPersVG) gelten entsprechend. Sind mehr als 100 Beschäftigte tätig, ist für je 200 weitere Beschäftigte eine weitere Ombudsfrau zu wählen. Jede zweite Ombudsfrau wird von der Arbeit freigestellt. Die Anzahl der freigestellten Ombudsfrauen darf nicht mehr als 20 vom Hundert der Beschäftigten betragen und nicht mehr als 10 vom Hundert der weiblichen Beschäftigten.

(2) Die Ombudsfrau steht in ihren Rechten dem Betriebsrat bzw. Personalrat gleich. Für sie gelten nicht § 2 BetrVG bzw. § 2 BPersVG.

(3) Die Ombudsfrau beanstandet innerbetriebliche/innerbehördliche Diskriminierungen von Frauen und wacht mit dem Betriebs- bzw. Personalrat insbesondere über die Durchführung des Quotierungsgesetzes. Bleibt bei einem Verstoß die Beanstandung durch die Ombudsfrau erfolglos, so leitet sie diesen Vorgang an die zuständige Frauenbeauftragte weiter.

(4) Die Ombudsfrau berät und unterstützt die weiblichen Beschäftigten.

§ 6 Qualifizierende Maßnahmen

(1) Bei der Auswahl von TeilnehmerInnen für innerbetriebliche/innerbehördliche qualifizierende Maßnahmen sind gemäß §§ 1 und 2 mindestens 50 vom Hundert der jeweiligen Kursplätze für Frauen bereitzustellen. Beträgt der Anteil der Frauen in der teilnahmeberechtigten Zielgruppe mehr als 50 vom Hundert, so ist ein

- 4 -

entsprechend hoher Anteil der Kursplätze für Frauen bereitzustellen.
Auf die Möglichkeiten der Teilnahme an qualifizierenden Maßnahmen sowie auf die vorstehenden Bestimmungen sind Frauen besonders hinzuweisen.

(2) Betriebe/Behörden mit mehr als fünf weiblichen Beschäftigten sind verpflichtet, qualifizierende Maßnahmen ausschließlich für Frauen anzubieten, in denen die besonderen Probleme von Frauen im Erwerbsleben thematisiert werden. Diese Kurse sind ausschließlich von Frauen zu leiten.
Darüberhinaus sind die besonderen Probleme von Frauen im Erwerbsleben als Thema für die Fortbildung von Führungskräften und Beschäftigten der Personalabteilungen vorzusehen.

(3) Teilzeitbeschäftigte haben - unabhängig von der Stundenzahl - denselben Anspruch auf Teilnahme an qualifizierenden Maßnahmen wie Vollzeitbeschäftigte. Für Teilzeitbeschäftigte erwächst aus der Teilnahme an einer qualifizierenden Maßnahme, die über deren reguläre Erwerbsarbeitszeit hinausgeht, Anspruch auf einen entsprechenden Freizeitausgleich.

(4) Qualifizierende Maßnahmen müssen während der Erwerbsarbeitszeit stattfinden.

(5) Soweit erforderlich, ist für die Dauer der qualifizierenden Maßnahme eine Kinderbetreuung zu gewährleisten. Andernfalls werden Aufwendungen, die den Beschäftigten während der Maßnahme entstehen, von dem/der ArbeitgeberIn erstattet.

§ 7 Wiedereingliederung

(1) Beschäftigte, die wegen Kindererziehung oder der Betreuung Pflegebedürftiger von der Erwerbsarbeit beurlaubt oder nach dem Arbeitszeitgesetz-Entwurf der GRÜNEN (AZG; BT-Drucksache 11/1166) freigestellt sind, sind berechtigt, an qualifizierenden Maßnahmen gemäß § 6 Absätze 1 und 2, Satz 1 teilzunehmen. Zu diesem Zweck sind sie frühzeitig schriftlich über Inhalt, Zeitpunkt und Durchführungsort der Maßnahme zu unterrichten.

(2) Darüberhinaus ist der/die ArbeitgeberIn verpflichtet, den Beschäftigten nach Ablauf der in Absatz 1 genannten Beurlaubungs- oder Freistellungszeit Wiedereingliederungshilfen anzubieten, die sie in die Lage versetzen, den aktuellen Anforderungen ihres bzw. eines vergleichbaren Erwerbsarbeitsplatzes nachzukommen.

- 5 -

(3) Beurlaubten oder nach dem Arbeitszeitgesetz-Entwurf der GRÜNEN (AZG) freigestellten Beschäftigten sind von dem/der jeweiligen ArbeitgeberIn gezielt Urlaubs-, Krankheits- oder sonstige Vertretungsstellen anzubieten, damit sie die Verbindung zu ihrer Erwerbstätigkeit aufrechterhalten können.

(4) Frauen, die überwiegend wegen Kindererziehung oder Betreuung Pflegebedürftiger ihr Beschäftigungsverhältnis gekündigt haben, sind bei erneuter Bewerbung in demselben Betrieb/derselben Behörde gegenüber BewerberInnen von außen zu bevorzugen. Diese Bestimmung gilt für einen Zeitraum bis zu 10 Jahren nach Kündigung. Sie kann nur von Frauen in Anspruch genommen werden, die vor dem Inkrafttreten des Arbeitszeitgesetz-Entwurfs der GRÜNEN (AZG) gekündigt haben.

§ 8 Altersgrenzen

(1) Gesetze und sonstige Vorschriften, die im Ausbildungsbereich, bei Stellenbesetzungen, für Laufbahnen, Umschulungen und vergleichbare Maßnahmen Altersgrenzen festlegen, sind unzulässig. Einschlägige Bestimmungen des Jugendarbeitsschutzes sowie die Renten- und Pensionsaltersgrenzen bleiben unberührt.

(2) Alle Gesetze und sonstigen Vorschriften, die Absatz 1 entgegenstehen, sind ab sofort aufzuheben.

§ 9 Kinderbetreuungseinrichtungen

(1) Bund, Länder, Gemeinden und Städte haben dafür Sorge zu tragen, daß ausreichende d.h. eine dem Bedarf entsprechende Anzahl von Betreuungseinrichtungen für Kinder jeden Alters in den Wohnbezirken zur Verfügung stehen. Gemeinden und Städte sind zu diesem Zweck von Bund und Ländern mit entsprechenden Finanzmitteln auszustatten. Elterninitiativen als Träger von Kinderbetreuungseinrichtungen sind finanziell besonders zu fördern.

(2) Die Öffnungszeiten der Einrichtungen müssen den überwiegend üblichen Erwerbsarbeitszeiten entsprechen.

§ 10 Abteilung für Frauenfragen in der Bundesanstalt
für Arbeit

(1) In jeder Behörde der Bundesanstalt für Arbeit wird eine Abteilung für Frauenfragen eingerichtet, die ausschließlich von Frauen geleitet wird.

(2) Die Abteilung für Frauenfragen führt Untersuchungen und Beratungen durch, die dazu beitragen, geschlechtsspezifische Rollenbilder und Vorurteile abzubauen.

(3) Sie initiiert Schulungen für die MitarbeiterInnen der Bundesanstalt für Arbeit und ihrer Behörden mit dem Ziel, diese zu einer Frauen fördernden, nicht-diskriminierenden Beratung und Vermittlung zu befähigen.

(4) Jedes Mädchen bzw. jede Frau, die einen Ausbildungsplatz oder eine Erwerbsarbeitsstelle sucht, kann sich an die Abteilung für Frauenfragen wenden, wenn sie bei der Suche diskriminiert wird.

§ 11 Melde- und Berichtspflicht

(1) ArbeitgeberInnen haben den zuständigen Arbeitsämtern alle zu besetzenden Ausbildungsplätze und Erwerbsarbeitsstellen unverzüglich schriftlich zu melden.

(2) Alle ArbeitgeberInnen legen der zuständigen Frauenbeauftragten jährlich einen schriftlichen Bericht vor. Dieser enthält eine Ist-Analyse, das heißt Daten über die Situation der weiblichen und männlichen Beschäftigten nach ihren Tätigkeitsbereichen und Beschäftigungsbedingungen in der jeweiligen Abteilung / Dienststelle im jeweiligen Betrieb bzw. in der jeweiligen Behörde im Hinblick auf Einstellung, Qualifizierung, beruflichen Aufstieg, Eingruppierung und das tatsächlich gezahlte Arbeitsentgelt. Des weiteren enthält der Bericht eine Auflistung bisheriger Maßnahmen zur Umsetzung der §§ 1, 2, 6 und 7 dieses Gesetzes. Hat das Unternehmen/ die Behörde in Bereichen, die der Bevorzugungsvorschrift nach §§ 1 und 2 unterliegen, männliche Auszubildende oder Beschäftigte eingestellt oder befördert, so müssen die Schritte, die zu solchen Entscheidungen geführt haben, in dem Bericht dokumentiert werden. Insbesondere sind Maßnahmen nach § 4 dieses Gesetzes (Stellenausschreibung und deren Ergebnisse) zu dokumentieren.

(3) Der Bericht ist erstmals ein Jahr nach Inkrafttreten dieses Gesetzes der zuständigen Frauenbeauftragten vorzulegen.

§ 12 Sanktionen

(1) Betriebe, die gegen die §§ 1 und 2 verstoßen haben, haben jeweils eine Ausgleichsabgabe in Höhe von 1 v. H. ihres Jahresumsatzes zu zahlen. Die Zahlungsverpflichtung wird von der zuständigen Frauenbeauftragten verfügt.

(2) Betriebe, die gegen § 4 Abs. 1 bis 4 verstoßen,

haben ein Bußgeld zu entrichten. Näheres regelt § 130 a OWiG.

(3) Ordnungswidrig handelt, wer vorsätzlich oder fahrlässig freie Ausbildungsplätze oder Erwerbsarbeitsstellen nach § 11, Abs. 1 nicht meldet. Die Ordnungswidrigkeit kann mit einer Geldbuße bis zu 50 000,- DM belegt werden.

(4) Verstößt ein/ e ArbeitgeberIn gegen die Berichtspflicht nach § 11, Absatz 1, so ist die zuständige Frauenbeauftragte gemäß § 2, Absatz 3 des Frauenbeauftragtengesetzes zum Erlaß von Einzelmaßnahmen insbesondere der Androhung von Zwangsgeld befugt.

(5) Die Vergabe von Aufträgen, Subventionen, Zuschüssen oder Krediten aus Bundesmitteln ist an den Nachweis der Einhaltung dieses Gesetzes, im besonderen der §§ 1 und 2 und an die Zustimmung der zuständigen Frauenbeauftragten gebunden.
Verstößt ein Betrieb nach Vergabe von Aufträgen, Subventionen, Zuschüssen oder Krediten aus Bundesmitteln gegen Bestimmungen dieses Gesetzes, insbesondere gegen die Bevorzugungsvorschriften nach §§ 1 und 2, hat die zuständige Frauenbeauftragte Maßnahmen zu ergreifen, insbesondere zu veranlassen, daß der Auftrag gekündigt, die Leistung gesperrt und bereits gezahlte Mittel zurückerstattet werden. Gleiches gilt für Mittel der Bundesanstalt für Arbeit, die zur Förderung der Ausbildung und zur Arbeitsbeschaffung (§§ 50 ff und 91 ff AFG) vergeben werden.

§ 13   Individueller Klageanspruch

(1) Werden Frauen trotz nachgewiesener Voraussetzungen gemäß § 3 von einr/einem ArbeitgeberIn nicht bevorzugt, obwohl die Mindestquote gemäß §§ 1 und 2 nicht erreicht ist, so hat jede in diesem Sinn benachteiligte Frau gegen den/ die ArbeitgeberIn einen Ausbildungs-, Einstellungs- oder Beförderungsanspruch, ersatzweise einen Schadensersatzanspruch in Höhe von mindestens zwölf Monatsvergütungen.

(2) Im Streitfall trägt der/ die ArbeitgeberIn die Beweislast, daß kein Verstoß gegen Bestimmungen dieses Gesetzes vorliegt. Auf Antrag ist der wegen Benachteiligung bzw. versäumte Bevorzugung Klagenden oder den sie vertretenden Verbandsklägerinnen von dem/ der ArbeitgeberIn umgehend schriftliche Auskunft über den gesamten Ausschreioungs-, Bewerbungs- und Auswahlvorgang sowie über die Personalstruktur des fraglichen Tätigkeitsbereichs zu geben. (3) Von dem/ der ArbeitgeberIn nachgeschobene Gründe werden im gerichtlichen Verfahren nicht berücksichtigt.

§ 14 Berlin-Klausel

Dieses Gesetz gilt nach Maßgabe des § 13, Abs. 1 des Dritten Überleitungsgesetzes auch im Land Berlin.

§ 15 Inkrafttreten

Dieses Gesetz tritt am ersten Tag des auf die Verkündung folgenden Kalendermonats in Kraft.

II. Allgemeine Begründung

> Das Quotierungsgesetz ist erforderlich, um die mittlerweile unbestrittene, in der Bundesrepublik Deutschland seit über 30 Jahren bestehende Diskriminierung von Frauen im Erwerbsbereich wirksam zu bekämpfen. Das Ausmaß der Frauendiskriminierung im Erwerbsarbeitsbereich ist durch zahlreiche Untersuchungen, Veröffentlichungen und Statistiken bekannt. Auf staatlicher Ebene haben die Enquete-Kommission Frau und Gesellschaft, die Sachverständigenanhörung zu einem Antidiskriminierungsgesetz 1982 und der Bericht der Sachverständigenkommission — 6. Jugendbericht — (BT-Drucksache 10/1007) eine Reihe von Empfehlungen abgegeben, die bis heute nicht verwirklicht wurden.

Besonders krass stellt sich die Lage im Ausbildungsbereich dar: Weniger als die Hälfte der Ausbildungsstellen werden an Mädchen vergeben obwohl sie über 57 v.H. aller Bewerber ausmachen. Am 30. September 1986 waren von den 46 000 noch nicht vermittelten Bewerbern 65 v.H. junge Frauen und 35 v.H. junge Männer (Berufsbildungsbericht 1987 S. 3 und S. 5). Diejenigen Mädchen, die nach der Statistik der Bundesanstalt für Arbeit als "vermittelt" gelten, haben keineswegs alle einen betrieblichen Ausbildungsplatz gefunden. Mädchen sind stark überrepräsentiert in Grundausbildungslehrgängen und auf Berufsfachschulen. Die überwiegend ein- bis zweijährigen Berufsfachschulen sind für die meisten Mädchen eine Notlösung, denn sie vermitteln in der Regel nur eine berufliche Grundbildung.

Ein Bericht der Bundesanstalt für Arbeit (Stand Juli 1985) räumt offen ein, daß die Anzahl der Mädchen im Berufsvorbereitungsjahr dem vor allen für sie "nicht hinreichend aufnahmefähigen Ausbildungsstellenmarkt" geschuldet ist. Das Berufsvorbereitungsjahr hat für die meisten Mädchen eine Wartesaalfunktion (vergl. 6. Jugendbericht. Bundestagsdrucksache 10/1107, S. 19).

Aber auch diejenigen Mädchen, die einen Ausbildungsplatz gefunden haben, werden weiterhin in "traditionelle" Berufe vermittelt. Über die Hälfte aller weiblichen Auszubildenden werden in nur 10 Berufen ausgebildet. Einige von diesen typischen "Frauenberufen" existieren für junge Männer so gut wie nicht: Neben 39 155 jungen

- 11 -

Frauen, die sich 1984 zum Beruf der Arzthelferin ausbilden
ließen, gab es genau 44 männliche Kollegen, die sich im gleichen
Beruf ausbilden ließen (Frauen in der Bundesrepublik Deutschland,
1986, S. 14).

Auch die Öffnung der sogenannten Männerberufe für Frauen hat
nicht den erhofften "Gleichberechtigungs-Effekt" gehabt. Der
Frauenanteil in den sogenannten Männerberufen ist immer noch sehr
gering. 1984 betrug er in den 10 von jungen Männern am meisten
frequentierten Ausbildungsberufen 5,1 v.H. (Frauen in der
Bundesrepublik Deutschland, 1986, S. 13). Jungen Frauen werden
vor allem in solchen "Männerberufen" wie Maler/Lackierer oder Bäcker/
Konditor Ausbildungsplätze angeboten, in denen die
Weiterbeschäftigungschancen nach Abschluß der Ausbildung sehr
gering sind. Die Metallfacharbeiterberufe sind ihnen weitgehend
verschlossen. Konjunktur hat dagegen der Ausbildungsberuf
"Hauswirtschafterin". Hier steigt die Zahl der
Ausbildungsverträge seit 1983 sprunghaft an.
(Bundestagsdrucksache 10/6340 S. 19, Antwort auf die Große
Anfrage der Fraktion der CDU/CSU und der FDP zur "Situation der
Frauen in der Bundesrepublik Deutschland")

Fazit:
Junge Frauen haben weiterhin große Schwierigkeiten auf dem
Ausbildungsmarkt der dualen Berufsausbildung Fuß zu fassen, vor
allem in zukunftsträchtigen Berufen. Diejenigen Mädchen, die als
Auszubildende zählen, befinden sich überproportional in
minderqualifizierenden Kurzausbildungslehrgängen.

Die Arbeitsämter haben bei Berufsberatung und Vermittlung von
Ausbildungsplätzen über Jahrzehnte die diskriminierende Praxis
der Arbeitgeber mitgetragen oder sogar verstärkt. Bis vor kurzem
war es üblich, daß Arbeitsämter Mädchen grundsätzlich nicht an
Betriebe vermittelten, welche Jungen suchten. Erst auf
Intervention der Oppositionsfraktionen im Deutschen Bundestag

- 12 -

erging 1986 ein Runderlaß der Bundesanstalt für Arbeit, wonach die Arbeitsämter gehalten sind, Ausbildungsplätze grundsätzlich geschlechtsneutral zu vermitteln, auch Arbeitgebern, die junge Männer suchen, Bewerberinnen zu schicken.

Aber selbst die öffentlichen Arbeitgeber haben wenig dazu beigetragen, Frauendiskriminierung abzubauen.

So betrug zum Stichtag 30. Juni 1986 der Frauenanteil im höheren Dienst der obersten Bundesbehörden nur 8, 5 %. Nur 5, 2 Prozent der Referate bei den Obersten Bundesbehörden wurden 1986 Frauen zur Leitung übertragen, etwas höher lag der Anteil von Frauen, die im nachgeordneten Bereich der Bundesverwaltung mit der Leitung von Referaten im Jahr 1986 betraut wurden (10, 9 v. H.). Bei den Bundesgerichten schwankt der Anteil der Richterinnen zwischen 8, 3 v. H. (Bundesdisziplinargericht) und 3, 6 v. H. (Bundesarbeitsgericht). Seit Inkrafttreten der Richtlinie zur beruflichen Förderung von Frauen in der Bundesverwaltung vom 24. 2. 1986 sind Frauen bei Neubewerbungen stärker berücksichtigt worden - im Durchschnitt sogar entsprechend ihrem Anteil an den Bewerbungen insgesamt. Es blieb allerdings auch bei den Neueinstellungen bei dem Übergewicht der Frauen im einfachen und vor allem im mittleren Dienst. Nur 3o v. H. aller Neueinstellungen für den höheren Dienst der Obersten Bundesbehörden 1986 waren Frauen (Anteil an den Bewerbungen für diese Laufbahngruppe: 38, 2 v.H.) Mit 87 v. H. aller Neueinstellungen für den einfachen Dienst der Obersten Bundesbehörden stellten Frauen den Hauptanteil für diese am schlechtesten bezahlte Laufbahngruppe (Antwort der Bundesregierung auf die Kleine Anfrage der SPD betreffend "Förderung der beruflichen Chancen der Frauen im öffentlichen Dienst des Bundes", Bundestagsdrucksache 11/ 152). Die

öffentlichen Arbeitgeber — insbesondere Deutsche Bundesbahn, Deutsche Bundespost und Bundesanstalt für Arbeit — sind führend an der Einstellung von Frauen in Teilzeitarbeit und Arbeiterinnen ohne Sozialversicherungspflicht beteiligt (BT-Drucksache 10/2461, S. 15). Exemplarische Belege über die Benachteiligung von Frauen bei Aufstiegs-

- 13 -

> und Führungspositionen liefert z. B. die Untersuchung zur Situation von Frauen in öffentlichen Verwaltungen am Beispiel des Bundesministeriums des Innern und die Untersuchung zur Situation weiblicher Mitarbeiter beim Westdeutschen Rundfunk.

Auch in der Privatwirtschaft sind Frauen in Aufstiegs- und Leistungspositionen vereinzelt oder überhaupt nicht zu finden. Über 84 v.H. aller weiblichen Angestellten befanden sich im Oktober 1985 in den statistischen Leistungsgruppen IV (kaufmännische und technische Angestellte ohne eigene Entscheidungsbefugnis in einfacher Tätigkeit) und III (kaufm. und techn. Angestellte mit mehrjähriger Berufserfahrung oder besonderen Fachkenntnissen und Fähigkeiten, die nach allgemeiner Anweisung selbständig arbeiten, jedoch keine Verantwortung für die Tätigkeit anderer tragen). Der vergleichbare Anteil der Männer in diesen beiden statistischen Leistungsgruppen der Angestellten betrug 59,1 v.H. (Frauen in der Bundesrepublik Deutschland, 1986, S. 25). Noch krasser stellt sich die berufliche Situation der Arbeiterinnen dar. Während 59 v.H. aller männlichen Arbeiter in der statistischen Leistungsgruppe I - Facharbeiter - tätig sind, sind es bei den Frauen nur 6 v.H. aller Arbeiterinnen. 94 v.H. aller gewerblichen Arbeitnehmerinnen verrichten angelernte und ungelernte Arbeit (Frauen in Familie, Beruf und Gesellschaft. Herausgegeben vom Statistischen Bundesamt, Ausgabe 1987, S. 79).

Eine Studie der Universität Mannheim (1985) über die beruflichen Chancen von Frauen in den letzten 100 Jahren kommt zu dem Ergebnis, daß Frauen auf Arbeitsplätze nachgerückt sind, aus denen sich die Männer zurückgezogen haben. Dies ist einhergegangen mit geringerer Entlohnung und schlechteren Arbeitsbedingungen. Die Situation von Frauen in der Erwerbsarbeit hat sich in den letzten 100 Jahren nicht grundlegend verändert.

> Sowohl die Enquete-Kommission Frau und Gesellschaft (BT-Drucksache 8/446) als auch die Mehrzahl der Sachverständigen und Verbände der Sachverständigenanhörung für ein Antidiskriminierungsgesetz 1982 und zuletzt die Sachverständigen des 6. Jugendberichts haben die Einführung von Quoten gefordert, um die Situation von Frauen zu verbessern.

Gegenüber dem vielfach erhobenen Einwand, die Einführung von Quoten sei verfassungswidrig, ist auf die tatsächlich stattfindende gesellschaftliche Quotierung hinzuweisen, die Männern die Führungs- und Leitungspositionen, d. h. gesellschaftliche Macht zuweist und Frauen nicht. Folgende Beispiele für geregelte oder vereinbarte offene Männerquoten wurden in den vergangenen Jahren aufgedeckt (zit. nach Prof. Dr. Heide M. Pfarr anläßlich der Anhörung der Zentralstelle für Gleichberechtigungsfragen in der Hess. Staatskanzlei im Mai 1985): In Niedersachsen gab es bei einer Bundesbahndirektion bis 1981 die Verfügung, daß im kaufmännischen Bereich nicht mehr als 10 v. H. Frauen als Bundesbahn-Assistentenanwärterinnen eingestellt werden durften. In der Hamburger Polizei werden für den Polizei-Vollzugsdienst sowohl Frauen wie Männer zur Ausbildung eingestellt. Dabei wird eine Quote für Frauen festgelegt, die auch bei qualifizierteren Bewerberinnen nicht überschritten werden darf. Eine Bewerberin für den Ausbildungsgang Sozialversicherungsangestellte **erhielt die Absage mit der Begründung, daß von der Hauptverwaltung der Auflage erteilt worden sei, in diesem Jahr nur männliche Auszubildende einzustellen. In allen Fällen handelte es sich um Quoten zugunsten von Männern.**

Die faktisch bestehende Situation, die Frauen systematisch benachteiligt, stellt nicht nur eine Untätigkeit des Staates dar, sondern ist Verfassungsbruch (vgl. Slupik in KJ 1980, 348 ff. *dies. in: taz, 11.6.87*).

Das Gesetz regelt grundsätzlich, daß Frauen solange zu bevorzugen sind, bis sie zu mindestens 50 v. H. **an allen** Ausbildungsplätzen, **und Aufstiegspositionen beteiligt sind.** (Erwerbsarbeitsstellen)

Dieses Quotierungsgesetz hat zum Ziel, die potentielle Teilhabe von Frauen an der Erwerbsarbeit zu sichern. Bereiche, in denen Frauen bereits jetzt überrepräsentiert sind, werden durch das Gesetz nicht berührt.

Um die Quotierung in allen Bereichen des Erwerbslebens durchzusetzen, bedarf es neben der Bevorzugung von Frauen zusätzlicher Maßnahmen. Viele Frauen verfügen nicht über die erforderliche Erstausbildung bzw. Zusatzqualifikation, um sich auf die angebotenen Stellen zu bewerben. Andere Frauen sind wegen Kinderbetreuung aus dem Erwerbsleben ausgeschieden und haben in dieser Zeit den Anschluß an ihren Beruf verloren. Die Vereinbarkeit von Familien- und Erwerbsarbeit scheitert oft an fehlenden Kinderbetreuungseinrichtungen, Arbeitszeiten, die sich nicht mit den Öffnungszeiten der Betreuungseinrichtungen vereinbaren lassen sowie einer grundsätzlichen Überlastung durch Familienarbeiten neben der Erwerbsarbeit.

Mit den anschließenden Regelungen sollen die Grundlagen für eine Verbesserung dieser Situation geschaffen werden.

Die getroffenen Regelungen enthalten nur Forderungen an eine Veränderung der Arbeitswelt in Richtung auf mehr Frauenfreundlichkeit. Sie sind nur ein erster Schritt hin zu einer Gesellschaft, die Frauen nicht in männliche Bereiche einpaßt, sondern diese Bereiche nach anderen Kriterien formt und organisiert.

Eine grundlegende Forderung in diesem Zusammenhang ist der Freistellungsanspruch für Arbeitnehmer/innen, wie er im Entwurf des Arbeitszeitgesetzes der Fraktion DIE GRÜNEN (BT-Drucksache 11/1188) *vom 13. November 1987*, formuliert ist. Danach erhalten Arbeitnehmer/innen einen Freistellungsanspruch bis zu drei Kalenderjahren für Pflege und Erziehung ihrer Kinder bis zum 14. Lebensjahr. Für die Dauer der Freistellung wird ein Lohnersatz gezahlt, der mindestens dem durchschnittlichen Arbeitslosengeld entspricht.

Weitere Maßnahmen zur Durchsetzung der Quotierung in diesem Abschnitt sind die normierten Meldepflichten der Arbeitgeber/innen sowie die Einrichtung einer Abteilung für Frauenfragen bei der Bundesanstalt für Arbeit.

---

*) Das Quotierungsgesetz ist Teil des in der 10. Legislaturperiode von den GRÜNEN im Bundestag eingebrachten Entwurfs eines Antidiskriminierungsgesetzes (ADG, Bundestagsdrucksache 10/6137). Der hier veröffentlichte Text ist eine von einer Redaktionsgruppe der Bundesarbeitsgemeinschaft Frauen der GRÜNEN und dem Arbeitskreis Frauenpolitik der GRÜNEN im Bundestag überarbeitete Fassung.

Bücher zur Stadt- und Regionalgeschichte
finden Sie ebenso in unserem Programm
wie ökologisch orientierte Literatur und
kritische Beiträge zu aktuellen Zeitfragen.

Wenn Sie mehr von uns
lesen wollen, fragen Sie in
Ihrer Buchhandlung nach oder
fordern Sie unseren
Verlagsprospekt an.

Kölner Volksblatt Verlag
Postfach 250 405
5000 Köln 1